本书出版受国家社会科学基金项目"配置正义与关系正义双重视域中云南民族地区教育均衡发展研究"（编号15XMZ066）资助。

国 | 研 | 文 | 库

# 双重正义视域的
# 教育均衡发展研究

## ——以云南为例

杨建朝 ————— 著

光明日报出版社

**图书在版编目（CIP）数据**

双重正义视域的教育均衡发展研究：以云南为例 / 杨建朝著 . -- 北京：光明日报出版社，2021.5

ISBN 978 - 7 - 5194 - 5968 - 0

Ⅰ.①双… Ⅱ.①杨… Ⅲ.①义务教育—发展—研究—云南 Ⅳ.①G522.3

中国版本图书馆 CIP 数据核字（2021）第 069386 号

---

双重正义视域的教育均衡发展研究：以云南为例

SHUANGCHONG ZHENGYI SHIYU DE JIAOYU JUNHENG FAZHAN YANJIU：
YI YUNNAN WEILI

著　者：杨建朝

责任编辑：陆希宇　　　　　　　　责任校对：刘欠欠

封面设计：中华联文　　　　　　　责任印制：曹　净

出版发行：光明日报出版社

地　　址：北京市西城区永安路 106 号，100050

电　　话：010-63169890（咨询），010-63131930（邮购）

传　　真：010 - 63131930

网　　址：http：//book.gmw.cn

E - mail：luxiyu@ gmw.cn

法律顾问：北京德恒律师事务所龚柳方律师

印　　刷：三河市华东印刷有限公司

装　　订：三河市华东印刷有限公司

本书如有破损、缺页、装订错误，请与本社联系调换，电话：010-63131930

开　　本：170mm×240mm

字　　数：296 千字　　　　　　　印　张：16.5

版　　次：2021 年 5 月第 1 版　　　印　次：2021 年 5 月第 1 次印刷

书　　号：ISBN 978 - 7 - 5194 - 5968 - 0

定　　价：95.00 元

# 前言（代自序）

本书是国家社科基金项目：配置正义与关系正义双重视域中云南民族地区教育均衡发展研究（15XMZ066）的结题成果，本项目自被全国哲学社会科学规划办公室批准以来，课题组立即开始了相关研究工作的开展，竭尽全力完成了申请书约定的研究任务。研究内容、研究思路和研究方法有一定的创新思考。

首先，在理论层面，本研究扬弃了配置正义视角下大量采用罗尔斯正义原则对教育均衡进行分析的研究方式，合理地指出了其贡献与局限。认为教育均衡发展实现过程不仅需要凭借原有的分配正义理念，在坚持所有主体权利和机会平等基础上，对弱势群体（最不利者）持续增加资源倾斜和帮扶，而且需要借鉴关系正义的基本主张，在教育过程中减少和消除各种意义上的对最不利者的歧视、羞辱、边缘化、贬低、排斥等新"压迫"现象，使每个学校和每个学生都能实现基于自身实际和需要的最佳发展，走向教育的实质均衡发展。另外，课题组提出了基于阿马蒂亚·森的比较正义理论的教育优质均衡发展取向，认为教育均衡发展在基本均衡目标实现后，应该充分考量现实复杂性，扬弃罗尔斯平等加补偿的普适正义实现路径，坚持比较正义的进路。比较正义进路的教育优质均衡发展着眼于现实具体的教育不均衡，在宽泛理性基础上，以提升教育主体的可行能力为基础、强调保障教育主体实质自由，这是国内关于教育均衡发展的有创新价值的一种理论思路。而且，课题组采用关系正义的理论视角，提出在资源优化配置、课程与教学体系的民族化重构、优化双语教育等方面消解民族地区教育发展的障碍性因素，提升民族教育优质发展能力，追求异质化多样性的民族地区教育均衡发展。

在研究过程中，课题组提出了一些有新思考和见解的学术观点。例如，需要重新厘定民族地区教育均衡发展的内涵，核心是"中和"和"适切"，促进民族地区学校教育的实质自由与可行能力。民族地区的学校教育应该与当地文化传统和社会生活结合，凸显民族特色和民族需求，如果仍然以发达地区或城市重点学校为样本，那么民族地区的基础教育由于多种条件限制，会遭受关系正义理念中批评的被"贬低"、被"压迫"，贴上"落后""传统"等标签，处于被边缘化、被照顾的弱者境地，而且由于经济社会文化条件的迥异，把民族地区的教育办得和城市学校一样好的均衡思路，肯定是不切实际的追求。办好民族教育事业，核心在于尊重民族传统、文化习俗和生活方式，切合民族地区经济、文化、社会的实际状况和发展需要，应该强调关系正义视域中的异质性和多样化，从关系正义提倡的包容式民主的理念出发，求同存异，促进各民族地区共同和谐发展。

其次，在研究思路和方法路径方面，本课题立足关系正义和配置正义的双重正义理论视角，着力研究作为集山区、贫困、民族、边疆等多重身份为一体的云南民族地区义务教育均衡发展问题，采用文献梳理、问卷调查、个案访谈等方法，以红河、文山等少数民族聚居地区为主要调查地域，兼顾云南其他民族地区，对少数民族地区义务教育阶段的教师、学校管理者、教育局等不同主体进行了深入访谈，了解当地风俗民情和教育现状，同时对学校里面的各种可感知到的问题进行观察和记录，以便能够对民族地区教育均衡发展中的深层次问题有全方位了解，获得大量的书面和口头资料，尝试从中找到制约民族地区实现教育均衡发展的各种因素的实质和可能解决途径。

根据本研究实际，课题组到云南民族地区某些县市开展学校和教育局的实地调研工作，课题组在开题后随即着手调查和访谈工作，集中研讨并查阅相关资料后编制了调查问卷和访谈提纲，在实施过程中又进行了适当修改，回收了大量问卷和访谈记录，形成了一些调研材料，并根据其中呈现的一些问题进行微观和宏观层面的研究，形成并发表了与教育均衡相关的研究论文。已经调研过的云南民族地区有：云南省教育厅相关处室，红河哈尼族彝族自治州教育局，以及元阳县、金平县、红河县、屏边县、绿春县、蒙自市、河口县等少数民族集中的南部县，文山州丘北县，文山市，丽江市等。另外，对一些学校由于实际条件的限制，课题组无法自行前往，于是联系当地的中小学老师进行了问卷调查，例如洱源县、禄劝县、瑞丽市等。调研中除了请老师填写问卷外，还有意识考察了当地民俗风情、学校内部管理等。课题组对调研数据做了整理分析，发现了很多制约云南民族地区实现教育均衡的各种因素，由此揭示了民族地区教育均衡发展存在的问题及原因，为探寻合理的对策提供了现实依据。

再次，在研究意义方面，本课题针对云南民族地区教育均衡发展问题，采纳配置正义与关系正义的双重理论视角进行分析，对民族地区如何实现教育均衡发展有重要的理论价值，揭示了民族地区独特的地理、历史与文化因素导致教育与其他地方的差异，认为云南民族地区应该有相对独特的教育均衡思路，改变了以往只对问题进行表面分析的做法，避免了以往一些研究对教育问题进行一些"头痛医头、脚痛医脚"的拍头脑式研究，理论意义非常突出。本研究针对民族地区独特性进行了新的理论思考，提出了一些适合民族地区特点的教育均衡发展研究结论，对云南民族地区如何实现教育均衡发展有一定启发，也得到了相关专家的肯定和赞赏。课题组相关研究成果已经发表17篇，其中被CSSCI来源期刊收录5篇，有两篇论文《教育优质均衡发展的比较正义进路》和《义务教育均衡发展研究述评（2010—2015）》被人大复印资料《中小学教育》全文转载。

最后，本课题尽管基本实现了预期目标，但仍存在一些不足或局限。首先是对本课题的研究困难预计不足，主要是调查数据和开展访谈比较困难，在调研中，少数教育局和学校或许有顾虑，不愿把真实、全面的教育数据和存在的实际问题提供给研究者，而更多讲本地、本校的发展成绩。课题组获得的基础教育数据可能并不完全反映实际问题，从教育局获得的面上数据与学校教师反映的问题有不完全统一的现象，以至于对某些地方教育状况的分析不仅有片面之处，甚至挂一漏万也有可能。其次是课题负责人工作单位调动带来的研究困难，使得研究尽管竭尽全力，仍存在一些遗憾。例如限于人手不够、经费和时间局限，调查样本还有待扩充，现有覆盖范围主要集中于云南民族地区的红河州和文山州，没有条件扩展到云南全部民族自治州和自治县。最后，实地调查与数据处理方面，由于研究问卷设计考虑欠全面，分析工具局限，所以对教育均衡发展问题的分析与表征还不够全面。影响民族地区教育均衡发展的因素非常繁多，本课题在调查后认为，尽管某些偏远地区还存在物质资源短缺，但总体的均衡配置已不是制约当地基础教育发展的主要因素，包含教师、学生、家长、管理者等教育中的"人"的状况是制约均衡发展的根本因素，而学生及其家长等受客观因素制约，短期内完全转变非常困难，只有直接影响学生学习质量和效果的教师进行有效变革，才可能逐渐改变民族地区教育均衡发展的困境。基于这样的判断，本研究主要分析和确认了教师维度揭示的教育均衡问题，对其他有关方面的分析讨论还涉及比较少，对影响教育均衡发展的很多制约因素还有待做更深入的分析讨论。

总而言之，一个课题是做完了，但显然仍然存在一些不足与局限，抱着抛砖引玉的态度，希望本研究成果能够有更多的相关研究者提出批评和指导意见，为了民族地区教育均衡发展理想的实现而共同思考和深入探讨，以求民族地区基础教育能够实现均衡理想，走向美好、优质、和谐的民族教育优质化发展之路。

杨建朝

2020 年 5 月

# 目 录
## CONTENTS

I

# 第一章

# 研究聚焦：教育均衡发展问题与研究设计

　　义务教育均衡发展是解决教育发展不均衡不充分主要矛盾、促进基础教育公平和谐的重要手段，是公平正义的时代精神在教育领域的延伸和体现，也是我国当前义务教育领域研究的热点问题，反映出人民群众的强烈呼声。云南民族地区由于历史和现实的诸多限制性因素，与全国、全省整体水平相比，义务教育发展水平相对滞后，区域、城乡、校际失衡状态十分突出，实现教育均衡发展的任务艰巨，难题较多，这是本课题研究的核心和根本。如果占据国土面积一半左右的民族地区没有实现教育均衡，那么全国实现教育均衡发展就无从谈起，因而，以云南若干民族地区教育均衡发展调查为研究样本，揭示这些地方实现教育均衡发展的困境，探索民族地区实现教育均衡发展的基本理论、方式和路径，对国家全面、彻底、完整地实现基础教育均衡发展有不可或缺的价值。

　　本章阐述研究云南民族地区教育均衡发展问题的缘起，探讨其何以成为一个日益凸显的问题，揭示该课题研究的重要性和紧迫性。接着论述本课题研究的理论价值和现实意义，揭示其对民族地区提升教育质量和能力，在全国实现教育均衡发展的重要意义，然后阐述本课题采取的研究设计：基本思路和研究方法，即理论——实践——理论的研究范式和文献研究、调查研究和质性研究相结合的研究方法。

## 第一节　研究缘起

### 一、作为政策的教育均衡发展的演进

　　教育均衡发展的概念和实践于 2002 年正式提出，以《为了每一个孩子的成长——山东省寿光市教育均衡发展透视》这篇新闻报道为起点，关于此问题的

学术探讨和实践推进逐渐展开。推进教育均衡发展是当前政府在中小学阶段各类政策的核心，是实现公平和谐社会的基本途径，是"办好人民满意的教育"的根本。各级政府部门在人民群众的强烈呼声下，在此方面做了极大努力。

政府相关部门以教育公平为目标，以义务教育均衡发展为抓手，从 21 世纪初开始逐步推进基础教育改革。2005 年，教育部下发《关于进一步推进义务教育均衡发展的若干意见》的文件，明确教育行政部门要把义务教育的价值取向从重点学校制度转变到学校之间的均衡和公平，这成为未来义务教育发展的指导方针。2006 年，新修订的《中华人民共和国义务教育法》要求各地政府"促进义务教育均衡发展"，并在法律文本中至少六次提到教育均衡，可见政府已把其列为重要事项。2007 年，党的十七大报告中写明要"促进义务教育均衡发展"，这反映了党对基础教育的重视，也是基础教育领域的政府核心工作。《国家中长期教育改革和发展规划纲要（2010—2020 年）》提出到 2020 年要基本实现区域内义务教育均衡发展。为了使各级政府更加有紧迫感，着力推动本地区区域内义务教育均衡发展，2011 年教育部与各省、自治区、直辖市签订备忘录。为了如期实现预定目标，国务院又发布相关文件，确保每个少年儿童都能接受合格的义务教育。由此可见政府对社会普遍关心的择校热、义务教育不均衡问题的重视。2012 年 1 月，教育部颁布《县域义务教育均衡发展督导评估暂行办法》，对义务教育均衡发展情况开始进行全面评估，要求各省级政府根据文件要求，制定本地区义务教育均衡评估具体指标和实现办法。同时，作为配套措施，国务院教育督导委员会发布《国家教育督导团关于申请认定义务教育发展基本均衡县（市、区）有关工作的通知》。2014 年在总结前期工作基础上，教育部发布《关于进一步做好县域义务教育均衡发展督导评估工作的通知》。国务院 2016 年 7 月印发通知，要求统筹本地区教育，推进城乡义务教育一体化。① 教育部通过官方网站、新闻媒体等多种途径定期发布各省义务教育均衡发展评估结果，以此为全国各地推进教育均衡提供参考。针对全国大部分地区已经通过义务教育基本均衡认定，教育部 2017 年 5 月适时发布了《县域义务教育优质均衡发展督导评估办法》，引领这些已实现基本教育均衡目标的地区向优质均衡进一步推进。2019 年 10 月，为了进一步推进义务教育均衡发展，财政部、教育部公布了《城乡义务教育补助经费管理办法》。可见，为了办好人民满意的教育，政府教育均衡政策的推进力度非常之大。

---

① 关于统筹推进县域内城乡义务教育一体化改革发展的若干意见 [EB/OL].中华人民共和国教育部，2016-07-12.

## 二、教育均衡发展政策的已有举措及尚待解决的问题

在此背景下，各级政府在推进本地区义务教育均衡发展方面用力甚勤，推出很多举措，例如，全面改造薄弱学校，旨在改变农村师资状况的特岗计划、免费师范生、国培省培等，加大对农村地区和边远地区的教育投入力度，实施标准化学校建设，专项改造学校危房，改善物质条件，教师和校长定期交流制度，县管校聘制度，集团化办学，等等。同时一些地区采纳了一些研究者的建议，采取了发放农村或艰苦地区教师专项补贴、在生源地招生并定向就业、学区制管理等举措。推动义务教育均衡发展显然已经成为各级政府的共识。如何推进义务教育均衡发展是当前政府义务教育政策的核心，学术界对此的研究也已汗牛充栋。并且在政府的努力和社会的关注下，义务教育的均衡发展在东部很多发达地区已经基本实现，并且正在迈向高水平均衡。

据教育部文件反映，2014 年以来，全国大部分县区都通过了国家教育督导委员会组织的义务教育发展基本均衡认定。[①] 截至 2019 年 2 月，全国累计数量已达 2717 个县，占全国总县数的 92.7%，16 个省（区、市）整体通过认定。[②]但是，这些已经通过的地区并非在义务教育均衡发展中已消除所有问题，主要的问题已经在教育部发布的督导报告中有明确反馈，例如："义务教育经费保障未完全落实到位；基本办学条件仍存在薄弱环节；教师队伍建设亟待进一步加强；学校管理水平和教育资源使用率有待提高；有特殊需求学生的教育及保障机制不完善。"[③]

另外，我们也要充分认识到当前教育均衡的任务仍然艰巨，老百姓对教育满意度还不是很高。不同地区之间、城市与乡村之间、不同学校之间的差距仍然不同程度存在。城市中择校热、挤进重点学校的问题多年来没有根本解决，孩子进入好学校就读的愿望与好学校相对较少的矛盾没有完全缓解。另外，在城镇化的强力推进下，农村学生为寻求更好的教育，不断进入城市学校读书，由此带来城区学校"大班额"、教师紧缺、教育资源紧张的状况。另外，教育均衡政策由于未能充分考虑各个地区的差异以及政策本身的局限性因素，导致一些现实阻力。还需要注意的是，不仅在发达地区教育均衡中还存在一些值得研

---

① 全面改善贫困地区义务教育薄弱学校基本办学条件工作专项督导报告［EB/OL］. 中华人民共和国教育部，2017-02-15.
② 2018 年全国义务教育均衡发展督导评估工作报告［N］. 中国教育报，2019-03-27（3）.
③ 教育部教育督导局. 2016 年全国义务教育均衡发展督导评估工作报告［EB/OL］. 教育部教育管理信息中心，2017-02-22.

究的问题，而且在占据祖国一半面积之上的贫困地区、民族地区、西部地区、海岛地区等，其教育基本物质资源的均衡尚未实现。已有的研究中，尽管已有一些研究者注意到这种不足并开始涉猎，但总体而言还缺少对特殊群体和特殊地区教育均衡发展的系统深入研究。

譬如，目前民族地区的教育仍然是我国教育的薄弱环节，由于我国地域辽阔，民族众多，各地区的自然条件、历史、文化、经济等方面都存在较大的差异，民族地区与其他地区相比各项发展指标比较落后，在教育发展方面也与其他地区差距较大。例如广大西部地区，特别是边疆民族地区就需要特别注意，这些地方少数民族居多，他们大多有本民族的语言和文字，在文化习俗方面有其特殊性，与主流文化相融合需要一个漫长的过程，这导致在统一的课程学习中遇到诸多困难和障碍，有逃学厌学倾向、难以跟上课程进度的学生相对较多，其接受的教育质量受到极大影响，加之少数民族地区教育基础落后，社会经济发展与其他地区之间存在较大差距，其在推进教育均衡发展中存在许多难题。"表现在撤点并校不当影响学生就学，学生背景多样增加教学困难，升学方式单一、考评内容片面不利学业成功，现实条件受限很难确保师资"① 等，甚至少数偏远地方控辍保学的任务还很重，与我们所期望的教育均衡还有很大差距，在教育均衡发展过程中面临很多挑战。另外一些山区、牧区、边疆地区等受地理条件限制，人口分布过于稀疏，交通极其不便，推行教育均衡发展也比较困难。例如教育部文件通报：2016 年 8 月，云南保山市施甸县摆榔乡在撤并摆榔民族中学过程中，草率实施撤并，引发矛盾，导致不良社会影响。② 这个问题反映出民族地区撤并学校中存在的两难问题，需要深入研究。

### 三、云南推进义务教育均衡发展的现状与问题

以上是全国在教育均衡发展中的情况，对于本课题要研究的云南省民族地区来说，由于多方面的困难和障碍，推进基础教育均衡发展面临的困难和问题更加严重。云南省129 个县仅有43 个县（截至 2016 年 12 月 30 日）基本通过义务教育均衡发展的评估标准，远远落后于中东部省份，而且在国家教育督导检查组的报告中指出其还存在一些比较突出的薄弱环节和问题，例如，部分学校面积、班额、设施设备等基本配置不充分、未达标；教师队伍建设有较多问题；

---

① 袁梅，罗正鹏. 试论当前民族地区义务教育均衡发展的困难及其应对——基于青海、贵州、云南部分民族地区的调查研究 [J]. 教育学报，2017（2）：93-99.

② 教育部办公厅关于农村义务教育学校布局调整有关问题的通报 [EB/OL]. 中华人民共和国教育部，2016-11-03.

单项差异系数过高；学校管理水平、内涵发展方面存在问题。①

以上是已经通过教育基本均衡评估的县域教育情况，未通过的面临的教育均衡发展困难和问题更多。基于这种现状，云南省政府采取多种措施，强力推进教育均衡发展。但是，与全国平均水平和东部发达地区相比，由于受历史原因的影响和自然条件、社会经济发展水平的限制，云南省推进教育现代化的步伐还不够快、质量还不够高、任务还十分艰巨。学前教育三年毛入园率、高中阶段毛入学率、高等教育毛入学率分别低于全国平均水平 11.18 个百分点、6.9 个百分点、9.8 个百分点，全省还有 60% 的县未通过国家义务教育基本均衡评估认定。城镇中小学"大班额"和"超大班额"现象突出，全省初中班额达标率仅为 41.37%，普通高中学位紧缺，超大班额达 17%。义务教育信息技术、音体美、英语等学科教师短缺。农村学校教师"招不来、留不住"现象突出。而且，已经有研究者提出，随着城镇化建设的推进，云南民族地区农村学校发展日趋小规模化，而其教师队伍建设面临着老龄化现象严重、学科结构失衡、双语师资匮乏、培训机会较少、经济待遇偏低等突出问题。② 2017 年 3 月 16 日至 5 月 16 日，省委第五巡视组对省委高校工委、省教育厅党组（以下简称"委厅党组"）进行了巡视。提出以下巡视意见："全省基础教育整体质量不高"，"我省基础教育阶段学生和家长、教师和校长的总体满意度指数及义务教育阶段学生学业水平均低于全国平均值，'全面改薄'任务繁重""民族教育工作还比较薄弱"等。③ 最后，2017 年 12 月 10 日至 15 日，国家教育督导检查组对云南省申报的 45 个义务教育发展基本均衡县进行了督导检查，认为这些县区达到国家规定的义务教育发展基本均衡县评估认定标准，同时指出其义务教育资源配置和管理水平有待进一步提高，基本办学条件有待进一步改善，教师队伍建设有待进一步加强等问题。2019 年 12 月 9 日—15 日，国家教育督导组对云南省义务教育均衡发展督导检查，认为检查的县区已达到了评估标准，但仍然存在基本办学条件缺口、部分学校大班额、部分地区教师工资低于公务员、师资队伍结构不合理等，甚至已通过认定的县均衡发展指标下滑。这反映了云南民族地区教育发展状况的不乐观，是制约民族地区经济社会发展的瓶颈。"教育均衡发展

① 国家教育督导检查组对云南省 49 个县（市、区）义务教育均衡发展督导检查反馈意见 [EB/OL]. 中华人民共和国教育部，2017-01-20.

② 林云. 民族地区农村小规模学校教师队伍建设：问题与对策 [J]. 教育与经济，2016（5）：84-90.

③ 省委高校工委 省教育厅党组 关于巡视整改情况的通报 [EB/OL]. 中共云南省纪律检查委员会，2017-10-29.

是民族教育现代化的有效途径"①，如何使云南民族地区学生享有高质量的教育，促进其走向教育现代化，这种针对性研究迫切而必要，有不可或缺的价值。而且，早有专家指出全面实现县域义务教育基本均衡已不遥远，要及早谋划省域义务教育基本均衡发展的国家战略。② 所以针对云南全省的教育均衡谋划应该及早进行。

### 四、问题的聚焦

基于以上教育均衡发展的现状与问题，在未来的研究中，对某些发达地区省份，有必要鉴于省内的地区差异较大，把教育均衡发展的研究地域从县域逐步扩展到省域，同时，教育均衡发展的着眼点要向边疆地区、民族地区、山地、牧区等特殊地区延伸，对这些存在各种发展困难的地区，由于社会各项事业发展都存在较多困难，教育均衡发展的难度更大，任务也相对其他地区更艰难。当前云南作为集民族、贫困、边疆、山区为一体的多民族聚居地区，尽管以往已采取了改进质量、多元课程、教学改革、经费支持、双语教育等推动少数民族教育的政策③，但限于不利的自然社会条件，义务教育均衡发展存在的困难和问题仍非常多。廖晓珊在《强化教育督导确保如期实现义务教育均衡发展年度目标》中指出："云南省义务教育发展整体水平还比较低，尤其是在推进均衡发展方面差距巨大。"④ 正是基于此，本课题着力研究云南民族地区教育均衡发展问题，采用独特的配置正义与关系正义的双重视角，开拓教育均衡发展研究的新视域，揭示云南民族地区教育均衡发展的特殊困境，探索云南省实现高质量教育均衡的路径，为多民族聚居地区的义务教育均衡发展提出一些有针对性的对策。尤其关注到云南省人口较少的、居住在边疆民族地区的一些民族，例如哈尼族、彝族等，其"因为历史、地理以及宗教的原因，在教育的发展上落后于国内平均水平"⑤。通过实地调查分析和相关理论分析探讨，揭示这些地区教育均衡发展存在的障碍性因素，找到云南多民族聚居地区实现教育均衡发展

---

① 陈荟. 教育均衡发展是民族教育现代化的有效途径 [J]. 教育发展研究，2017（17）：75-77.
② 吴康宁. 及早谋划省域义务教育基本均衡发展的国家战略 [J]. 教育研究与实验，2015（2）：1-6.
③ 滕星. 教育人类学通论 [M]. 北京：商务印书馆，2017：385-387，458-460.
④ 廖晓珊. 强化教育督导确保如期实现义务教育均衡发展年度目标 [J]. 云南教育（视界时政版），2015（8）.
⑤ 秦桂芬，等. 封闭与现代的冲突：解析云南人口较少民族地区的教育困境 [J]. 昆明冶金高等专科学校学报，2016（4）：100-104.

的理念、思路和策略。

## 第二节　研究意义与价值

民族地区教育均衡发展是国家推进基础教育均衡发展的短板，占据国土面积一半左右的民族地区如果不能实现教育均衡，则作为国家基础教育政策核心的教育均衡发展就不能彻底实现。受制于民族地区先天的自然条件和发展历史，大多数民族地区社会发展程度相对滞后，经济不发达，教育发展水平和能力相对有限，需要认真研究破解困境的方法路径，以便为实现民族地区全面小康社会奠定人才基础。促进各个地区尤其是边疆民族地区的义务教育均衡发展，对国家的教育现代化战略实现和民族地区的经济社会快速发展和和谐稳定有着不可或缺的重要价值。作为集边疆、多民族、贫困、山区为一体的云南省，不但经济文化社会发展水平落后于其他经济发达省份，云南省的教育发展水平也落后经济发达省份。要改变这一现状，不断提高云南省的教育现代化水平，培养大批具有高级知识技能素养的人才，必然先从义务教育阶段抓起，必然要全力搞好云南省民族地区的义务教育，保障每个民族学生的基本教育权利，促进云南省内的县域义务教育均衡发展。

由于党中央、国务院的高度重视，云南省政府已经在强力推进教育均衡发展，地方政府也投入了大量的人力、财力和物力，助推云南省各级各类学校的基础设施建设，完善民族地区的基本办学条件，并且着力提升民族地区教师的薪资待遇，改善民族地区教师的生活、工作环境，建设了基本符合教育需求的结构相对合理、素质比较高的教师队伍。从云南全省来看，教育发展的均衡程度有所提升，但由于各种条件的制约，仍然面临诸多问题，需要我们继续深入研究。

由于地区发展的不均衡，各地的地理环境、经济水平、地区政策等各种差异，云南的教育发展水平存在着很多差异；虽然随着政府的大力支持，多民族聚居的农村地区学校教育得到了很大的改善，但是，城镇与农村、城镇与城镇、农村与农村、各个学校之间仍存在诸多差异，比如教学条件、师资水平、教师福利、教师工资待遇、学生学习基础和就学环境等问题，本课题依据对红河州部分县市及文山部分县市等云南边疆地区的中小学教师的调查研究，来探讨云南民族地区教育均衡发展问题。

云南地区本就在教育、经济等方面落后于发达地区，而在云南边疆民族地区，这种落后更加明显。目前看来，教育发展的不均衡已经成为制约云南民族地区社会发展的一道枷锁，如何实现民族地区教育均衡，怎样走向符合民族地区实际需要的教育均衡，应当采用何种教育发展方式，这些都是云南地区社会发展过程中必须解决的重要难题。对于这种难题，既不能纸上谈兵，也不能好高骛远。必须结合实际，根据已有的教育资源，针对每个不同的地区、每个不同的教育均衡问题，做出最合理的资源分配，消除显而易见的不公正，而非一味地追求平均主义。政府也应当根据云南边疆民族地区的特殊性，做出最适合该地区的教育政策，教育行政部门、学校管理者和教师的教育者更是需要结合本地区、本校实际情况，齐心协力，着眼于内发的"可行能力"，着力学校内涵建设，提升学校教育质量。因而详尽地深入地方基层的教育调查访谈是研究的基础，而配置正义与关系正义相关理论的借鉴和应用是提出教育优质均衡对策的思想资源。

总体来看，针对云南民族地区教育均衡发展问题，本课题采纳配置正义与关系正义的双重视角进行分析，对民族地区如何实现教育均衡发展有重要的理论价值，揭示民族地区独特的地理、历史导致教育与其他地方的差异，应该有相对独特的教育均衡思路，改变了以往只对现象进行分析，对教育政策和举措进行一些建议的拍头脑式研究，理论意义非常突出。研究针对民族地区独特性进行了新的思考，提出了一些新的研究结论，对促进民族地区教育均衡发展有重要参考价值。

## 第三节　研究思路与方法

### 一、研究思路

课题组根据研究任务，开展了大量有关教育公正和均衡发展的文献资料分析和述评工作，形成了比较全面的关于教育均衡的文献述评，以便对教育均衡发展研究进行新的理论视角的分析阐释，阅读了政治哲学以及教育公平、正义、均衡等领域的核心著作，厘清了较为独特的从分配正义与关系正义双重视角分析民族地区教育均衡发展问题的研究思路。

具体而言，本课题基于云南民族地区教育发展困境这一核心问题，采取调查为基、理论关照、实践变革的学术立场，拟采取的研究思路是"文献分析、明确问题——实证调查，分析问题——提出对策，解决问题"。

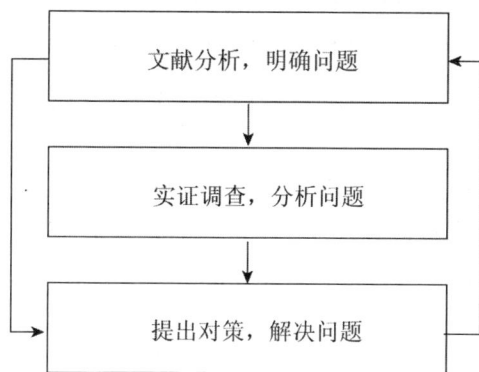

图 1-1　研究思路

具体来说是以下思路：

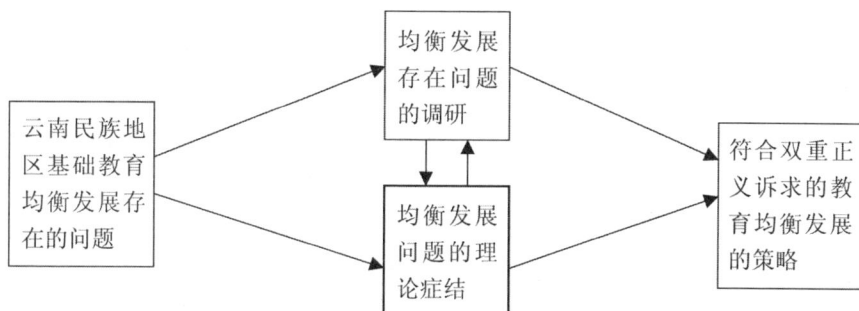

图 1-2　详细研究思路

在明确关系正义和配置正义的理论内涵、教育应用可能性的基础上，形成对云南民族地区教育均衡发展问题本质的正确认识，探讨在双重正义视域下云南民族地区教育均衡发展实现的原则与途径，具体思路如下。

首先，是在第二章对研究的核心概念——教育均衡、民族地区教育等做了界定和描述，对相关已有研究做了文献述评，以便能够准确把握该课题的研究现状和需要进一步研究的方向，然后对于本课题所关注的配置正义与关系正义的理论做了阐述，初步讨论了双重正义的理论观点对于教育均衡发展的价值引领作用。

其次，第三章着眼于县域内微观层面的云南民族地区教育均衡发展问题的单样本分析，根据课题组的研究设计，分别对红河哈尼族彝族自治州 HH 县、CH 县，文山壮族苗族自治州 QB 县、昆明市 LQ 彝族苗族自治县以及蒙自市少

9

数民族集中的 MJ 苗族镇、ST 乡做了微观层面比较有针对性的调查，揭示了一些云南民族地区实现县域内教育均衡发展的具体障碍性因素并提出了一些应对策略，对云南民族地区教育均衡发展的内涵做了新的阐述，对均衡发展路径做了新的思考。

再次，第四章基于云南民族地区教育均衡的现实和总体状况，尤其是民族地区教育均衡发展的现状，以教育行政部门的教育事业统计数据为研究资料，进行了对云南基础教育发展状况的整体分析，从几个维度揭示了云南各州市基础教育发展的不平衡。然后，在此基础上，对云南民族地区教育均衡发展的整体状况、已有研究、可能思路做了进一步的分析，指出了实现云南民族地区教育均衡发展的基本路径。接着，基于本课题组的实地调查，采用 SPSS 为分析工具，以边疆民族地区义务教育阶段教师为分析对象，对该地区的教师队伍建设和师资均衡状况做了详细分析，指出了云南民族地区实现教育均衡的各种障碍性因素，并对均衡发展中云南教育总体现状和具体困境进行了分析讨论，最后基于调研数据分析，提出一些实现民族地区教育均衡发展的具体举措。

最后，第五章作为课题研究结论，从理论分析层面重点阐述了，如何才能实现具有普遍意义的民族地区的教育均衡发展。首先是关于理念层面的创新思考。针对民族地区教育均衡实现的困境，课题组试图寻找促进云南民族地区教育均衡发展的理论基础，在广泛阅读和深入思考的基础上，首先需要重视的就是当前针对民族地区教育落后的现实，凸显对其进行加大扶持和补偿的力度，这是教育配置正义的理论诉求。但针对当前很多民族地区教育物质资源已经基本满足需求的情况下，民族地区教育均衡发展问题仍然非常凸显，教育的实际状况仍然堪忧，这就显示出配置正义解决云南民族地区教育均衡问题的合理性和局限性。在此基础上方兴未艾的多元正义，特别是关系正义理论进入课题组的视野，其强调差异公民身份，反对文化歧视和习惯性忽视等观点，能够用来解释民族地区教育均衡发展的难题。即为了实现民族地区的教育均衡发展，不仅需要进一步凭借罗尔斯的配置正义理念，更应借鉴关系正义的理念，探寻适合民族地区现实状况与发展需求的教育均衡发展方式。而且，在教育均衡发展实现方式上，需要基于阿马蒂亚·森的比较正义视角，教育均衡发展应该充分考量现实复杂性，坚持比较正义的进路。然后，课题组对关系正义的理念下如何实现民族地区教育均衡发展做了深入思考，提出了一些可能的努力方向和应有作为，对民族地区的薄弱学校如何改进做了详细分析。最后是关于民族地区两个微观层面的教育均衡实现问题，第一个是遍布云南民族乡村地区的小微学校如何走出发展困境问题，第二个是城镇化背景下县镇学校负担过重，学生不断集中导致的大量边缘生遭遇的教育不公正的问题。

## 二、研究方法

研究方法一般是指一个研究问题在得到研究结论的过程中所依赖的研究手段与研究工具，也就是问题是如何被分析和讨论，研究结论是如何获得的。一个问题的研究如果方法不够合理，其结论最终往往会遭受质疑，甚至直接评定为非科学或假研究，可见研究方法的选择对研究结果的重要价值。但是，由于当前学术界对研究方法的分类和内涵分析很不一致，很多研究对方法的交代说明都不够充分，歧义很多。例如当前常见的文献研究、内容分析、调查研究、观察研究、比较研究、个案研究、行动研究、叙事研究等，其具体所指往往不能取得一致，内涵有交叉。对于本课题研究来说，研究过程中主要采用的方法有以下几种。

### （一）文献研究法

本研究广泛阅读相关民族学、政治学和教育学等理论，在各种数据库和文献资源中，吸取相关资源基础上分析民族地区教育均衡发展的内涵、理念和实现路径，着力探讨了配置正义、关系正义、教育均衡发展、民族教育等概念。本研究涉及的文献很多，包括罗尔斯、艾丽丝·扬等人的正义理论等。例如阅读了《正义：政治哲学的视界》《正义论》《包容与民主》《多元时代的正义寻求——I. M. 杨的政治哲学研究》《正义的理念》《新时期下我国义务教育均衡发展方式的转变》等核心著作，查阅了近几年关于教育均衡发展问题的公开发表或出版的大量论文和相关著作，厘清了研究思路，在对其进行理性取舍、比较和整合的基础上进行思辨，做了相关研究的文献述评，分析了本课题所要研究的民族地区教育均衡发展的相关概念，均衡发展实现思路和方式等。

### （二）调查研究法

在云南民族地区教育均衡发展的现实问题确定方面，主要采用了调查法，对云南边疆民族地区典型县的中小学、教育局相关科室等进行了实地调查并对若干教师进行访谈。具体调查情况是：根据本研究的实际，需要到云南民族地区一些县市开展学校和教育局的实地调研工作，课题组在 2015 年 11 月 17 日课题开题结束后，开始着手调查和访谈工作，课题组集中研讨并查阅相关资料后编制了调查问卷和访谈提纲，在实施过程中又进行了适当修改，主要到云南若干民族地区进行了调研工作，回收了大量问卷和访谈记录，形成了一些调研材料，并根据其中的一些问题形成了研究论文。实地调研过的云南民族地区县市分别有红河哈尼族彝族自治州教育局及元阳县、金平县、红河县、屏边县、绿春县、蒙自市、河口县、文山州丘北县、丽江市古城区、玉龙纳西族自治县等，另外，因一些学校由于实际条件的限制课题组无法自行前往，所以联系当地的中小学老师进行了问卷调查并邮寄返回。调研中除了请老师填写问卷外，还有意识考察了当地校舍校貌、民俗风情、学校管理。访谈相关主体有教育局工作人员、学校校长及教师。访谈同时发放了问卷，获得了一些研究的原始记录和数据，并应用 SPSS 统计软件进行了数据处理，主要内容是调查了解云南民族地区在教育均衡发展政策提出后遇到的发展问题，现有举措以及仍然面临的困难等方面。课题组对调研数据做了整理分析，由此，明晰了云南民族地区教育均衡发展过程中存在的具体困难和问题。

（三）质性研究法

以往在教育均衡发展研究中，大多研究者都用到了文献法和调查法：前者属于思辨研究的范畴，主要借用文献资料，采用分析、归纳、概括等思维过程，找出问题发生的原因，提出理性的对策，一般借用各类文献资料，在书斋中就能完成；后者属于实证研究的范畴，需要通过实地调查、问卷、访谈等，了解现实中的实际情况，再进行归纳、统计、分析，得出数量化的研究结果，也就是借鉴自然科学的思维，用数据说话。这两种方法各有优势与不足，在本研究中都起到不可或缺的作用。但是综合运用这两种方法，仍然难以深层次揭示云南民族地区教育均衡问题的症结，因而课题组还采用了质性研究的方法。这是由于从关系正义的视角研究教育均衡发展问题，需要"从社会互动以及制度背景等去关注教育弱势群体的处境，质化研究作为一种更关注理解和意义的研究方法，因其特质适用于公平研究而受到相关研究者的重视"[①]。具体操作方式就是课题组深入民族地区，对少数民族教育的相关人物进行深入访谈，了解风俗民情，同时对学校里面各种可感知到的现象进行观察和记录，以便能够对民族地区教育均衡发展中的深层次问题有全方位了解，获得大量的书面和口头资料，尝试从中找到制约民族地区实现教育均衡发展的各种制约因素的实质和可能解决的途径。

总之，本课题立足关系正义和配置正义双重正义的理论视角，着力研究作为集山区、贫困、民族、边疆等多重身份为一体的云南民族地区义务教育均衡发展问题，采用文献研究、问卷调查、个案访谈等方法，以红河哈尼族彝族自

---

① 钟景迅. 教育公平的应有之义及其研究方法反思：质化研究在其中的作用和意义 [J]. 高等教育研究，2013（3）：52-60.

治州、文山壮族苗族自治州等少数民族聚居地区为主要调查地域，兼顾云南其他民族地区。发现民族地区由于经济、社会、文化、历史等多种因素交错的差异性和复杂性，在推进教育均衡发展方面存在诸多亟须应对的困难和问题。对这些困难和问题产生的原因进行了多层次、多维度的分析探讨，并试图在双重正义理论视域下，尝试性地提出一些理性思考和对策建议，为民族地区义务教育均衡发展的深入推进做一些理论上的探索。

# 第二章

# 内涵梳理：教育均衡核心概念与相关研究述评

为了更精确聚焦本研究的努力方向，本章首先对教育均衡的概念进行了解读，对近些年的教育均衡发展研究成果进行回顾与展望，合理地指出了其成就与可期的未来研究方向。本研究指向云南民族地区的教育均衡发展，所以以对其先做了教育情况的概括性介绍，之后在对云南民族地区教育均衡发展的研究进行文献回顾后，指出民族地区的教育均衡发展有其特殊性，需要理论视野的拓宽，而本研究把这种理论努力放在了正义理论的探索上，试图以配置正义与关系正义的理论视角对云南民族地区的教育均衡发展进行分析研究。

## 第一节　教育均衡发展内涵解读

为能够明确界定和深入研究云南民族教育均衡发展的问题，首先需要对教育均衡发展的概念进行明确界定，而为了能够深入分析其本质，需先明晰均衡的内涵所在，不过，由于作为研究热点，相关研究已经对这些基础概念有详细分析讨论，限于篇幅，本节不再详述。在核心概念明晰基础上，为了对该问题的研究有全面的了解，准确定位本课题研究的出发点和着力点，详细的关于教育均衡发展的已有研究述评至关重要，可以对本课题的研究提供明确的学术资源支撑。

### 一、均衡概念

"均衡"这个词语是一个生活中很常见的概念，貌似内涵很简单，很多人把其理解为数量"一样"或价值、程度、趋势、变化"同等"，于是想当然地认为教育均衡就是每个学校都一样，每个学生的发展水平都差不多。配备的物质资源、拨付的经费，甚至教师教学水平和方法都基本一样。这是对教育均衡的粗浅甚至不正确的理解，因而需要一些辩证的思考。

"均衡"经常用于各个行业和各种领域，但是却表征着不同的含义。"均"原指陶工使用的轮转，后演变为反映数量关系的"平均、一样"，"衡"原指绑在牛角上的横木，后演变为事物的机理或法则。① 均衡在物理学中的含义，一般是指一个体系中各种"力量"的合成使得物体相对有序或静止，即影响物质状态的各种力量分布平均或均等。均衡在经济学中使用时，是指影响某个经济要素的各种力量差不多，使得该要素暂时保持某种状态，直至均衡状态被新的力量打破。哲学中的均衡，一般是指各种事物在相互作用中处于稳定有序的状态，或者关系和谐，不产生突变等。在英语中，它有两个解释，分别是 balanced 和 equal，其含义大约类似于我们所言的"平等、平衡、同样"。笔者认为，真正的均衡尽管跟平等或同样不无关系，但面对复杂的事物，更根本的应该是事物整体的一种相互依存、和谐共生状态，在动态的调整中矛盾不断消解，事物发展趋向卓越和完美。

### 二、教育均衡发展内涵

总体而言，"教育均衡发展"不是一个能够获得统一认识的简单概念，而是一个多层次、多维度的概念，是在教育公平的时代诉求下，以正义为价值取向，实现教育和谐的基本途径。针对本课题的研究对象——云南民族地区来说，可以分为城市教育与乡村教育、学校与学校、学生与学生三个层面，在城市与乡村层面，教育均衡发展意味着其教育各有优势，不分伯仲，城市学校有乡村来的学生喜欢就读，乡村学校由于其田园特色或优势，很多城市孩子同样喜欢入读。在学校与学校层面，希望每个学校都能结合自己实际，努力使学校办得有质量、有特色、有文化，这里的质量并非根据时下流行的统一考试来评定，而是多元化的质量标准，切合自主评价的要求，师生只要共同努力，学有所长，不断进步即可。在学生个体层面，希望每个学生都能根据自己的兴趣特长，在教师引导下，提升自己的知识和能力，发展自己的个性，形成自己的人格和智慧。教育均衡与提升教育质量、发展优质教育应该是同样重要的问题。在教育物质资源配置实现基本均衡、所有学生受教育权利得以保障后，教育基于物质资源公正分配的初级均衡实现后，着力于教育质量普遍优越、人人享有高质量教育的优质均衡发展必然需要持续跟进。推进义务教育均衡发展的最终目的是人人享有高质量的教育，获得符合自身实际和所在地区的经济文化建设需要的

---

① 姚永强. 新时期下我国义务教育均衡发展方式的转变 [J]. 北京：中国社会科学出版社，2016：18.

最佳发展。

也即，教育均衡不能等同于平均主义、完全一样或者共同平庸，而是在资源均衡的前提下，努力实现人人获得高水平教育质量，即每个学生在教育中都能优质、自由、和谐、全面地发展自我。这摒弃了以往以社会为核心评估域的局限，体现了以人为核心评估域的新教育公平观。① 此外，教育均衡也不是教育的同质化、模式化，而是鼓励学校因地制宜，体现发展特色，发挥地区优势，通过每个学校的特色化、优质化发展，实现理想的教育均衡，这种理想的教育均衡观也可以称为优质均衡，其可以与完整的教育均等或公平理想互相印证。早期，科尔曼认为教育机会均等包括入学机会、教育条件和学业成就机会三个方面②，与其接近的是，胡森将教育平等理解为起点平等、连续不断的阶段平等和最后目标平等③。前两种对应我们所言的教育初级均衡，后者对应理想的教育优质均衡状态。袁振国认为，教育公平可以分为四个阶段：机会、条件、过程和结果的公平④，而机会和条件公平对应教育初步均衡，过程和结果公平对应教育优质均衡。这种区分在地方民族文化特色突出的云南民族地区尤为重要。

而且，针对云南民族地区的教育均衡发展问题进行专项研究，对教育均衡内涵的理解需要更加深入，强调云南民族地区教育均衡，并非认为云南非民族地区的教育均衡发展不重要，而是希望在全省内达到有序和谐的发展，全省的乡村与城市、山区与坝子、民族地区与汉族地区都能基于自身实际，不断提升教育质量，实现全省范围内的相互帮助、相互促进的优质均衡。要强调基于学校实际，分类分层发展，提倡办出每个地区每个学校的特色，反对提出一刀切的统一要求。我们还应有长期努力的思想准备，要清醒地认识到云南民族地区实现教育均衡发展的艰巨，其发展状况落后于其他地区有着各种历史和现实交叉的复杂原因，如要实现与其他地区可比较的教育均衡，短期内并不容易成功。另外，要综合协调地发展，坚持整体的眼光。民族地区既有城市，也有更多的乡村，两者都要兼顾，协调城乡共同发展，尤其是现在村小、教学点大量撤并的背景下，如何开展好乡村教育需要各方面共同解决。最后，即使是民族地区

---

① 程天君，等. 新教育公平引论［M］. 南京：南京师范大学出版社，2019：49.
② 张长征，等. 中国教育公平程度实证研究：1978—2004 基于教育基尼系数的测算与分析［J］. 清华大学教育研究，2006（2）：10-14，22.
③ 张人杰. 国外教育社会学基本文选［M］. 上海：华东师范大学出版社，2009：196.
④ MEYER K S. 教育、公正与人之善：教育系统中的教育公平与教育平等［M］. 张群，等，译. 上海：华东师范大学出版社，2018：序言1-4.

的教育均衡发展，也不能只限于配备优质师资和办学条件，因为这并不等同于教育均衡的理想，一种简单的对教育均衡的理解，认为只要办学条件、基础设施、经费投入、师资力量在不同学校和区域之间按照数据统计基本一致，就算实现了教育均衡发展，因而教育均衡发展主要是政府的责任，这种观点是十分偏颇的，真正的教育均衡发展是根据每个学校的真实需求，在合理配置好教育各种资源的基础上，主要依靠学校的内发自主努力，实现每个学校的优质化发展，促进每个学生全面而个性化地发展。

## 第二节 教育均衡发展研究述评

基于本课题的研究需要，文献述评主要关注近年的教育均衡发展问题，其在最近几年越来越成为社会各界关注的一个热门话题。很多学者从教育均衡发展的内涵、原则、失衡原因、表现，指标体系的构建，实现对策等方面进行了大量研究。本节选择从教育均衡发展的内涵与原则、评价指标体系的构建、实现策略三个方面，对我国近年来教育均衡发展研究成果进行述评。未来的教育均衡发展研究应随着实践的推进和新问题的出现而进行更深入、有针对性的探索。

近年来，我国在推进义务教育均衡发展上做了很多的工作，并取得了不错的成绩。但由于长期受经济、文化、社会观念等诸多因素的影响，我国义务教育在区域之间、城乡之间、学校之间存在很大的差距。从"中国知网"上进行文献检索，以"教育均衡发展"为主题，进行精确搜索，有5000多篇论文。另外，近几年出版的有关教育均衡发展问题的著作也比较多，笔者搜索到33部。相关论文和著作都表明研究者对教育均衡发展问题的关注度很大。本节从中精选出若干篇论文和相关著作来探讨近年来在教育均衡发展研究中取得的一些新进展，希望通过回顾研究进展，对本课题的研究提供参考。

### 一、教育均衡发展内涵研究

学术界关于教育均衡发展的内涵，到目前为止也没一个统一的定义。每个人的理解和认识都存在差异。但他们从不同的角度对教育均衡发展内涵做的解释丰富了教育均衡的认识，促进了人们对这一问题的深入理解。

有研究者认为，义务教育均衡发展是在教育公平理念的要求下，"让教育机构和受教育者在教育活动中享受平等待遇的教育理想，同时也包含了确保其实际操作的教育政策和法律制度"①。姚继军、张新平（2010）认为，教育均衡发展是指相对均等地配置教育资源，尽可能为每一位受教育者提供相对均等的教育机会和教育条件，使平等的受教育权利得到充分保障。② 赵环秀（2010）对于教育均衡的理解也持与他们类似的观点，她从教育学和法理学的角度，提到实现受教育权利的公平不只是要公平分配受教育权利，而是使受教育权利得以真正地实现。③ 庞文、刘洋（2013）认为当前教育均衡研究大多从两方面来解释：一是从教育的机会、过程、结果等教育的不同阶段分析，二是从区域差异入手，分析教育资源的分配达到教育需求与供给的相对均衡状态④，其强调要通过建立和完善教育政策和法律制度来保障受教育权利的相对均等。李春燕（2010）也认为教育均衡实质上是指在平等原则支配下的教育机构、受教育者在教育活动中平等待遇的实现，并最终实现教育公平。⑤ 师玉生（2011）认为教育均衡发展分为两个层次：学校所处的空间结构和受教育的时间结构。⑥ 杨军把教育均衡发展的含义概括为三个层次：物质层面均衡、制度层面上教育权利的平等、意识层面上人的潜能发展。⑦ 刘新成、苏尚锋（2010）认为义务教育均衡发展有三重意蕴：配置均衡、供需均衡、动态均衡。⑧ 王建荣、夏志强（2010）从四个方面来理解义务教育均衡发展，提出全面的、动态的、协调的、特色的发展。⑨

在此方面，很多学者做过一些比较深入的关于基础教育均衡发展的文献分析或述评，例如，周守军的《县域义务教育均衡发展研究》、姚永强的《新时期下我国义务教育均衡发展方式的转变》、苏娜的《区域义务教育均衡发展保障机

---

① 翟博. 树立科学的教育均衡发展观 [J]. 教育研究，2008（1）：3-9.

② 姚继军，张新平. 新中国教育均衡发展的测度 [J]. 华东师范大学学报（教育科学版），2010（2）：33-42.

③ 赵环秀. 教育均衡发展：政府的政治责任——以弱势群体子女的受教育权利及其实现为切入点 [J]. 中国农业教育，2010（3）：1-4.

④ 庞文，刘洋. 我国特殊教育均衡发展指标体系的构建与测评 [J]. 教育科学，2013（8）：12-18.

⑤ 李春燕. 关于实现城乡义务教育均衡发展的研究 [J]. 现代农村科技，2010（16）：58-59.

⑥ 师玉生. 县域义务教育均衡发展的现状与对策研究——以张掖市甘州区为例 [D]. 兰州：西北师范大学，2011：12.

⑦ 杨军. 西北少数民族基础教育均衡发展研究 [M]. 北京：民族出版社，2006：13-14.

⑧ 刘新成，苏尚锋. 义务教育均衡发展的三重意蕴及其超越性 [J]. 教育研究，2010（5）：28-33.

⑨ 王建荣，夏志强. 我国义务教育均衡发展的内涵及其指标体系构建 [J]. 理论与改革，2010（4）：70-73.

制研究》、胡邦永等人的《贫困地区教育均衡发展研究》、吴遵民等的《基础教育公平论：中国基础教育公平与均衡发展的政策研究》等。姚永强认为，教育均衡发展指"一定教育系统的各构成要素在内在机制和外在制度的作用下彼此协调一致时的一种相对稳定和平衡的发展状态或结果"①。苏娜认为均衡发展是从教育经济学研究中逐渐延伸过来的概念，在政府的政策推进下，成为义务教育公平的核心表征。其标志是2001年国务院颁布的《关于基础教育改革与发展的决定》，标志性的研究成果起始于2002年第2期《教育研究》上面翟博、于建福、曾天山等人的笔谈。其后教育均衡发展的理论研究迅速增加，对教育均衡概念和内涵及实现对策等的探讨不断深化。而且，基于宏观层面的实证研究日益成为主体，关于均衡发展指标体系的探索逐渐增多，量化研究与质性研究相结合的方式越来越成为时髦。②

周守军认为，教育均衡发展的内涵和本质具体体现在以下三个方面："第一，教育资源的分配关注的是相对均衡；第二，教育入学机会的平等和就学环境的公平；第三，教育均衡发展是一个从量的累积到质的提升的过程。"③ 胡邦永认为义务教育均衡发展的内涵包括四个方面，是一种"教育发展的终极的理想追求，又是一个不断达成的阶段性目标"④。朱德全把义务教育均衡发展的时代特征归纳为系统创新、全面协调、绿色生态、兼容开放、人人共享。⑤ 这体现了新时代社会发展诉求对教育均衡的新要求。这是部分学者专著中对教育均衡发展的认识与理解。

在一些期刊论文中，同样对此有多种不同解读。司晓宏认为义务教育均衡发展主要是指不同区域之间、同一地区不同学校之间、同一学校不同群体之间的均衡发展问题。⑥ 张梅把教育均衡发展分为广义和狭义两方面。⑦ 一提到义务教育阶段的均衡发展，难免有不少人会理解成同样的、平均的、一致的发展，

① 姚永强. 新时期下我国义务教育均衡发展方式的转变 [M]. 北京：中国社会科学出版社，2016：19-20.
② 苏娜. 区域义务教育均衡发展保障机制研究 [M]. 广州：广东高等教育出版社，2015：19-21.
③ 周守军. 县域义务教育均衡发展研究 [M]. 北京：光明日报出版社，2013：9-10.
④ 胡邦永，罗甫章. 贫困地区教育均衡发展研究 [M]. 成都：西南交通大学出版社，2016：29-30.
⑤ 朱德全. 中国义务教育均衡发展论 [M]. 北京：人民出版社，2019：第一章第二节.
⑥ 司晓宏. 义务教育均衡发展研究热点的统计分析与展望 [J]. 教育学报，2015 (6)：49-59.
⑦ 张梅. 基础教育均衡发展的哲学审思 [J]. 教学与管理，2016 (18)：1-4.

对于"均衡"这个概念的理解有偏差。对于这个问题，宋乃庆教授给出了具体的说明。义务教育均衡发展不是"平均发展"更不是"一刀切"，教育均衡发展是缩小区域间、城乡间、校际、群体间的差距，体现在教育发展过程中的公平与均衡，实现学校的内涵和特色发展，不舍弃任何一个学生，促进每一个学生得到符合自身实际的发展。① 陈昌盛指出义务教育均衡发展的实质是资源属性上的校际均衡和空间位置上的区域均衡，在此基础上包含三重内涵：受教育者受教育机会的均等、受教育条件的一致以及最大限度的个性发展。②

张茂聪等提出了内发发展的教育均衡理论，认为其内涵是"相对独立性、自发性，强调发展的整体性、协调性，更加注重以人为本，尊重地域特性以及突显发展方式的多样性"③。并基于此提出了实现县域义务教育高位均衡的可行路径。而与此类似，有人认为："自我造血是中小学自主发展优质教育资源的根本。"其提出了坚定信念、端正态度、提升能力、整合条件等自主发展优质教育资源的途径。④

通过查阅教育均衡发展的相关文献，发现近几年学者们对教育均衡发展的研究基本是以教育公平作为理论基础，特别是对教育资源配置的公平、教育权利的公平以及消除地区间教育差距问题的讨论，并强调通过制定相关的法律法规来保证适龄儿童受教育的权利，强调教育均衡发展是实现教育公平的前提，而促进教育公平的根本途径是教育均衡发展。学者们对于教育均衡发展的定义大多是关于物质方面的均衡，很少有人从受教育者精神层面来讲基础教育均衡发展，文献检索发现只有一篇论文，即王彦明（2010）从分析精神均衡的内涵入手，提出发展的策略，注重道德品质的转变，关注对待均衡、体验均衡，提倡主动发展⑤，但其分析没有引起其他研究者的回应。这表明教育均衡发展精神层面的研究即个体发展层面的研究还未引起重视。当然，教育均衡发展的内涵在未来将会不断地更新完善，讨论也会更加深入全面。

研究者在对教育均衡发展进行定义时，主要侧重于"均衡"二字，很多人认为均衡是为了更好地发展，很多人理想中的均衡是所有的学校都一样让人满

---

① 宋乃庆. 我国义务教育均衡发展任重道远 [J]. 中国教育学刊，2015（9）：7.
② 陈昌盛. 城市群战略下义务教育均衡发展的挑战与策略 [J]. 教育探索，2015（9）：37 −41.
③ 张茂聪，刘信阳. 县域义务教育优质均衡发展：基于内发发展理论的构想 [J]. 教育研究，2015（12）：67−72.
④ 陈振华，等. 优质教育资源发展论 [M]. 杭州：浙江大学出版社，2015：150.
⑤ 王彦明. 精神均衡：基础教育均衡发展的应然追求 [J]. 教育导刊，2010（11）：16−19.

意。但理想终究是理想，有研究者认为，"均衡发展"不是"一律化发展"或"整齐划一的发展"①，而且学校教育的均衡不能只以考试成绩为考核标准，而应该以全面素质合格为底线，强调合格加特长的评价方式②。中国地域辽阔，各个地区的经济、文化状况不尽相同，不同地区之间多少都存在差异，因此，对于教育均衡的解释是一种相对的均衡，在教育权利、教育机会、教育结果等方面也只能寻求一种相对平等的状态。教育均衡并不是我们的目的，而是一个过程，这个过程是螺旋上升的过程，在追求教育均衡发展上，我们只能追求更好，不可能达到最好。③ 义务教育均衡是一个动态发展的过程，由于历史，文化、发展基础的迥异，应该承认教育差异并不断优化其状况的过程，而绝不可理解为所有学校都标准一样、平均化和同质化，强制拉平必然导致基础教育的普遍不满甚至灾难。当前全国90%以上的县区都实现了基于物质资源配置的基本均衡，正在推进优质均衡发展。但优质均衡的内涵如何理解？其状态如何描述？显然是一个悬而未决的问题。譬如，在推动教育改革的过程中，一些地方过于强调标准化的同一发展，从而忽略了学校之间的差异性，这种差异性不是指学校办学条件和师资等的差异，而是指不同学校的特色和每个学生发展需要的实现程度。当下一些地方集团化办学、学区集团化管理等通过强校带动弱校发展的推进策略，在实施过程中把强校的发展模式强加到弱校已带来"水土不服"的负面影响。强校和弱校在生源、师资、校园文化等方面都存在很大差异，强校的发展模式不一定适合弱校。正确应对这些问题，首先需要厘清均衡发展的深刻内涵和理想图景。

最后，关于教育均衡发展的基本原则或实现路径也有学者做了研究。褚宏启、高莉（2010）等学者认为教育均衡发展的原则有平等原则、差异原则、补偿原则。④ 这三个原则是推进教育均衡发展最基本的原则，由于考虑到中国教育的复杂性，当前论述较深入的是差异原则，其含义是鼓励城乡、不同地区和

---

① 左瑞勇. 城乡统筹背景下重庆基础教育均衡发展的思考 [J]. 中国教育学刊, 2008（5）：10-13.

② 杨启亮. 底线均衡：义务教育优质均衡发展的解释 [J]. 教育理论与实践, 2010（1）：3-7.

③ 肖军虎. 县域义务教育均衡发展研究——基于对山西省隰县、浮山县、侯马市和古交市4个县（市）的调研 [D]. 武汉：华中师范大学, 2012：17-19.

④ 褚宏启, 高莉. 义务教育均衡发展评估指标与标准的制订 [J]. 教育发展研究, 2010（6）：25-29.

学校通过实际情况进行创造性的探索，实现优势互补，特色发展，整体提升。① 不同地区、学校由于经济情况不同，学生发展水平会存在差异，但是我们应该尊重差异的存在，并正视差异。教育均衡发展并不是搞平均发展，而是分类发展。有研究者提出，通过建设特色学校，促进义务教育均衡发展。② 邬志辉认为基础教育发展经历了重点化、均衡化两个发展阶段，而未来的特色化发展是第三个阶段。③ 合理利用客观存在的差异，并进行创新，差异就可能会发展为特色，各个学校可根据自身不同的情况，探索并创新出自己学校的特色，通过优势互补来缩小与别人的差距。另外，还有学者提出了理性原则和市场原则。④ 这些原则对指导实践有一定启示作用，但相关探索仍显薄弱，针对特殊地区或特殊状况应该如何实现均衡发展还需要深入研究。

## 二、教育均衡发展指标体系的构建

近年来，研究者们开始尝试构建教育均衡发展的指标，因为判断义务教育发展均衡状况及其程度，需要一把科学合理的"标尺"来进行测量，这也是进行教育实证分析研究的基础。要推进义务教育均衡发展的前提是构建科学的指标体系，以科学的指标作为判断的标准，以此来监测、评价教育均衡发展的程度，这有利于国家与地方推进教育均衡政策的落实和完善。

### （一）指标选择的原则

研究者们对于教育均衡发展指标选取的原则主要有以下几种。蒋冠宇（2012）认为指标体系的构成是一个复杂的过程，在指标的选择中必须遵循以下几个原则：客观性原则、可行性原则、系统性原则、可比性原则。⑤ 刘欣欣（2013）认为指标的选取要有其针对性、导向性、代表性和可获取性。⑥ 任春荣（2011）认为确立指标选择的原则是指标筛选工作的第一步，她认为指标选取的一般性原则主要有以下几点：目的明确、切实可行、比较全面、具有一定的稳

---

① 赵鑫. 促进我国义务教育均衡发展的财政政策研究［D］. 北京：财政部财政科学研究所，2011：10.

② 陈军. 教育均衡发展之路径［J］. 人民教育，2010（Z1）.

③ 邬志辉. 学校特色化发展的重新认识［J］. 教育科学研究，2011（3）.

④ 肖军虎. 县域义务教育均衡发展研究——基于对山西省隰县、浮山县、侯马市和古交市4个县（市）的调研［D］. 武汉：华中师范大学，2013：19.

⑤ 蒋冠宇. 义务教育均衡发展指标体系研究［D］. 杭州：杭州师范大学，2012：26.

⑥ 刘欣欣. 城乡义务教育均衡发展指数研究——以北京市为例［D］. 北京：首都师范大学，2012：19.

定性、具有一定敏感性和可靠性。① 王建荣、夏志强（2010）认为义务教育均衡发展的指标体系的选择主要遵循以下原则：全面性、质量取向性、简明性、可比性、评估导向性。② 陈世伟、徐自强（2010）则认为构建义务教育均衡发展指标体系的基本原则有相对均衡原则、动态发展原则、弱势倾斜原则、质量第一原则、差异均衡原则。③ 李继星（2010）提出了与上述学者不同的观点，他把指标选择的原则更加具体化，他认为在推进义务教育均衡发展的指标选择上要根据以下几个原则：平等，以受教育者的发展为本，公平优先、兼顾效率、利益最大化，全面规划、分阶段实施，以机会公平为起点、资源配置为基础、教育质量为核心、县域均衡为重点，数据的可获得、可比较、可公开。④ 徐露、杨岚清（2012）也持有类似的观点。⑤ 指标选取的原则是指标构建的基础，通过科学、合理的原则构建的教育均衡指标，才能保障教育均衡发展研究结果的准确性。

（二）指标体系的构建

指标体系的构建是一个比较复杂、烦琐的过程。指标的选择对于实证研究结果的准确度有很大关系，指标的选择要根据当地实际情况来确定，既要能够反映当地的具体情况，又要反映出各地区教育发展水平的差异。在构建教育均衡发展指标与评价的过程中，要考虑我国的基本国情、各地区的差异和现阶段的教育状况。朱家存、阮成武、刘宝根（2010）指出构建区域义务教育均衡发展监测指标体系的现实条件：以国家的相关政策作为推进义务教育均衡发展的基础，各级政府要有对教育均衡发展监测的实践经验，要借鉴义务教育均衡发展监测指标研究的理论成果。⑥ 各学者从不同的维度建构了教育均衡发展的指标。

---

① 任春荣. 县域义务教育均衡发展评估指标的选择方法［J］. 中国教育学刊，2011（9）：5-7.

② 王建荣，夏志强. 我国义务教育均衡发展的内涵及其指标体系构建［J］. 理论与改革，2010（4）：70-73.

③ 陈世伟，徐自强. 县域义务教育均衡发展指标体系构建研究［J］. 内蒙古农业大学学报（社会科学版），2010（4）：225-227.

④ 李继星. 关于义务教育均衡发展指标体系的初步思考［J］. 人民教育，2010（11）：9-12.

⑤ 徐露，杨岚清. 县域义务教育均衡发展指标体系的构建［J］. 科教导刊，2012（1）：5，11.

⑥ 朱家存，阮成武，刘宝根. 区域义务教育均衡发展监测指标体系研究——基于安徽省义务教育政策实践［J］. 教育研究，2010（11）：12-17，59.

　　吕星宇（2013）从三个维度：资源配置、学校发展能力和办学质量来确定义务教育均衡发展指标。[1] 赵鑫（2011）从四个领域，即教育机会均衡、教育资源配置均衡、教育质量均衡、教育环境均衡来构建义务教育指标体系。其中教育机会均衡包括 4 项二级指标；教育资源配置均衡包括 5 项一级指标，18 项二级指标；教育质量均衡包括 4 项一级指标，3 项二级指标；教育环境均衡包括 1 项一级指标和 2 项二级指标。[2] 王建荣[3]、李继星[4]等人也有类似讨论，与之不同的是他们在教育质量中加了教育成就指标，但没有涉及教育环境指标项。蒋冠宇（2012）将义务教育均衡发展分为三个领域的均衡，即教育背景、教育输入、教育结果。其中包含 8 个一级指标，各个领域一级指标又分别为文化背景、经济背景，财力投入、人力投入、物力投入，学业完成、学业成就、主观满意度。各一级指标下又分为若干二级指标。[5]

　　沈有禄（2009）从资源配置的角度来分析，构建了一个包括人力资源、财力资源、物力资源的由 4 个一级指标、25 个二级指标的构成的基础教育资源配置均衡指标体系。[6] 钟耿从教育保障程度、义务教育资源配置、义务教育发展水平和义务教育均衡协调程度四个方面进行构建，选定了 27 项指标。[7] 董世华、范先佐（2011）从教师资源均衡度、生源均衡度和保障系统均衡度三方面，设计了一套由 60 个观测点组成的表征县域义务教育均衡发展的指标体系。[8] 鞠闯（2014）通过层次分析法选取教学条件、师资情况以及教育经费投入，构建了一个由 3 个一级指标和 11 个二级指标构成的义务教育均衡发展情况的指标体系，

① 吕星宇. 论义务教育均衡发展评价的复杂性［J］. 教育科学研究，2013（8）：31-34，57.
② 赵鑫. 促进我国义务教育均衡发展的财政政策研究［D］. 北京：财政部财政科学研究所，2011：11-12.
③ 王建荣，夏志强. 我国义务教育均衡发展的内涵及其指标体系构建［J］. 理论与改革，2010（4）：70-73.
④ 李继星. 关于义务教育均衡发展指标体系的初步思考［J］. 人民教育，2010（11）：9-12.
⑤ 蒋冠宇. 义务教育均衡发展指标体系研究［D］. 杭州：杭州师范大学，2012：38.
⑥ 沈有禄，谯欣怡. 基础教育均衡发展：我们真的需要一个均衡发展指数吗？［J］. 教育科学，2009（6）：9-15.
⑦ 钟耿. 县际义务教育均衡发展评价研究——基于湖北省恩施地区的实证分析［D］. 重庆：西南大学，2011：24.
⑧ 董世华，范先佐. 我国县域义务教育均衡发展监测指标体系的构建——基于教育学理论的视角［J］. 教育发展研究，2011（9）：25-29，34.

并为每个指标赋予权重。① 邱佳佳（2014）则以县域义务教育均衡发展评估为主体，构建县域义务教育均衡发展公众评估体系。② 庞晶等（2011）认为义务教育均衡发展指标体系的构建应从三个角度来展开：投入、过程、结果，而且他们还指出从过程的角度来构建最方便和可行。③

薛二勇（2013）根据国家相关政策的规定和要求并遵循简约、量化、可操作性原则，比较全面、系统地确定了区域内义务教育均衡发展的假设性指标，主要包括两类：第一类根据政府职能，包括教育经费、教育设施、教师队伍；第二类根据教育质量，包括学校管理、教育效果。④ 从指标体系的构建来看，在区域内义务教育均衡发展指标的确定中，他不仅考虑到了我国的地区差异，而且也从我国教育发展的现实状况出发，体现出了研究特色。他的研究是基于区县内义务教育均衡发展来构建指标的，具有重要的参考价值，在以后的指标体系的构建中，可以以此为基础，逐步扩展到省域、市域，甚至是民族地区，以求得出一个具有地方性的、有特色的、切合实际的教育均衡发展指标体系。

研究者们从不同角度，根据所研究地区的实际情况建立了不同的指标，指标的选取越来越细化，但哪一种指标体系的构建适用范围更广？这就意味着要建立统一的指标，但考虑到我国各地区存在差异，各地区的教育发展状况存在较大差异，不可能建立统一的义务教育均衡发展的指标，要根据各地的实际情况分层次、分区域制定不同的指标，这样政府可以以此作为参照对教育发展中的失衡现象进行有效的监控，并及时、准确做出调整。

（三）指标体系的应用——实证分析

近年来，研究者们对教育均衡发展的研究进入实证分析研究阶段，之前的研究以理论描述为主，受研究工具的限制，实证分析研究还不是很成熟，但近年来由于研究方法和工具的多元化，学者们在教育均衡发展中取得了一些成果。

翟博、孙百才（2012）从区域、城乡、学校和受教育群体四个方面进行了实证分析研究。一方面，他们基于宏观数据，实证分析得出我国基础教育各项

---

① 鞠闯. 县域义务教育均衡发展研究——以辽宁省凌源市为例［D］. 昆明：云南财经大学，2014：21-24.

② 邱佳佳. 县域义务教育均衡发展公众评估指标体系的构建［D］. 海口：海南师范大学，2014：42-45.

③ 庞晶，毕鹏波，鲁瑞娟. 义务教育均衡发展评价指标体系的评述与构建［J］. 当代教育科学，2011（16）：58-59.

④ 薛二勇. 区域内义务教育均衡发展指标体系的构建——当前我国深入推进义务教育均衡发展的政策评估指标［J］. 北京师范大学学报（社会科学版），2013（4）：21-32.

教育指数都呈现出逐年均衡的趋势，基础教育均衡指数在城乡之间、学校之间、群体之间和教育均衡总指数方面也趋于均衡的状态。另一方面，四个省（陕西省、山东省、甘肃省和河南省）的微观调研数据也表明我国基础教育逐步走向均衡，由此得出，我国经济社会的差距虽然在不断扩大，但基础教育的差距整体上在缩小，但还存在一些问题，例如入学方式在不同的群体间存在差异、生均经费在城乡之间的差异以及择校的差异等。① 刘欣欣（2013）从教育资源配置方面入手，根据北京市的情况，构建了一个城乡义务教育均衡监测指标体系，并进行了实证分析研究。② 续艳艳（2013）从学校软件设施和硬件设施两方面，构建了一个关于义务教育均衡的指标体系，并为各个指标设置权重，以该标准为基础测算，结果表明山西省的城市学校无论从硬件设施还是软件设施上都优于农村学校，该研究者还分析验证了研究结果与现实的一致性，并提出了建设性的建议。③ 杨令平（2012）则对政府行为进行了较为系统的实证分析，描述了政府行为的主要成效，发现政府行为在机制的建立、经费投入、师资队伍、教育均衡化水平等方面都有了明显提升。④ 有研究者根据公共产品、教育公平、教育生产函数，并应用控制论、信息论、系统论的一些理念，在借鉴国内外基础教育监测经验的基础上，系统提出并建构了县域义务教育均衡发展监测机制的总体框架。⑤ 在这方面，潘玉君、张谦舵等人对义务教育均衡发展的数据实证研究非常深入，结论建立在翔实的数据分析上，做了卓越贡献。⑥

实证分析的结果能够反映出各地区在推进教育均衡发展上的不足，政府及相关人员可以以此作为依据制定相关的政策、制度或采取相应的对策、措施。从他们的实证研究结果可以看出，虽然我国不同地区、不同学校、不同群体之间在经济、社会、文化等方面都存在着较大的差异，但是在教育发展方面的差距整体上都在慢慢地缩小，教育发展整体上逐步趋于均衡状态。这也从另一个

---

① 翟博，孙百才. 中国基础教育均衡发展实证研究报告［J］. 教育研究，2012（5）：22-30.

② 刘欣欣. 城乡义务教育均衡发展指数研究——以北京市为例［D］. 北京：首都师范大学，2013：28-46.

③ 续艳艳. 山西省城乡义务教育均衡发展评价指标研究［D］. 太原：山西财经大学，2013：15-17.

④ 杨令平. 西北地区县域义务教育均衡发展进程中的政府行为研究［D］. 西安：陕西师范大学，2012：70-79.

⑤ 李桂荣. 县域义务教育均衡发展监测机制研究［M］. 北京：科学出版社，2017.

⑥ 张谦舵，等. 云南省义务教育区域均衡发展监测、评价与预警［M］. 北京：北京大学出版社，2014.

方面说明，我国在教育均衡发展方面采取的措施收到了很好的成效。不过在教育均衡发展的实证分析方面的研究还不是很多。当然，实证分析要与理论研究相结合，这样才能在政策上提出具有针对性、可操作性强、有说服力的建议和对策。

### 三、践行教育均衡发展的一般策略

学者们针对如何解决义务教育发展中的不均衡问题进行了深入的探索，并从政府、学校、社会等各方面提出了促进义务教育均衡发展的有效措施。

#### （一）落实政府责任

政府是推进义务教育均衡发展的"领头羊"，在推进教育均衡发展的过程中要落实政府的工作和责任。关松林[①]（2010）、罗小洁[②]（2014）、聂鹏[③]（2011）等人指出推进基础教育均衡发展是政府的责任和行为，并提出：1. 推进基础教育均衡发展，政府要统筹协调、全面规划；2. 增加教育财政投入，加快教育体制改革，完善各级政府义务教育经费的分担机制；3. 建立绩效考评，加强社会监督，强化政府责任，提升执行力等。单洪轩、周丽珍（2012）提出了促进城乡基础教育均衡发展的制度设计，包括教育行政管理体制、教育投资体制、办学体制等。[④] 更深入研究政府在教育均衡发展中责任的论文还有很多，例如，有研究认为，政府在城市义务教育均衡发展中存在责任缺失、行为失当的问题[⑤]，应该确立以公平理念为教育财政角色的价值导向，更快地承担起其公共服务提供者的角色[⑥]。完善地方政府履行教育职责的督导，强化义务教育均衡发展的表彰奖励和问责制度。[⑦] 还有学者研究义务教育均衡发展进程中

① 关松林. 基础教育均衡发展：理念与策略 [J]. 中国教育学刊，2010（16）：25-28.
② 罗小洁. 义务教育均衡发展中政府责任落实研究——以玉林市为个案 [D]. 桂林：广西师范大学，2014：34-47.
③ 聂鹏. 我国城乡教育均衡发展的现状、归因与机制构建 [J]. 黑龙江高教研究，2011（9）：28-31.
④ 单洪轩，周丽珍. 城乡基础教育均衡发展的制度设计 [J]. 鸡西大学学报，2012（7）：4-5.
⑤ 翟静丽. 城市义务教育均衡发展中政府行为失当的思考 [J]. 现代教育管理，2011（7）：18-21.
⑥ 叶忠. 教育均衡发展中的政府财政角色冲突与协调 [J]. 教育研究与实验，2014（6）：20-24.
⑦ 赵永辉. 各级政府在义务教育均衡发展中的责任及履责成效 [J]. 教育学术月刊，2015（7）：48-55，76.

"政府悖论"现象①，以及义务教育均衡发展中农村教育薄弱的政府责任问题②。

其实，所有学者几乎都认为推进均衡发展的责任在于政府，其一般都提出教育均衡发展中政府应该切实负责，按时足额进行教育拨款，对薄弱地区和学校进行倾斜，加强薄弱学校的改造，缩小城乡教育差距，统一城乡学校标准等。同时，对于各项教育经费的投入情况要加强专项监督管理。除此之外，要制定和实施教育均衡发展政策，统筹城乡教育资源的合理配置，推行城乡教师交流机制，加强对学校管理的规范化，推进中小学标准化建设，实现办学条件均衡化等等。而实际上，近几年教育均衡所取得的成果，也主要是政府积极作为的结果。

### （二）全面加强农村薄弱学校的建设

农村地区的教育仍然是我国教育的薄弱环节，是教育均衡发展的核心问题。2015 年两会也提出了要加强农村地区的教育，对农村薄弱学校进行改造。范先佐（2013）从农村薄弱地区在教育发展中难点问题的破解入手，从师资力量的建设、留守儿童的教育、寄宿制学校的建设、教学点建设等问题提出了具体的对策建议。③ 王娟涓、徐辉（2011）也同样从农村学校入手提出相似的建议，另外他们还提到要统一城乡教师待遇，给予农村教师额外补贴④的建议。有学者还提出城乡二元结构是造成教育失衡的原因之一，要逐渐解除城乡分割的户籍制，保障农村孩子的受教育权利。成丽格（2012）也从薄弱学校的改造入手，提出加大教育经费的投入是农村薄弱学校实现教育均衡发展的保障，关键是要提高教师的待遇，而特色建设是薄弱学校教育发展的突破口。⑤ 师玉生⑥、王晓

① 司晓宏，杨令平. 义务教育均衡发展进程中"政府悖论"现象透视 [J]. 西安：陕西师范大学学报（哲学社会科学版），2015（4）：83-88.

② 刘素梅. 城乡义务教育均衡发展中的政府责任研究 [J]. 中国青年政治学院学报，2014（6）：131-135.

③ 范先佐. 义务教育均衡发展与农村教育难点问题的破解 [J]. 武汉：华中师范大学学报（人文社会科学版），2013（23）：148-157.

④ 王娟涓，徐辉. 国外城乡义务教育均衡发展的经验及启示 [J]. 外国中小学教育，2011（1）：7-12.

⑤ 成丽格. 义务教育均衡发展与薄弱学校建设——基于义务教育均衡发展备忘录的思考 [D]. 武汉：华中师范大学，2012：32-33.

⑥ 师玉生. 县域义务教育均衡发展的现状与对策研究——以张掖市甘州区为例 [D]. 兰州：西北师范大学，2011：66-69.

晨①从政府责任、教育资源共享、推进薄弱学校建设、学校布局调整及基础教育经费投入改革机制等方面，提出推进我国基础教育均衡发展的建议。姜鑫、李化树②等人也从这几方面提出了自己对于践行教育均衡发展的建议。姜鑫还提出针对落后地区，如革命老区、民族地区，要扩大义务教育年限至 10 年及以上，以提高落后地区的教育水平。③ 有研究者以文化为切入点，在公平导向视域下，对文化视域下城乡教育公平问题的表征、城乡教育公平问题的文化归因、城乡教育公平的文化推进策略等进行了研究。④ 这些研究对促进城乡教育均衡发展有重要借鉴价值。尽管如此，农村教育仍然非常薄弱，学生流失、优秀教师留不住的现象还在加剧，农村教育如何走出困境还需要更深入的研究。

（三）推进教育改革

董奇（2010）认为推进教育均衡发展要坚持改革创新，加强制度建设是关键，他从完善教育经费管理制度、完善学校标准化建设相关制度、工作监测和问责制度三方面提出建议。⑤ 魏欣等人也从这几方面提出了相似的建议，另外还提出推动学校教育信息化建设的建议，并基于调查地的具体情况，提出了适合当地教育均衡发展的对策和建议。⑥ 陈丰（2014）博士从财政的视角对推进我国城乡义务教育均衡发展的财政政策和相关制度改革进行了研究，提出的举措有通过制度改革，实施教师补偿、公共财政体制、义务教育管理新体制以及人事制度改革。⑦ 姚永强（2014）认为要"以质量提升为中心、依赖学校自我发展驱动、注重多元发展和适度规模发展的方式"⑧。王继新等人提出"区域基础教育均衡发展共同体的整体架构"⑨。

① 王晓晨. 中国基础教育均衡发展问题研究 [D]. 长春：吉林大学，2015：18-26.

② 李化树. 整体推进西部城乡基础教育均衡发展的制度设计——以川北南充市为例 [J]. 四川文理学院学报，2013（3）：142-147.

③ 姜鑫，罗佳. 基于泰尔指数的城乡义务教育均等化评价 [J]. 技术经济与管理研究，2012（12）：104-107.

④ 王振存. 城乡教育公平论——基于文化视域的研究 [M]. 北京：人民教育出版社，2016.

⑤ 董奇. 均衡发展的关键在制度保障 [J]. 求是，2010（9）：56-57.

⑥ 魏欣，刘加夫，王立东. 江西省基础教育均衡发展问题与对策 [J]. 教育管理，2010（1）：69-71.

⑦ 陈丰. 基于财政视角的城乡义务教育均衡发展研究 [D]. 青岛：中国海洋大学，2014：112-135.

⑧ 姚永强. 我国义务教育均衡发展方式转变研究 [D]. 武汉：华中师范大学，2014：167.

⑨ 王继新，吴秀圆，翟亚娟. 共同体视域下的区域基础教育均衡发展模式研究 [J]. 电化教育研究，2018（3）：12-17.

除此之外，还有学者认为在信息化迅速发展的今天，以数据作为教育均衡发展的工具来掌握教育发展动态，利用大数据技术，通过教育政策的调整，教育资源的科学分配，数据的深入挖掘，不断提升教育质量来实现教育的均衡发展。[①] 有学者认为教育信息化是教育均衡发展的未来研究方向。[②] 这对于信息化时代的我们在促进教育均衡发展上提供了一些新的思考，当然这需要相关专业学者深入研究。

郭喜永（2012）提出了义务教育均衡发展的策略：首先要全面落实政府责任并建立健全体制机制。[③] 张玉臣、罗志国（2013）也认为我国基础教育均衡未来的发展要通过对教育体制的不断改革和教育结构的不断优化来实现。[④] 郭荣学（2011）等通过对已有研究成果的分析构建了四种县域内义务教育均衡发展新模式，即分层划片、联合带动、结对扶持、学区"一校制"等。[⑤] 另外，还有更多研究指向薄弱学校内部的教育理念转型、师资队伍建设、信息化教学、教学模式变革、管理方式调整等微观教育改革来推进均衡发展，此处不再赘述。

### 四、已有研究的不足及对未来教育均衡发展研究的思考

关于教育均衡发展研究，除了上述核心研究成果外，很多学者还出版了关于教育均衡的另外一些值得提及的学术著作。例如，王定华在《全面推进义务教育均衡发展》一书中选取了北京市、上海市、四川省、湖北省、浙江省、辽宁省等九个省市为例，在推进义务教育均衡发展方面立足于本地实际，提出一些新的举措。[⑥] 书中提到的关于教育均衡发展的经验非常值得借鉴。《2010—2012 义务教育均衡发展（省域统筹）》在依法落实义务教育省级统筹方面，列举了 12 个省所采取的措施，各省从地方法规、管理机制、措施创新等方面诠释了推进省域内的义务教育均衡中政府职责的落实。《2010—2012 义务教育均衡发展（县域实施）》呈现了区域内教师交流、将优质高中录取名额分配到辖区内

---

① 刘雍潜，杨现民. 大数据时代区域教育均衡发展新思路 [J]. 电化教育研究，2014 (5)：11-14.

② 苌庆辉，陈涵. 中国教育均衡发展研究的知识图谱分析 [J]. 当代教育与文化，2018 (1)：51-59.

③ 郭喜永. 义务教育均衡发展实证研究——基于吉林省义务教育发展现状的统计分析 [J]. 现代教育科学（普教研究），2012 (2)：67-73.

④ 张玉臣，罗志国. 中国基础教育均衡发展实证分析 [J]. 中国校外教育，2013 (32)：4.

⑤ 郭荣学，杨昌江. 构建县域内义务教育均衡发展新模式 [J]. 湖南科技学院学报，2011 (9)：156-158.

⑥ 王定华. 全面推进义务教育均衡发展 [M]. 北京：人民教育出版社，2012.

初中学校、城乡统筹推进义务教育均衡发展等各地的探索和经验。《2010—2012义务教育均衡发展（高端视点）》对义务教育均衡发展的国家政策、政府责任、资源配置、制度建设、保障机制、管理水平等方面进行了解读。① 傅禄建、汤林春编著的《义务教育均衡发展程度测评》一书通过理论与实践的结合，从投入、过程与结果构建了教育均衡指标框架，并使用基尼系数计算得出的结果，反映义务教育的均衡状况，此外，还破解了"如何判断义务教育发展是否均衡"的难题。② 胡少明从结构、制度、区域、校际、投入、师资等方面分析了教育均衡的表现，从场域的视角提出了利益均衡的路径。③ 朱德全站在较高起点，提出了中国义务教育均衡发展的现代化治理体系、联动机制和立体化路径等。④ 袁振国等人回顾了新中国成立后的教育公平发展史，并在第六章从迫切要求、国家顶层设计、省级政府统筹和县级政府行动等方面回顾了教育均衡发展问题。⑤ 此外，相关著作还有邵光华的《基础教育优质均衡发展研究》、孙炎的《云南省少数民族地区农村教育公平发展研究》、刘旭东《青藏地区义务教育公平发展研究》、周谷平的《西部地区教育均衡发展的资源统筹和制度创新研究》等，这些著作专注于特定地域的教育均衡或公平发展问题，教育均衡方面的著作仍在不断增加。

总的看，当前关于义务教育均衡发展研究的文献数量在持续增加，并取得了一些突破性的成就⑥，也有研究者对义务教育均衡发展研究热点进行了统计分析，指出了继续研究的方向⑦，但未来研究还需要思考以下问题。

第一，对于教育均衡发展的内涵，各学者从哲学、经济学、社会学、政治学、法学等不同的视角给出了定义，这些定义有针对性，也很有意义。但还需要随着实践的推进而不断完善。我们对于教育均衡追求的是一种优质的和谐的均衡，大部分学者对于教育均衡发展的解释都只是物质层面上的资源平等配置，但教育是以人的培养为目的的，要让每一个学生得到自由全面的发展，所以教

---

① 2010—2012义务教育均衡发展（省域统筹）（县域实施）（高端视点）［M］. 北京：教育科学出版社，2012.

② 傅禄建，汤林春. 义务教育均衡发展程度测评［M］. 上海：华东师范大学出版社，2013.

③ 胡少明. 教育均衡论［M］. 北京：人民出版社，2016.

④ 朱德全. 中国义务教育均衡发展论［M］. 北京：人民出版社，2019：第六七八章.

⑤ 袁振国等. 共和国教育公平之路［M］. 上海：华东师范大学出版社，2019：第六章.

⑥ 王定华. 我国义务教育均衡发展之进展［J］. 课程·教材·教法，2015（11）：3-12.

⑦ 司晓宏. 义务教育均衡发展研究热点的统计分析与展望［J］. 教育学报，2015（6）：49-59.

育均衡发展应更注重精神层面的均衡发展。虽然物质条件的保障是实现人的自由全面发展的基础，但并非物质条件越好，教育质量越高，因此要让每个学生在受教育的过程中体验人格的尊重，并得到教育者的教育关怀，让他们从心理上能够真真切切地体验到教育的平等、公平、公正，力求达到一种优质的教育均衡发展。这需要在重视教育资源配置方面公正的基础上，借鉴多元正义理论，充实教育均衡的理论内涵。这些理论包括弗雷泽的一元三维正义、沃尔泽的复合正义、霍耐特的承认正义、艾瑞斯·扬的关系正义等，多元正义理论能够对解决当前教育均衡中出现的新问题以有意义的启发。例如，尽管在政策推进下城市农民工随迁儿童有学上的问题基本解决，但很多孩子却受到歧视、偏见、习俗的影响，教育质量差强人意，导致新的层面上的不均衡①，需要给予关注。

第二，对于教育均衡发展的地域指向，近年来大部分研究者多以区域内和县域内的教育均衡发展研究为主，省域内、市域内和民族地区的教育均衡发展研究较少，特别是边疆多民族聚居的少数民族地区的教育均衡发展研究就更寥寥无几。基于区域和县域的教育均衡发展研究比较多，对于省域内的均衡发展研究较少，文献仅看到吴康宁（2015）的研究②，而且还缺少对特殊群体和特殊地区教育均衡发展的研究。譬如，目前民族地区的教育仍然是我国教育的薄弱环节，由于我国地域辽阔，民族众多，各地区的自然条件、历史、文化、经济等方面都存在较大的差异，民族地区与其他地区相比各项发展指标比较落后，在教育发展方面也与其他地区差距较大。例如边疆民族地区少数民族居多，他们都有自己的本土语言和文字，因此在文化上很难与主流文化相融合，导致教育质量受到极大影响，加之少数民族地区教育基础落后，社会经济发展与其他地区之间存在较大差距，其在教育发展中存在许多难题。一些西部和集中连片贫困地区刚刚实现义务教育的普及，控辍保学的任务还很重，与我们所期望的教育均衡还有很大差距，在教育均衡发展过程中面临很多挑战。另外一些山区、牧区等受地理条件限制，人口分布过于稀疏，交通极其不便，推行教育均衡发展也比较困难。所以，在未来的研究中，鉴于省内的地区差异较大，应把教育均衡发展的研究地域从县域逐步扩展到省域，并向边疆地区、民族地区、山地、牧区等特殊地区延伸，加大对这些特殊地区的教育均衡发展问题的研究。

第三，在实证分析方面的研究基本是基于指标体系的构建来进行监测，我

---

① 罗云，钟景迅，曾荣光. 进城务工人员随迁子女教育公平问题的分配正义与关系正义之考察［J］. 北京大学教育评论，2015（2）：146-167，192.

② 吴康宁. 及早谋划省域义务教育基本均衡发展的国家战略［J］. 教育研究与实验，2015（2）：1-6.

国在教育均衡发展的实证研究上还处在初期，以往多以理论描述为主，实证研究还存在很多不足，在解决途径上缺乏可操作性等。很多学者也采用了不同的工具来进行实证分析，如建立数学模型，应用变异系数、基尼系数、泰尔指数等。而且对于实证研究以经济较发达的地方为主，很少有针对经济落后地区的，特别是边疆、民族、山区等地的教育均衡发展研究。在指标体系的构建上，考虑到我国各地区存在差异，因此要分层次、分区域地制定不同的指标，这样政府可以以此作为参照，对教育发展中的失衡现象进行有效的监控，并及时、准确做出调整。所以在以后指标体系的构建上还需要不断完善。

第四，在推进教育均衡发展的对策方面，国家还需根据现实的推进情况，不断完善相关法律法规，通过政策的实施和制度的健全来推行教育均衡发展，这是教育均衡发展的基础。因为教育均衡发展处于动态的发展之中，所以不同时期要制定适当的教育政策和制度，现有制度要通过均衡发展的推进来进行调整和完善。另外，薄弱学校自身的锐意改革也是关键因素，调查表明，导致学校薄弱的根本原因，除了地缘因素，已主要不是学校硬件设施、生均拨款、生师比上的差距，根本上是学校管理者和教师的素质差距问题，一些校长和教师得过且过、不思进取、不负责任，而另外有学校管理严苛、人性化不足、教师身心俱疲，这都会对学校发展带来负面影响。最后，针对社会分层的现实，研究者要加大对农村留守儿童、贫困儿童、农民工随迁子女、少数民族子女、单亲家庭子女等弱势群体的关注，研究在教育均衡发展视域中如何对他们进行教育扶助。

随着义务教育均衡发展的不断推进，学者的相关研究也越来越深入。例如，最近朱德全提出，义务教育的发展范式应该要转型，应该从外延的、依附的、同质的、基础的、区域的均衡范式转到内涵、自主、特色、优质、省级统筹的均衡范式。[1] 只要义务教育还不均衡，很多义务教育问题就无法解决。例如困扰已久的择校问题，父母都希望自己的孩子能够上好学校，所以很多父母会想尽各种方法，寻求各种途径让自己的孩子进入所谓好学校，这就出现有些学校门庭若市，有些学校却无人问津，均衡理想难以实现。另外还有乡村学校的空巢、优秀教师流失等问题。因此，我国推进教育均衡发展，促进教育公平还任重而道远。当然影响教育均衡发展的因素是多方面的，我国地域辽阔，各地差异显著，不同的地区在经济、文化上存在差异，教育的特点也大相径庭，所以在影响教育均衡发展的因素上也不尽相同。在今后的研究中要对导致教育非均衡发展的各种可能的障碍因素进行更加有针对性的研究。

---

[1]　朱德全. 中国义务教育均衡发展论［M］. 北京：人民出版社，2019：第一章第三节.

## 第三节　云南民族地区教育概况与均衡发展研究述评

### 一、云南民族地区教育概况

云南省处于祖国西南边陲，面积约 39 万平方千米，占全国土地面积 4.11%。北回归线穿过省境南部。云南与广西、四川、贵州相邻，同时又是边境省份，边境线长 4060 公里，与越南、老挝、缅甸三个国家接壤。云南全省多高山峡谷、交通不便、盆地（坝子）较少。而少数民族大多居住在高山峡谷、深山老林地带，自然条件艰苦，社会发展水平相对滞后。云南总人口 4000 多万，少数民族就占到三分之一，是中国境内少数民族种类最多的省份，少数民族主要有彝族、白族、哈尼族、壮族、傣族、苗族、傈僳族、回族、拉祜族、佤族、纳西族、瑶族、藏族、景颇族、布朗族、普米族、怒族、阿昌族、基诺族、蒙古族、独龙族等。他们以大杂居、小聚居的方式生活在云南各地，这些民族同汉族一起，创造了光辉灿烂的中华文化。但由于各个民族生活的地理条件、产生历史、生活方式等的不同，其发展程度是很不一样的，例如与汉族比较接近的白族、纳西族、回族、蒙古族等，其发展水平跟汉族相似，处于经济和社会发展水平较高的位置。但更多的人口较少的民族，一般居住在高山峡谷中，交通极其不便，人口分布稀疏，教育条件不佳，导致社会发展水平不高，经济发展比较落后。这种民族社会和经济发展不均衡的现状直接导致了云南民族地区教育水平和发展程度的落后。

中华人民共和国成立前，云南民族地区由于受到历史与现实中各种因素的制约，经济发展程度低，社会发育程度不够，教育水平也非常落后。白族、回族、纳西族等由于与汉族杂居，受汉族文化影响深，教育条件相对较好，教育水平也较高。但其他大部分民族由于自然条件落后，发展水平不理想，中华人民共和国成立前，一些民族还处于刀耕火种、没有文字的生活中，教育状况也非常薄弱；例如苗族、瑶族、傈僳族、佤族、景颇族、布朗族、普米族、怒族等。教育的薄弱反过来又无法为民族地区的政治、经济、文化发展提供人才支持，还影响经济社会发展水平和能力。

### 二、云南民族地区教育均衡发展研究述评

关于我国民族地区教育如何发展，很多学者已经给予了关注，发表或出版

了一些学术成果。为了探寻更好的适合多民族聚居地区的教育均衡发展之路，更有必要简要梳理和分析典型的多民族聚居地区——云南民族地区教育均衡发展的已有相关研究。兹述一些有影响的重要成果如下。

以张诗亚为首的研究团队，研究了民族地区教育优先发展的重大课题，基于民族地区的实际情况，采用多种学科的研究方法，进行了大量的田野调查和个案研究，还对各种民族照顾和倾斜政策进行了反思，讨论了其对民族地区发展的实际价值和不足。指出了民族地区实现良性发展的教育维度，提出了教育优先发展的路径等。① 余海波指出，在学生社会化的过程中，学校对学生的民族认同、态度的形成起重要作用。②

柯学民在《云南民族地区教育非均衡发展的现状、原因及对策分析——教育政策的视角》中，提出建立民族教育资源平衡机制，加大经费投入，对民族弱势群体进行补偿，完善教育政策的执行机制等推进教育均衡发展的对策。③

马丽娟、伍琼华对云南民族教育在基础教育阶段的状况做了深入分析，写了专著《基础教育阶段：云南民族教育的发展变迁》，指出了云南民族教育的很多特殊问题：贫困面大，民族教育底子薄，社会现实问题复杂，对教育的价值认识不够，家庭教育缺位、经济发展冲击下的因富辍学、教育资源严重不均衡、失学辍学厌学比较普遍，办学成本高与投入不足并行，师资不均衡，学生学习基础差，缺乏适合民族地区使用的乡土教材等，并给予了一些改进民族地区教育状况的政策建议。④ 有学者指出，云南省在区域特征上表现为特殊的自然环境与人文环境，这决定了在教育均衡政策实施中需考虑其综合性复杂性。需"制定有区域整体性、区域差异性和区域要素关联性导向的调控政策"⑤。

孙炎等针对在云南省少数民族地区典型区域所进行调查和走访的情况及数据分析结果进行研究，并对云南省少数民族地区农村教育公平发展的经验借鉴、制度构建进行了阐述，最终提出了构建云南省少数民族地区农村教育公平发展的

① 张诗亚，等.民族地区教育优先发展研究［M］.北京：经济科学出版社，2014.
② 原一川.中国—加拿大民族与文化多元性比较研究［M］.上海：上海交通大学出版社，2012：118.
③ 原一川.中国—加拿大民族与文化多元性比较研究［M］.上海：上海交通大学出版社，2012：109-117.
④ 马丽娟，等.基础教育阶段：云南民族教育的发展变迁［M］.北京：中国社会科学出版社，2012.
⑤ 姚辉，苏慧.云南义务教育区域均衡政策实施的理论分析［J］.学术探索，2017（1）：144-148.

模式。① 与此类似，罗青等人研究了边疆民族地区县域内义务教育均衡发展问题。指出了教师队伍不稳定、优质教育资源过于集中、学校布局不科学、素质教育没有均衡发展、存在隐性辍学等问题，提出了设立"教育优先发展区"等对策。②

林云研究了多民族地区义务教育均衡发展问题，她以云南省为例，从教育经济学、制度经济学、民族学等视角出发，探讨了均衡发展的内涵、标准、目标等；在调研基础上认为多民族地区义务教育没有均衡发展，例如财力资源、师资不均衡，城乡办学条件差距大，教育质量总体偏低等，探讨了其产生的原因并提出了可行性对策。③

金东海认为，西部地区教育不均衡发展的现象非常突出。④ 袁梅等人指出民族地区义务教育均衡发展依然存在一些明显的制约因素和突出表现，提出了一些对策思考。⑤ 有学者研究了我国西北地区义务教育均衡发展的现实困境与政策选择。⑥

苏德、袁梅、罗正鹏等人认为，当前民族地区存在的大量小微学校，其教育质量不高，发展遭遇很多瓶颈，不当并校又造成很多新问题，应该通过多种措施建好新型"小微学校"，推进民族地区义务教育均衡发展，使其享有公平的教育质量。⑦

姜峰、万明钢讨论了发达国家促进民族教育均衡发展的社会背景以及思想基础，阐述了其具体政策，并分国别研究了美国、英国、法国、澳大利亚、新西兰、新加坡的民族教育政策，认为从差异走向承认的多元文化教育，全球化与多元文化张力下的公民教育的变革是对我国民族教育的启示。⑧

---

① 孙炎. 云南省少数民族地区农村教育公平发展研究 [M]. 昆明：云南大学出版社，2014.

② 罗青，钱春富. 边疆民族地区县域内义务教育均衡发展研究：兼论跨境民族教育与文化互动 [M]. 昆明：云南大学出版社，2018.

③ 林云. 多民族地区义务教育均衡发展研究——以云南省为例 [M]. 北京：中国社会科学出版社，2019.

④ 金东海. 少数民族教育政策研究 [M]. 兰州：甘肃教育出版社，2002：170.

⑤ 袁梅，苏德，罗正鹏. 论民族地区义务教育均衡发展的制约因素及其应对 [J]. 广西民族大学学报，2017（1）：183-188.

⑥ 祁占勇，王君妍，司晓宏. 我国西北地区义务教育均衡发展的现实困境与政策选择——基于国家教育督导《反馈意见》的研究 [J]. 中国教育学刊，2017（10）：53-58.

⑦ 苏德，袁梅，罗正鹏. 教育均衡发展背景下民族地区"小微学校"建设 [J]. 教育研究，2016，37（11）：87-91；袁梅，罗正鹏. 建好新型"小微学校"推进偏远民族地区义务教育均衡发展 [J]. 民族教育研究，2018，29（4）：83-89.

⑧ 姜峰，万明钢. 发达国家促进民族教育均衡发展政策研究 [M]. 北京：民族出版社，2011.

有研究者认为，民族地区义务教育均衡发展还"存在寄宿制学校办学条件不足、部分地区巩固提高义务教育普及水平的任务依然繁重、女童与家庭经济困难学生的教育状况不容乐观、民族教育的双重性影响制约教育均衡发展以及在外源性发展的同时需注重内源性发展等特殊问题"。其提出了民族地区义务教育均衡发展监测指标体系。①

笔者于 2017 年 3 月在中国知网中查询，在主题及篇名中输入"云南民族教育均衡""云南民族地区教育均衡"，没有检索到相关文献，这至少表明云南民族地区的教育均衡发展问题还很少进入研究者的视野。输入"民族地区教育均衡"，检索到 29 篇文献。主要集中在教育信息化对推进民族地区教育均衡发展的作用方面，另外还有对特定民族地区教育均衡发展的专项研究，例如甘肃、青海、新疆等，提出了诸如教育观念更新、政府投入加大、加大教师交流、促进信息化教学等对策。特别需要提出的是陈荟和孙振东认为民族地区的教育均衡发展有特殊性："如民族传统教育与现代学校教育的均衡发展问题，多民族共校中不同民族学生的均衡发展问题，以及民族地区基础教育师资的特色性均衡问题等。"② 总体而言，尽管教育均衡发展的研究是当前基础教育研究的热点，研究成果非常丰富，但关于云南民族地区教育均衡发展的专项研究就非常薄弱了。有学者指出，关于云南民族地区教育均衡发展的相关研究"成果零散、不够深入、缺乏专门研究"③。

但是，实践中云南省人民政府根据国家政策要求，已经在强力推进教育均衡发展，例如云南省副省长高峰《在全省教育工作会议上的讲话》中明确提出"推进义务教育均衡发展"，"提升边境、民族、贫困地区教育发展水平"，云南省教育厅副厅长邹平的讲话《努力开创云南教育"十三五"改革发展新局面》中明确提出"均衡优质推进义务教育发展，进一步强化义务教育均衡发展的工作推进机制"，并以政府文件的方式给出了具体措施。这迫切需要研究者能够及时跟进，为政府的教育均衡政策服务。

本研究打算从配置正义与关系正义双重正义的理论视角出发，在调查访谈的基础上，对云南民族地区如何才能实现教育均衡发展的问题进行研究，提出

---

① 李虎林. 民族地区义务教育均衡发展的问题与监测指标的构建［J］. 西北师大学报（社会科学版），2019，56（3）：76-83.

② 陈荟，孙振东. 民族地区基础教育均衡发展中的几个问题［J］. 教育学报，2015（4）：8-13.

③ 赵昊. 云南民族地区义务教育均衡发展研究综述［J］. 继续教育研究，2013（2）：96-98.

云南民族地区教育均衡发展的思路和原则，以有益于加快该项惠及全民的政策在云南省民族地区的实践步伐。

# 第四节　教育均衡发展研究的正义视角解读

教育均衡发展属于教育公平的理念在基础教育中的具体体现，而教育如何才能公平却是需要正义的相关理论来阐释。正义是历史上几乎所有思想家都涉及的主题，其崇高意义激励着不同时代思想者的不断努力。人类在自己的生活中深切地体验到："有一种东西，对于人类的福利要比任何其他东西都更重要，那就是正义。"① 从古希腊开始，很多思想家都对正义的内涵做了研究和探讨。

在贯穿历史长河的持续探讨中，正义本来的意蕴也逐渐清晰化。本研究既然把主题确定为配置正义与关系正义双重视域中的民族地区教育均衡发展，就需要先梳理正义的历史，阐释正义的内涵。这是因为，教育均衡发展作为政策和制度层面的范畴，需要用正义的理念来进行伦理审视，需要用正义的精神不断对教育政策和制度制定的过程、实施、评价、修订等进行理性的反思和叩问。罗尔斯认为："正义是社会制度的首要价值，作为人类活动的首要价值，真理和正义是决不妥协的。"② 温家宝提出"公平正义比太阳还要光辉灿烂"（在十一届全国人大三次会议后对记者问题的答语）。

如果正义是考量社会制度的首要价值，意味着需要深入思考与正义有关的多维度问题。正义的内涵是什么？正义在现实中如要坚守，需要遵循什么原则？它与平等可以画等号吗？要不要对弱势群体进行额外补偿？会不会损害持有者的权利？而且，理念状态的正义如何成为现实？"理念状态的正义只有转化成一种制度状态后，才能够获得公共性和普遍性的特征。究竟如何实现转化，才能实现实质的共享的正义？"③

## 一、正义及相关概念辨析

正义由于其高度抽象性，各个不同的思想家对其的解读都难以相同，互相之间的争论和批评从来没有止息，"正义有一张普罗透斯似的脸，变幻无常，随

---

① 周辅成. 西方伦理学名著选辑：下卷［M］. 北京：商务印书馆，1987：534.
② 罗尔斯. 正义论［M］. 何怀宏，等，译. 北京：中国社会科学出版社，1988：3.
③ 张洪高，辛丽春. 教育的正义性［M］. 济南：山东人民出版社，2016：2.

时可呈不同形状，并且有极不相同的面貌"①。而且，正义的概念已经比较复杂，但汉语里面还有一些词需要与正义的概念做区分，例如日常生活中经常用到的一些词语：平均、平等、公平、公正等。下面对此做简要概念阐释。

"平均"最常使用是在数学上，指可以量化的东西在数量的中间状态，小学的算术中就开始接触求取平均值的算术题。生活中经常用到的是某地区平均工资、平均经费、平均产出等等。在哲学社会科学领域，"平均"后面加上"主义"的用法极其普遍，大多数指不分具体情况，一律给予同等对待或相同物质的分配。这种做法在很多人粗浅的看法中，就是实现了正义。但实际情况千变万化，一律同等对待显然是不合适的，例如，给予大人一碗饭会饿肚子，给予小孩同样一碗饭又会吃不完导致浪费，这种简单平均的办法不会实现正义。

"平等"在英文中的表述是 equal，也是生活中的常用词，大致含义是不论何种区别，一律给予忽视，无差别地对待所有的人或事物，可以用在简单的数量关系上，也可用在价值、地位、身份、资质等抽象事物判断上。显然，平等的内涵相对比较丰富深刻，人人生而平等，显然就是这种人格方面的平等，但每个人出生后可以拥有的量化的物质财富和社会身份却永远也没有实现过完全的"平均"。这就涉及形式平等和实质平等的关系，形式平等很容易实现，也就是采取事事平均主义的做法，但实质平等就非常困难，需要对弱势群体进行补偿，如何补偿，补偿多少存在的争议极大，历史上各个思想家在这方面几乎都没有取得一致，最著名的争论就是自由平等主义（以罗尔斯、德沃金为代表）、自由至上主义（以诺齐可、哈耶克为代表）和平等至上主义（以沃尔泽、尼尔森等人为代表）这三个理论流派的争论，无论他们持有何种观点，都是属于分配或配置正义的范畴。

"公平"和"公正"的意思表面看似乎差异不大，但实际中还是能够显示出细微差别。"公平"在《现代汉语词典》中的解释是"合情合理，不偏袒任何一方"，即每个人的权利和利益是相互不排斥的，"正义"是"公正的，有利于人民的道理和事业"。都强调"公"，但前者主要是处理事情的一种尺度或安排的原则，后者的价值意味更强，公正从词典含义来看，就是要站在"人民"或"公序良俗"这个立场来处理事情，可以理解为公平要想实现，需要有正义的理念作为指导。正义如果要实现，必须以公平作为实现的途径，是衡量正义与否的实践尺度，正义更抽象，但更为根本。公平比较具体，但似乎如何公平

---

① E. 博登海默. 法理学——法律哲学与法律方法［M］. 邓正来，译. 北京：中国政法大学出版社，1999：252.

就众说纷纭。由以上的论述可以明晰的是，公平与正义两个概念非常相似，甚至可以在生活中通用，但它们也有一些细微区别。按照冯建军的看法，"正义重在价值取向，代表着一种人类的普遍理性、善和秩序。公平重在其工具价值，它是一把操作的尺度、统一的规则，公正偏于公平，但必须符合正义的精神，符合善的要求"①。可见，正义是最高的伦理准则，公正包含公平和正义双重含义，而公平仅是利益分配中的合理化规则，并不一定符合正义的要求，平等的含义最简单，却是需要在公正的范畴中才能合理化实现。张洪高认为："公平、公正是一个主观的价值判断，是关于调节人与人之间利益关系合理性的规范、原则。"②

在此，笔者认同孙霄兵、谷昆鹏的看法，即"平等"（equity）指"处于同一水平并具有同等份额"；"公平"（fairness）指"处于同一水平并为公众（集体）所共同认可"；"公正"（impartiality）指"不偏不倚，为公众（集体）所共同认可"。在实际应用中，"平等"往往用于权利领域，在客观上强调数量和质量的均等、无差异；"公平"往往用于资源领域，强调分配方式和结果为公众认可；"公正"往往用于程序和过程，强调裁断的标准不偏倚，为公众认同；"正义"（justice）在《现代汉语规范词典》中解释为"公正的、于国于民有利的道理"，在这四个概念中正义具有最强的价值判断意味。③

总而言之，正义代表一种最高善，是一种伦理上的价值追求，强调做事合乎道理或法则；公平是一种衡量价值如何实现的工具，是分配"基本善"的尺度。罗尔斯著名的《正义论》强调"作为公平的正义"正是体现了正义的实现需要公平来衡量，正义尽管是我们的终极价值追求，但由于其抽象和复杂，难以说得清楚，其实现与否需要公平这个现实化的工具来进行具体测量和判断。平等是正义的基本要求，但绝对的平等往往难以实现正义。平均是平等的数量化，平均最直接，但在现实中如果处处平均，也非常容易远离公平公正，离正义的实现似乎就更遥远。④

## 二、当代主要正义思想流派

下面讨论当代一些比较有影响的正义流派，重点论述本课题的理论视角，即当代西方最有影响力的配置正义与关系正义两种不同正义理路的内涵。

---

① 冯建军. 教育公正——政治哲学的视角［M］. 福州：福建教育出版社，2008：19.
② 张洪高，辛丽春. 教育的正义性［M］. 济南：山东人民出版社，2016：10.
③ 孙霄兵，谷昆鹏. 论教育正义的研究范式［J］. 国家教育行政学院学报，2015（2）：20.
④ 姜涌. 哲学与政治：当代中国政治哲学研究［M］. 济南：山东大学出版社，2007：127.

配置正义也称为分配正义，在政治哲学中代表人物有柏拉图、亚里士多德等人的城邦式的等级正义观，强调每个人各司其职，不可僭越以及同等情况同等对待，不同情况分别对待；以边沁和密尔为代表的功利主义，其根据苦乐原理，以最大多数人的最大幸福为价值标准。在当代有罗尔斯、德沃金的自由平等主义，诺齐克、哈耶克等人的自由至上主义以及沃尔泽、尼尔森等人的平等至上主义等。下面对当代政治哲学领域最著名的分配正义进行阐述。

（一）罗尔斯配置正义基本观念

配置正义（分配正义）是正义理论的传统，探讨重点是如何把社会的各种物品或"好处"进行合理的分配。下面对当代政治哲学领域最著名的罗尔斯分配正义理论及其遭受的不同思想家的批评进行重点阐述，基于其在教育正义理论中的影响，非常有必要厘清其正义观的实质和局限，以便为教育均衡发展提供合适的理论支撑。

罗尔斯在其名著《正义论》中，认为正义的主题是"社会的基本结构，或更准确地说，是社会主要制度分配基本权利和义务，决定由社会合作产生的利益之划分的方式。所谓主要制度，我的理解是政治结构和主要的经济和社会安排"①。罗尔斯论证正义时采用了"原初状态"和"无知之幕"的假设，基于这样的简单化了的头脑假设，罗尔斯演绎出"作为公平的正义"的一整套分析框架。

罗尔斯的正义论是一种关于分配正义的理论，关注如何通过制度调整和安排使各种物质资源得到理想配置，所以他说，公正的主题是"指这样一种社会结构或者社会主要的制度，以这种制度来分配公民的基本权利和义务，划分由社会合作产生的利益"。罗尔斯构建了一种"作为公平的正义"的观念："所有社会价值——自由和机会、收入和财富、自尊的社会基础——都要平等地分配，除非对其中一种价值或所有价值的一种不平等分配合乎每一个人的利益。"②"每一个人对于一种完全适当的平等的基本自由体系都拥有相同的不可剥夺的权利，而这种体系与适合于所有人的同样的自由体系是相容的。社会与经济的不平等应该满足两个条件：第一，它们所从属的职务和地位应该在机会均等条件下对所有人开放；第二，它们应该有利于社会之最小受惠者的最大利益（差异

---

① 约翰·罗尔斯. 正义论 [M]. 何怀宏，等，译. 北京：中国社会科学出版社，1988：5.
② 约翰·罗尔斯. 正义论 [M]. 修订版. 何怀宏，何包刚，廖申白，译. 北京：中国社会科学出版社，2009：48.

原则)。"① 第一个原则即平等的自由权利，第二个原则即机会均等和承认差异。罗尔斯认为，前者重于后者，权利平等优先于差别和补偿。

与罗尔斯的正义观比较接近的是加拿大哲学家 K. 尼尔森，其对基于自由主义立场的罗尔斯和诺齐克尽管都提出了批评，把自己的正义观建立在激进平等主义的基础上，但主要是要求平等的各项权利，其坚持的是平均取向的社会主义立场，"力图阐明社会主义正义观的基本形式"②。

很多人对罗尔斯的正义观津津乐道，应用颇为广泛，但随着各个领域对罗尔斯正义观的应用和评述越来越多，人们渐渐发现其由于过于强调完备性而存在的局限性。传统的教育正义研究范式是罗尔斯正义理论在教育领域的套用，本质上是一种"分配正义"，罗尔斯理论自身的局限性及其对教育领域的适应性不足影响了传统范式的科学性。③

为了更清晰揭示罗尔斯以资源配置为基础的正义理论的局限与不足，下面探讨对罗尔斯的正义观持不同意见的各种声音或批评性意见，这些批评是在不同层面上展开的，角度各有侧重。为论述方便，首先是自由主义体系下，同样持有分配正义观的一些学者的批评，例如诺齐克、德沃金、尼尔森、桑德尔等。其次是社群主义对自由主义正义观念的批评，例如麦金太尔的德性正义观，最后是对分配正义的修正甚至颠覆，即多元正义视域中对正义的不同维度的理解与阐述，这些人包括艾丽斯·M. 杨、弗雷泽、沃尔泽、戴维·米勒、霍耐特、阿马蒂亚·森、纳斯鲍姆、欧金（Okin）等人提出的关系正义、一元三维、复合平等、相互承认、比较正义、多元能力、女性主义的人道主义正义观等多元正义思想，尽管具体的理论主张各异，但却具有超越分配范式的"家族相似"的特征，本研究基于研究主题，尤其强调作为多元正义重要组成部分的关系正义对教育均衡发展的启示。

（二）自由主义内部对罗尔斯正义观的批评

诺齐克对罗尔斯的批评。诺齐克对罗尔斯的正义理论，尤其是分配正义原则进行了批驳，并提出了持有正义理论，其含义是："分配正义原则只是说：如果所有人对分配在其份额下的持有都是有权利的，那么这个分配就是公正

① 约翰·罗尔斯. 作为公平的正义——正义新论 [M]. 姚大志，译. 上海：三联书店，2003：70.

② 袁久红. 正义与历史实践 [M]. 南京：东南大学出版社，2002：289.

③ 孙霄兵，谷昆鹏. 论教育正义的研究范式 [J]. 国家教育行政学院学报，2015（2）：19.

的。"① "分配正义的权利理论是历史的，分配是否正义依赖于它是如何演变过来的。"② 要把握的核心是，持有人的获得过程是否具有合法性，如果既有的利益是在获得这种利益的历史中合法地获得的，例如通过继承、馈赠、劳动等，那么任何要求其主动接受再分配的做法都是不可允许的。罗尔斯强调要对弱势群体进行补偿，那么必然意味着对合法的持有者的剥夺，是一种以福利主义或者国家干预主义的方式实现的，是政府通过税收强制的。诺齐克对此持坚决反对的态度，认为政府应该是最弱意义的国家，其权力是全体民众给予的，应该保护公民的财产、自由和各项基本公民权利，并且对强制剥夺或再分配进行制止和干预。

诺齐克和罗尔斯也有相似的地方，例如都把平等的自由权利放在首位，反对对个人的不公正对待，反对功利主义所谓以最多数人的利益而剥夺少数人的权利，牺牲少数人自我努力所得的利益。诺齐克对罗尔斯的批评只是针对让最不利者获得最大利益的"差别原则"，反对再分配或福利主义的主张，认为照顾所谓弱势群体剥夺某些人的天赋权利持有正当资格。

另外，德沃金在《认真对待权利》一书中，提出了基于权利的正义观。德沃金说："任何严厉处理善良违法行为或者反对口头抵抗运动的政府，其行为都是有悖于它所宣称的真诚对待个人权利的。"③ 政府应当赋予公民善良违法和反对政府行为的权利，只有这样才是真诚地对待权利。

最后，尽管一些研究者对罗尔斯的正义观津津乐道，应用颇为广泛，但也有很多人质疑所谓罗尔斯正义原则的前提，即无知之幕的过度理想性，在现实中的人都是具体的知道自己所处情景的人，而不可能对自己的背景一无所知地来参与分配。德沃金分析了个体处于弱势地位的三种原因："一是来自天然或遗传方面的不平等；二是社会经济条件的差异导致的不平等；三是本来拥有资源，却由于自己的管理不善或肆意挥霍导致的不平等。"他认为前两者导致的弱势需要给予补偿，第三种情形不需要额外照顾。而且，罗尔斯只是要求减少社会中的不平等，而不是消灭不平等，这与激进平等主义也有区别。戴维米勒认为：

---

① 诺齐克. 无政府、国家与乌托邦 [M]. 何怀宏，等，译. 北京：中国社会科学出版社，1991：157.

② 诺齐克. 无政府、国家与乌托邦 [M]. 何怀宏，等，译. 北京：中国社会科学出版社，1991：159.

③ 德沃金. 认真对待权利 [M]. 信春鹰，吴五章，译. 北京：中国大百科全书出版社，1998：268.

"复杂的社会关系不能用单一的正义原则来确立以解决众说纷纭的社会正义问题。"① 以上批评大多一语中的，但其实也存在一些对罗尔斯正义原则的误解之处，罗尔斯并未将公平的正义原则唯一化，而是包含于宏大的正义理论之内。② 不过，任何单一理论都难以应对现实社会的所有不公正难题，为了能够深入理解正义的多样内涵，拓宽正义理论的现实问题解释力，需要从多元正义的维度进行多维度考察。可见，单一分配正义的理念很难获得统一的认同。

（三）分配正义观念在教育中的应用

以上这些正义理论始终都属于分配正义的范畴。它们的区别主要是如何把物质资源合理地分配给社会每个成员，差别只是分配的原则和理论依据不同。当前的教育公平、教育公正、教育正义的相关研究基本是在分配正义的范畴下开展的。③ 教育公平相关研究大多以罗尔斯等人的正义理论为视角，以至于有论者称之为"罗尔斯教育公正理论情结"④。教育均衡发展的主要举措大多也可以从罗尔斯的正义原则中找到依据，以至于在相当程度和大部分领域实现了教育物质均衡的基础上，仍然存在一些难以触及的教育深层次问题，需要新的教育正义观念的理论支撑和深入探讨。

（四）关系正义理念及其对教育均衡发展的启示

尽管在多元主义视域下，很多学者都提出了对分配正义的批判性讨论，本书限于主题，只重点阐述关系正义内涵及其对民族地区教育均衡发展的价值。艾丽斯·M. 杨（Iris Marion Young）分析了基于物质资源的分配正义的局限，提出了超越分配正义的关系正义主张，分析了现实社会关系中的两种非正义状况——压迫与支配，诉诸自我发展与自决两种正义理念，并构建了一种包容性的沟通型民主的理念。⑤

实现民族地区教育均衡发展，尤其是基本物质资源均衡后的质量均衡问题，需要特别重视学校所处的社会条件以及自身发展能力，注重发展中的结构性失

---

① 王桂艳. 多元正义理论的当代阐述——戴维米勒多元正义理论述评［J］. 国外社会科学，2014（3）.

② MEYER K S. 教育、公正与人之善：教育系统中的教育公平与教育平等［M］. 张群，等，译. 上海：华东师范大学出版社，2018：30-40.

③ 吕寿伟. 分配，还是承认——一种复合的教育正义观［J］. 教育学报，2014，10（2）：27-33.

④ 刘同舫. 罗尔斯教育公正理论情结及方法论原则批判［J］. 教育研究，2012（1）：40-45.

⑤ 彭斌. 包容与民主［J］. 读书，2014（10）：62.

衡问题，消除各种限制充分发展的障碍性因素，对此，需要借鉴杨的关系正义理论，她批评分配正义仅着眼于物质产品和社会位置的分配，对决定分配的社会背景和文化没有分析，从而容易产生多种形式的压迫和控制，使某些群体陷入不能自我发展和决定的奴役境地。杨指出，正义不仅关乎分配，而且在于为个人能力发展与运用以及集体交往与合作提供必要的制度背景，即对各种社会关系的调整与规定。关系正义论从关系的角度去定位正义，着力于深入分析被配置正义理论所忽视的社会制度、文化、情景等导致的不公正，照顾到社会各种群体，尤其是边缘化、弱势、无权等特殊群体的多样化诉求和需要，并分析了"剥削、边缘化、无权、文化帝国主义和暴力"等五种形式的不正义①。已有研究者揭示了教育领域中关系正义缺失的具体表现。②

其为弱势和边缘化群体如何消解被压迫、被忽视的命运，如何获得公正对待而努力，目的在于"消解个体自我发展和自我决定的制度化限制"③。杨指出，非正义指向两种形式的去能力化约束：一是压迫（oppression），二是控制（domination）。与此相反，正义要求从压迫和控制中解放，使每个个体都能实现自我发展和自我决定。④ 控制作为不正义，杨指出其主要存在于这样的制度情境——它阻止人们参与决定他们的行动或行动条件；相对而言，正义则在于坚持哈贝马斯所言之沟通理性与沟通伦理，实现社会与政治的民主，让每个人都有权利和机会参与民主决定的讨论与过程。群体的差异是现代社会难以消解的客观存在，杨主张"为受到压迫和处境不利的群体实施'特殊代表权'"⑤。

（五）教育均衡的双重正义维度：本研究的理论视角

本课题研究云南民族地区教育均衡发展，试图在配置正义与关系正义的双重视域中进行研究和分析，以便实现教育的正义理想，需要解决的问题是双重正义视域下如何根据云南民族地区各类主体的需求，解决其教育发展方面的困难和问题，如何实现云南民族地区基础教育的均衡发展。接下来将从微观和宏

---

① 马晓燕. 多元时代的正义寻求——I. M. 杨的政治哲学研究［M］. 北京：光明日报出版社，2012：65.

② 吴煌. 教育正义：走向多元综合的范式［J］. 湖南师范大学教育科学学报，2017（2）：83-88.

③ 马晓燕. 多元时代的正义寻求——I. M. 杨的政治哲学研究［M］. 北京：光明日报出版社，2012：184.

④ 马晓燕. 多元时代的正义寻求——I. M. 杨的政治哲学研究［M］. 北京：光明日报出版社，2012：173.

⑤ 马晓燕. 多元时代的正义寻求——I. M. 杨的政治哲学研究［M］. 北京：光明日报出版社，2012：172.

观的层面做调查研究基础上的详细分析,揭示发展困境和局限,并且应用双重正义理论对教育均衡发展的理念和实现方式进行理论探讨,指出云南民族地区教育均衡发展实现的基本方式和途径。

# 第三章

## 微观探讨：县域内云南教育均衡发展分析与对策

本章从微观层面，着眼于县域层面的云南民族地区教育均衡发展问题，根据课题组的研究设计，分别对红河哈尼族彝族自治州 HH 县、CH 县，文山壮族苗族自治州 QB 县、昆明市 LQ 彝族苗族自治县以及蒙自市少数民族集中的 MJ 苗族镇、ST 乡做了比较有针对性的调查，揭示了云南民族地区实现县域内教育均衡发展的障碍性因素，例如民族地区县城和乡村的小学教育资源配置差距大，发展不均衡；县域内中小学师资队伍建设不均衡，师资状况制约民族地区教育质量的提高；旨在推进民族地区教育均衡的双语教育问题凸显，厌学辍学现象在某些地方仍然突出等，并提出了一些应对策略。之所以把重点放在关于民族地区的师资队伍方面，是因为随着近几年对民族地区的补偿性投入，教育物质资源方面的短缺已经不是阻碍教育质量提升的主要因素。相对而言，师资队伍的整体状况对于县域内民族地区教育均衡发展起着根本的制约作用，即人才是发展的第一资源。然后在此基础上，对云南民族地区教育均衡发展的内涵做了新的讨论，对均衡发展思路做了进一步的重新建构，提出了实现云南民族地区教育均衡发展的一些具体举措。

## 第一节　云南县域义务教育均衡发展路径思考
### ——基于红河州 HH 县两所小学的比较分析

乡村教育在教育均衡发展政策推进下已经有了比较大的改善，但是边疆民族地区乡村小学教育状况依旧堪忧，乡村小学与邻近的县城小学尚有较大差距，县域内义务教育均衡发展在民族地区尚未实现。以云南省红河哈尼族彝族自治州 HH 县 A 小学（县城小学）与 B 小学（乡村小学）为例，通过调查访谈等方法，发现两所学校存在较大差距；其原因有城乡经济条件差距、城乡父母对子女教育的观念差距及城乡师资配置差距等。建议政府继续加大力度扶持民族地区乡村教育，调整课程使其增强对民族乡村地区的适切性，着力优化乡村教师队伍等，不断缩小民族地区城乡义务教育的差距。

### 一、民族地区小学发展不均衡：乡村与县城的比较

当前，为了促进教育公平，县域内义务教育均衡发展是教育行政部门的重点工作之一，经济发达的东部地区基本实现了县域内的义务教育均衡发展，通过了教育部的严格评估，很多地方已经在向校校有特色基础上的优质均衡发展迈进。西部少数民族地区基础教育也在国家大力扶持下获得了显著的进步，教学条件有了极大改善，但城乡发展还有较大差距，县域内义务教育均衡发展还任重而道远。本研究以哈尼族聚居的 HH 县两所城乡小学，探讨民族地区义务教育存在的县域内不均衡问题，并提出民族地区乡村小学发展的路径，以求推进县域内民族地区义务教育均衡发展。

### 二、县域内城乡两所小学差距的具体表现

近年来，我国采取了很多政策使乡村义务教育办学条件得到了很大的改善，使县城学校和乡村学校之间存在的办学条件、课程差异、师资配置等方面的差距逐步缩小。但民族地区县域内的教育均衡发展状况还很少有深入探究，课题组于 2016 年 3 月对 HH 县两所小学及教育局进行了调查访谈，收集相关资料并分析后，发现民族地区城乡小学之间还存在着较大差距。

（一）调查点相关情况

云南少数民族地区是国家西部扶贫工作中的重点和难点，而本节中提到的 HH 县又隶属云南省红河哈尼族彝族自治州的一个县，属于国家级贫困县。该县是多民族多贫困的典型，县内世居傣族、哈尼族、彝族等多种少数民族，少数民族人口就占了全县总人口的 94%，其中哈尼族所占比例为 75%。

A 小学是 HH 县 200 多所小学中唯一一所示范性学校，有专门的音乐室、计算机教室、实验室、舞蹈室、图书室、语音室等多个功能教室，这为该校学生的德智体美全面发展和教师开展课题研究等提供了较好的资源支撑。目前，该校有 1780 名学生（其中女生有 780 人），30 个教学班。该校学生以哈尼族、彝族为主，占在校生人数的 85%；全校教职工 84 人，有 1 名代课教师，大部分教师是通过讲课选拔进校的，有比较好的教学专业素养，并且具备一定的教研能力。学校图书室共有 35000 册图书，共有 30 套电子白板。

B 小学是 HH 县某乡唯一一所乡镇中心小学，现有 12 个教学班，在校学生

358 人，其中女生 165 人，寄宿生 214 人，贫困生约占 90%。该校只有一种少数民族——哈尼族，占在校学生 95%。该校有教职工共 32 人，其中特岗教师 1 名，支教教师 1 名，无代课教师。学校图书室共有 15000 册书，整个学校共有 6 台电子白板。

（二）调查结果与分析

1. 两所学校学生来源

A 小学总学生人数 1780 人，大部分学生来自 HH 县县城，有一部分学生属于择校生。择校生大多来自县城周围的几个镇，家庭条件较好。因为学校没有提供住宿，所以一般由外祖父母或是祖父母在学校周围租房子领孩子，或是寄宿在城里的亲戚家。家长对孩子的教育是非常重视的，学生们也接受了良好的学前教育，有一定的知识基础，懂得遵守一些基本的规则，这实际上也在一定程度上减轻了教师的管理压力。

B 小学总学生人数为 358 人，其中有 214 人是寄宿生。这些学生来自乡政府周围几个村，距离学校较远，学校有学生宿舍。星期天下午一些学生由父母用摩托车送到学校，有些学生则是结伴走路到学校。几乎没有寄宿生受到过学前教育，只有乡上（指乡政府所在地）的部分学生接受过不完整的学前教育。原因是乡下的学校基本没有条件开办幼儿园；而且他们距离乡上远，孩子年龄又小，学生根本没有条件接受学前教育。调查得知，B 小学学生年龄很小就得离家很远来上学，难免会不适应，而且大多不会听汉语、不懂学校规则，进校后无法与老师同学交流，与在城里上过学前教育的学生比起来基础差很多，这在一定程度上也加重了 B 小学教师的工作量和压力。

2. 课程设置方面的差异

通过查看两所学校的课程安排得知，A 小学六年级总共开设了 18 门课，课程设置完整，内容丰富多彩，且有专门的音、体、美教师。而同样是六年级，B 小学六年级课程设置上就有很大的问题，远远没有 A 小学的丰富，开设了 5 门课，早上的课不是语文就是数学，学校没有音乐、美术专职的副科教师，体育、音乐、品德与社会等课程均由班主任或主科教师同时兼任。

3. 图书资源差异

调查得知，两所城乡小学的生均图书数量全都达标，且出现 B 小学的生均图书数量高于 A 小学学生的生均图书数量（见表 3-1）。但是通过访谈老师得知，B 小学学生对图书的利用率远远低于 A 小学的学生。A 小学的学生在课间、课后、周末等大部分时间都会进行课外书阅读；因为学校周围有很多书店，大部分学生有书店的租书卡进行课外阅读；A 小学教师也比较重视学生阅读能力的培养，会额外地布置一些阅读任务，家长也会支持孩子阅读且支持孩子购买书籍。

而对于 B 小学的学生，各班除了学习较好的学生会进行阅读之外，其余大部分学生不会主动进行阅读，学校的图书资源得不到利用。一方面学校教师不太注重学生阅读能力的培养，学生没有阅读的兴趣，不会主动去进行阅读；另一方面 B 小学的学生大部分属于贫困学生，学生的大部分课余时间都要帮家长做家务，到田间劳动，没有太多时间进行阅读；同时，乡村家长相对于城市家长，所受教育程度不高，素质相比也较低，对孩子的教育不够重视，不愿对孩子教育多投入，特别是有些家长有重男轻女的思想，觉得女孩子早晚要嫁出去，重视女孩子的教育投入就得不偿失。

表 3-1　图书资源比较

| 学校 | 学生 | 图书册 | 生均比 |
|---|---|---|---|
| B 小学 | 358 | 15000 | 41.899 |
| A 小学 | 1780 | 35000 | 19.662 |

4. 多媒体硬件设施差异

A 小学多媒体设备远远多于 B 小学，A 小学基本具备了每班一台多媒体设备，且大部分老师都能熟练运用多媒体进行教学。而在 B 小学则只有三、四、五年级班级有多媒体设备（见表 3-2）。而且由于教室条件差的原因，有些多媒体设备还没有安装成功；而且只有青年教师和部分参加过培训的中年教师会运用多媒体设备上课，但他们由于还要费心尽力做课件等原因而大多选择上课不用多媒体。

表 3-2　多媒体数量比较

| 学校 | 多媒体数 | 班级数 |
|---|---|---|
| B 小学 | 6 | 12 |
| A 小学 | 30 | 30 |

5. 两所小学教师资源配置状况

B 小学的师生比大概为 1 ：11，而 A 小学的师生比是 1 ：21。按照国家制定的关于中小学教职工编制标准，乡村小学师生比是 1 ：23，县城小学的师生比应为 1 ：21，发现 A 小学的生师比达标，而 B 小学则还存在教师超编的现象。若按师班比计算，A 小学和 B 小学基本处于满编状态（见表 3-3）。

表3-3　师班比

| 学校 | 教师 | 班级数 | 学生人数 | 生师比 | 师班比 |
|------|------|--------|----------|--------|--------|
| B 小学 | 32 | 12 | 358 | 11. 19 | 2.66 |
| A 小学 | 84 | 30 | 1780 | 21. 19 | 2.8 |

由于城市学校各方面设施、条件、教师的教学水平比乡村小学好，县城有大量的外来打工人员就读城区学校，所以相应的学生也多。而乡下学校的情况则刚好相反，一方面学校的各方面设施、条件比城里学校差，一些经济条件较好的乡村家庭会把孩子送到城市学校就读；另一方面乡村村寨散落，交通不便，有学生随着外出打工的父母去城市就读，乡村生源流失严重。

### 三、城乡小学教育不均衡发展探因

造成城乡小学教育发展不均衡、有较大差异的原因是多方面的，包括地理位置、社会历史、经济条件等因素，还受到学生家长观念、教师素质的影响，这些因素又相互交错，直接造成了民族地区城乡小学教育的差距。

（一）城乡经济条件差异

随着我国经济的持续发展，城市市民的物质生活逐渐改善，生活质量不断提高。而在城市居民的物质生活需求充分满足以后，就会有更高的精神生活层次方面的追求。而在一些民族地区，特别是在偏远山区的穷苦农民家庭中，温饱问题仍是每天的当务之急，连基本的温饱和生活物质条件都没有满足，何谈让孩子接受高质量教育的机会及程度。虽然现在国家实施各种学费减免、发营养餐、发补助等政策，但是孩子要从闭塞的村寨里出来上学，还是要担负生活费，尽管目前小学基本没有负担，但后续教育花费会越来越多，且部分家长认为读书多会变懒，即使大学毕业也找不到像样的工作。所以有些家长等孩子读完小学、初中就让孩子跟着父母出去打工，这和城市父母对孩子的教育观念形成了非常鲜明的对比。

A 小学的家长大多是在县城工作，家庭经济条件较好，更重视孩子的教育，比如，城区孩子一般都能接受三年学前教育，培育孩子多种兴趣爱好，甚至是不惜代价把孩子送到附近城市学校读书。

而 B 小学97%的学生都属于贫困生，父母大部分的学历是在高中以下，受教育程度低。基本收入就是靠在家务农，而在家务农的收入甚微，远远不能满足生活需求，所以大多中青年人都选择外出打工。这样年龄小的孩子就成为"留守儿童"，由老人或是亲戚代管，而他们忙着干活赚钱，无时间和精力去顾及孩子的学习和生活，其教育质量就难以保障。

### （二）城乡父母对孩子接受教育的期待差异

在当代社会，逐渐流行起一些对教育的看法，例如"再穷，也不能在教育上来穷孩子""不能让孩子输在起跑线上"等话语，而这似乎只适合城市的家长。A小学位于HH县县城，城市学生父母的文化程度普遍较高，对孩子的期望值也更大。所以A小学学生的父母更重视孩子的成长，关心学生的成绩，也会通过多种途径支持孩子的教育。例如除了上课，其父母大多还会在课余时间帮孩子报各种各样的培训班，学习舞蹈、绘画、书法、英语等。

而对于B小学的学生家长来说，家长的受教育程度普遍偏低。家长不重视教育，觉得孩子只要认识字就行了，再去读大学就是浪费钱。更有一些偏远山区的家长思想认识滞后现象严重，仍然存在"重男轻女"的陈旧思想，认为女孩没有必要读太多书，只要"出去能找得厕所在哪儿，在哪儿坐车"就行，甚至觉得花钱让孩子读书还不如自己穿得好，用得好，挣钱盖房子。他们普遍认为，在当今这种"金钱至上"的社会中，文化的高低似乎对于挣钱高低并不能起到很好的"促进"作用。乡村学生家长对教育的这种严重不重视，进一步影响了学生对待学习的态度，"读书无用论"观念已经深深地在乡村家长和学生们的头脑中扎根，造成很多学生读到小学毕业或是初高中毕业，就开始跟着父母外出打工，少数女孩子初中毕业就结婚生子。

### （三）乡村小学相对县城小学而言师资流失严重

B小学和A小学相比，位于HH县县境内最西端的乡镇，距离县城140多公里。聚居汉族和哈尼族两种民族，其中95%的人口都为哈尼族。由于学校地处贫困山区，所处环境闭塞，又是少数民族聚集区等多方面的原因，教师流动性大，特别是留不住优秀的年轻老师，有大量的年轻教师想方设法选择离开。还有一些教师因为发展空间小，或是夫妻分居，选择转考公务员或是考入更好的城市学校。骨干青年老师不断流失，留下的不是教学水平相对差就是年纪相对大的教师。

A小学的教师和B小学的教师相比较来看的话，教师要稳定得多。通过访谈过程可以得知，A小学的教师无论是新考入参加工作的年轻教师还是老教师，大多很满意现在的工作环境，不会考虑换工作或者是换学校，大多数教师对教师职业有责任心和爱心，对工作兢兢业业。且当提到对自己以后的职业发展期望这个问题时，大多教师表示希望成为受人爱戴的优秀教师。

（四）城乡学生素质差异导致学生管理难度不一

通过问卷、访谈的方式了解到两所学校教师的教学压力主要来自教师工作量大和无法适应新课程教学这两个方面。但是乡村教师比城市教师多了一项压力来源，那就是管理问题学生。一方面，由于 B 小学 95% 的学生是哈尼族，大部分学生听不懂普通话更不会说汉语。特别是低年级的学生，由于离学校远，又因为年龄小的关系，乡村学生基本没有条件接受学前教育，而是直接上一年级。而 B 小学部分教师是不懂哈尼语的汉族青年教师，学生的这些情况给教师的教学和与学生的交流带来了很大的障碍。另一方面，B 小学有很大一部分学生是留守儿童，父母外出打工，由于往返边远山区交通不便和车费昂贵等原因，几乎间隔半年或一年才回家，有些几年才回一次家。孩子就只能靠祖父母、外祖父母照顾，缺乏家庭教育，孩子的家庭教育完全缺失。这就使得学生的学习得不到很好的督促和引导，出现典型的留守儿童问题。另外，父母常年外出打工给孩子的心理造成负面影响，即"父母没有上学照样能挣钱"，所以认为学习成绩的好坏对他们来说一点影响也没有，以致出现在课堂上经常打闹、不做作业、结群打架等，给教师的管理造成很大的困难，加重了乡村教师的职业压力。

和 B 小学的学生相比，A 小学的学生的素质就要好很多。首先，A 小学的学生虽然有 85% 的人也是少数民族，但是学生基本都会说汉语，并且所有学生都接受过学前教育。他们父母大多是在县城工作，受过良好的教育，知道教育的价值，非常重视孩子的教育：一方面家长能进行辅导；另一方面，家里经济条件好，除了正常的学校教学，还会给孩子报课后或周末辅导班，请家教辅导等。学生们爱学，并且主动学，学生素质高，这在一定程度上减轻了 A 小学教师的压力。

**四、推进民族地区城乡小学均衡发展的措施与建议**

城乡小学教育不平衡的现象，是客观存在且无法规避的问题。建议政府通过强有力的政策举措来减少一些不均衡现象，促进民族地区城乡教育的均衡发展。

（一）深入研究并强化对乡村教育的帮扶

众所周知，中国乡村的发展决定着中国整体发展水平，乡村工作历来是党中央的首要工作重点，而乡村教育是乡村经济社会持续发展和乡村人力资源开发的基础，乡村教育的贫弱直接导致乡村社会发展的滞后，加快乡村学校的发展，这在现实中已经成为很多政策的出发点。例如，当前正在实施的精准扶贫工作，对乡村教育的改进起到一种先导性的支持作用。同时，教育也要支持精准扶贫精准脱贫，采取特殊措施、精准发力，着力扩大农村教育资源，在贫困地区普及学前教育，推动义务教育优质均衡发展。①

但鉴于乡村地域的广阔性和复杂性，很多民族乡村地区的教育还是让人担忧，一些政策的落实也存在变异或失真，政策的实施强度和精准性有待研究者深入民族地区进行调查研究。已有研究分析了民族地区教育水平与经济发展的关系，提出了一系列通过教育手段调整和提高云南民族地区人力资本水平，进而适配民族区域经济发展之建议。② 对云南省民族地区的乡村教育进行大力扶持，可以极大扩充民族乡村地区的人才资源，为乡村经济发展提供智力保障。

（二）调整课程使其增强对民族乡村地区的适切性

一方面，以汉族文化为主体的城市课程资源虽然在一定程度上是优于乡村的，但是乡村也有很多得天独厚的优势，乡村学校可以利用自己的特色开发课程资源。例如，乡村学生更贴近大自然，特别是对于一些农作物的认识比城市学生更深刻。语文里面经常会写关于自然、季节等的作文，乡村教师就可以将学生所学知识结合学生的生活体验进行引导，让学生又快又好地掌握所学知识。另外，在少数民族地区，少数民族文化对民族认同非常重要。但现有课程中少数民族文化没有引起重视，少数民族文化"可增强年轻一代的民族自豪感，增强民族文化自信和自觉，并让年轻一代自觉传承少数民族文化"③。这对于地处乡村的少数民族学生来说，是加强课程与生活的联系，提高教育质量的重要途径。

另一方面，对于少数民族地区可以编写符合民族地区学生认知发展特点的校本课程。例如，现在小学数学课本的每个单元开头都会有一幅主题图，主题图有激发学生学习兴趣的作用。主题图大多是游乐场里有的游乐设施，对城里的学生来说这的确起到了很好的作用，但对于贫困、偏远山区的孩子来说，这些主题图上出现的东西都是非常陌生的，不知道什么是摩天轮、过山车，这就难以激发乡村孩子的学习兴趣。相反要是因地制宜，把民族地区的学生课程中的主题图换成孩子们熟悉的庄稼或是家禽，会更容易激起乡村学生的学习兴趣，也更便于学生理解掌握所要学习的知识。

---

① 王嘉毅，封清云，张金. 教育与精准扶贫精准脱贫 [J]. 教育研究，2016（7）：12-21.

② 廖毅，张薇. 教育促进民族区域人力资本与经济发展适配的探析——以云南为例 [J]. 云南民族大学学报（哲学社会科学版），2017（1）：118-125.

③ 杨泽恒，等. 关于少数民族数学文化的几点思考 [J]. 大理大学学报，2016（6）：8-12.

（三）建立城乡小学教育资源的共享和帮扶

在城镇化的背景下，当前的民族地区教育的城市本位导向非常明显，这种城市导向文化在少数民族学校教育中的地位不断攀高①，导致民族乡村教育的薄弱和边缘化。有研究者认为，"教育资源配置的城乡差距加大了云南民族教育的非均衡发展"②。面对当前城乡日益明显的教育差距，应积极实施城乡教育一体化的基本办学标准，乡村教育和城市教育在公共教育资源上应均等分配。促进硬件资源的共享，实现图书资源、教学设备等的协调配置。政府部门建立城市学校对乡村学校的帮扶制度，除了实现教育资源的共享，还应着力加强城乡教师之间的流动性，让一些城里的优秀教师到乡村学校帮扶教学，这样可以保证各校之间师资配置和教育水平的相对均衡。具体建议是城里小学可以通过定期选出优秀中青年骨干教师到乡村学校支教，把他们先进的教学方法、思想教授给乡村教师，有利于提高乡村教师的教学水平和整体素质；同时有条件的乡村也可以派优秀的中青年教师到城市里学习，再依靠他们回去对乡村教师进行培训，在城乡的互助、互学中不断缩小城乡之间的师资差距。

（四）设立家长课堂，提高民族地区学生家长素质

鉴于家长在孩子成长过程中所扮演的重要角色，乡村学校应通过各种努力，密切和学生家长联系，设立定期的家长课堂，对家长进行合理的教育和宣传，使家长能够认识到他们对孩子教育的重要性，并清楚自身对于孩子成长以及在学习过程中扮演的重要角色。教育不仅是教师的事情，也不仅仅是学校的事情，它需要全社会的参与。根据小学生的年龄特点来说，许多孩子贪玩、自控能力低，需要大人的正确引导，更需要家长的理解、支持、配合，才能共同把孩子培养好。目前，许多乡村家长把孩子的教育完全推给学校，认为把孩子教好只是学校和老师的事，这让学校教育非常被动。乡村小学的管理者、班主任可以采取定期把学生家长请到学校里来与家长沟通，或与在外地的孩子家长通过电话、微信等联系，使学生家长更加了解他们的子女在校的上课表现、学习成绩、和同学相处的情况等，让家长充分参与孩子的教育中来，形成教育合力，促进孩子教育质量的提高。

---

① 晏威. 民族人口流动背景下的少数民族教育规划——基于文化保护与传承视角 [J]. 贵州民族研究，2016（9）：200-203.

② 原一川. 中国—加拿大民族与文化多元性比较研究 [M]. 上海：上海交通大学出版社，2012：114.

### （五）着力优化乡村师资队伍

教育质量的提高，教师是关键。要改变乡村小学教育质量较低的现状，首先应从培养一批优质的乡村师资队伍做起。当今世界是信息技术迅速发展的时代，这也改变了教育的方式和手段，从传统的"手写教学"到现在运用多媒体图片、视频、音频及 flash 动画等多种上课方式进行教学。而在乡村地区由于大部分是老教师，即使学校已经配备了多媒体、电子白板等，也很少有教师会使用或嫌麻烦不愿使用。可以多提供乡村教师去参加高质量培训的机会，努力提升乡村教师综合素质。

目前已有很多政策来改善乡村教师资源的薄弱状况，如云南针对在乡村工作的教师发放乡村教师专项补贴，规定城区教师必须到乡村工作一年以上才可评定高级职称，切实落实职称评定向乡村学校和薄弱学校倾斜的政策①；广泛实施"特岗计划"，公开招聘高校大学生到县级以下的乡下学校执教；此外，国家在很多大学设置"免费师范生计划"，规定毕业后要到乡村学校服务。有研究还建议"多渠道增加、调整教师数量，加强教师构成的多族群化，实施小学教育去行政化等方法"②，以便改进民族地区乡村教师薄弱的现状。但这些政策还需要在实践中不断完善，实施效果也需要在深入调研的基础上持续改进，提升政策的精准性和正当性，更好地造就优质的乡村教师队伍，促进乡村学校教育质量的持续提升，实现民族地区城乡教育的均衡发展。

## 第二节　县域内义务教育师资均衡研究（一）
### ——以红河州 CH 县为例

本节从教育均衡发展的视角出发，对民族地区教师资源均衡发展问题进行研究。通过选取红河哈尼族彝族自治州 CH 县部分中小学教师作为研究对象，发现目前 CH 县师资主要存在以下几个问题：第一，教师数量不足；第二，教师稳定性差；第三，教师年龄结构不合理；第四，教师性别比例失调；第五，教师学历偏低。通过对 CH 县师资不均衡发展问题的原因分析，有针对性地从

---

① 郑毅. 在云南省职称改革暨中小学教师职称制度改革工作会议上的讲话［J］. 云南教育：视界，2016（6X）.

② 袁同凯，田振江. 论民族地区乡村教师的工作困境——以新疆吐鲁番市 B 学校教师为个案［J］. 云南民族大学学报（哲学社会科学版），2016（4）：62-67.

设立特殊津贴、推行教师轮岗制、合理配置教师资源、改善当地家长观念、因地制宜打造民族特色学校 5 个层面，提出促进 CH 县基础教育师资均衡配置的对策。

**一、师资均衡是教育均衡发展的主要抓手**

推进基础教育均衡发展不仅是贯彻落实习近平总书记提出的"创新、协调、绿色、开放、共享"五大发展理念在教育中的具体体现，也是全面建成小康社会的基础工作。实现县域内城乡、校际基础教育均衡发展，为每一个受教育者提供公平享有优质教师资源的权利，是促进基础教育均衡发展的有效途径，而公正配置教师资源是核心。在民族地区县域内如何合理公正地配置教师资源是本节试图阐述的重点。

研究教师资源配置是基础教育研究中的一项热点。在研究对象上，选取云南省红河哈尼族彝族自治州 CH 县作为样本，研究师资均衡配置问题。CH 县是红河州边疆民族地区的典型代表之一，对其师资均衡配置研究，既可以为促进红河州基础教育均衡发展提供决策依据，也可以为云南省民族地区教育均衡发展提供对策参考。

**二、研究对象和内容**

CH 县位于云南省红河州西南部，属哈尼族自治县，1958 年建县，截至 2015 年年底，辖 1 镇 8 乡；少数民族人口占全县总人口的 98.7%，其中哈尼族占 87.4%。

截至 2015 年年底，CH 县有学校 132 所，其中普通中学 10 所、职业中学 1 所、普通小学 95 所、幼儿园 26 所。普通中学在校学生 12143 人，其中初中在校学生 9520 人、职业中学在校学生 252 人，普通小学在校学生 19292 人，幼儿园在校学生 4878 人。普通中学专任教师 872 人，职业中学专任教师 47 人，普通小学专任教师 950 人，幼儿园专任教师 153 人。

本研究以 CH 县中小学教师为研究对象，通过调查和访谈的方式就教师资源状况进行了解。

**三、CH 县教师资源配置的现状及问题**

（一）教师数量不足

一个地区的教师数量不足会严重阻碍教育均衡发展。CH 县城区学校教师条件相对较好，而乡镇上的农村学校，教师数量依然无法满足基本需求，部分农村学校仍然存在"包班"现象。统计发现：2015 年 CH 县普通中学生师比是1：13，普通小学的生师比是 1：20，说明了 CH 县教师数量严重不足，人均工作量大、负担重。调查时，笔者了解到平河中学共有教师 83 人，其中音乐教师1 人，美术教师 1 人，体育教师 2 人，并且到初三就不再开音体美课程了，由于缺少严格考核，这些老师表示在该校很轻松。

在调查的 20 所中小学里，中学音乐教师占的比例是 2.0%，体育教师占的比例是 4.8%，美术教师占的比例是 1.8%；小学音乐教师占的比例是 1.1%，体育教师占的比例是 1.9%，美术教师占的比例是 1.0%。有的小学甚至没有一个专职的音体美教师，反映了农村学校音体美教师短缺。如表 3-4 所示：

**表 3-4　2014 年中小学音体美教师数量情况**
（中学教师 800 人，小学教师 969 人）

| 类别 | 音乐教师 | 体育教师 | 美术教师 |
| --- | --- | --- | --- |
| 小学 | 11 人 | 19 人 | 10 人 |
| 中学 | 16 人 | 38 人 | 14 人 |

### （二）教师稳定性差

在与学校老师交流过程中，当问及从事教师职业的态度时，部分年轻教师表示：有机会就会转考公务员或事业单位，不会选择做老师。对于他们来说，进入民族地区当老师不过是找不到合适工作的无奈选择。

**表 3-5　2013—2016 年招聘特岗教师数量情况**

| 2013 年 | 2014 年 | 2015 年 | 2016 年 |
| --- | --- | --- | --- |
| 84 人 | 171 人 | 200 人 | 80 人 |

从招聘特岗教师的数量来看，如表 3-5 所示，CH 县基础教育阶段学校教师流失比较严重。

**表 3-6　2009—2015 年小学升学和完学情况**

| | 小学毕业生升学率 | 小学六年完学率 |
| --- | --- | --- |
| CH 县 | 95.28 | 87.42 |
| 蒙自市 | 98.31 | 97.37 |

数据来源：2015 年红河教育事业统计手册

据统计，2015 年年底，CH 县中小学校舍危房率为 4.51%；小学学龄儿童入学率为 99.32%，比红河州州府所在地蒙自市低 0.63 个百分点；小学毕业生升学率为 95.28%，比蒙自市低 3.03 个百分点；小学六年完学率为 87.42%，比蒙自市低 9.95 个百分点；初中毛入学率为 99.60%，比蒙自市低 0.92 个百分点，在校学生年巩固率为 93.52%。反映出 CH 县教学环境差，完学率低，学生不愿意学习，辍学人数多，入学巩固难，控辍保学任务重和教师工作压力大的问题。

（三）教师年龄结构不合理

合理的年龄结构和人员配备是学校教师队伍可持续发展的重要保证，大龄教师和年轻教师在教学中各有各的优势。大龄教师有很丰富的教学经验，有良好的社会阅历，有较强应对和解决问题的能力；年轻教师的教学方法和技术手段相对来说比较新。合理的教师年龄结构，能够起到取长补短的作用，提高教师素养和教学质量，促进教师队伍稳定发展。如表 3-7 所示：

表 3-7 CH 县教师资源年龄分布表

| 学校类型 | 30 岁以下 | 31~40 岁 | 41~50 岁 | 51 岁以上 | 小计 |
|---|---|---|---|---|---|
| | 人数（%） | 人数（%） | 人数（%） | 人数（%） | 人数 |
| 幼儿园 | 5（10.2） | 35（71.4） | 8（16.3） | 1（2.1） | 49 |
| 小学 | 365（37.7） | 234（24.2） | 199（20.5） | 171（17.6） | 969 |
| 中学 | 389（48.6） | 267（33.4） | 119（14.9）） | 25（3.1） | 800 |
| 总计 | 759（41.8） | 536（29.5） | 326（17.9） | 197（10.8） | 1818 |

数据来源：CH 县事业单位专业技术人才简明册。

调查结果表明，CH 县教师年龄结构不合理。中学 30 岁以下教师占的比例是 48.6%，说明年轻教师偏多，由于教师教学经验不足，可能会导致教学质量偏低，从而影响学生的学习成绩；小学 51 岁以上老教师占的比例是 17.6%，反映出年龄大的教师多，由于老教师健康状况差，理论基础知识薄弱，教学理念守旧呆板，教学方法和手段趋于传统，不能胜任当下教学的需要，从而影响教学质量的提高。

（四）教师性别比例失调

实际教学中，由于编制和其他的一些原因，部分学校并没有配备合理的男女教师。在偏远的民族地区，女教师远远少于男教师，并且多集中在条件较好的县城学校。

表 3-8　2014 年 CH 县教师的性别比例

| 学校类型 | 男 | 女 | 小计 |
|---|---|---|---|
| | 人数（%） | 人数（%） | 人数 |
| 幼儿园 | 1（2.0） | 48（98.0） | 49 |
| 小学 | 573（59.1） | 396（40.9） | 969 |
| 中学 | 494（61.8） | 306（38.2） | 800 |
| 总计 | 1068（58.7） | 750（41.3） | 1818 |

数据来源：CH 县事业单位专业技术人才简明册

在其他很多农村或是乡镇学校，出现男女教师性别比例失调的很多，经过统计发现（如表 3-8 所示）：CH 县小学男女教师比例是 3∶2，男教师人数相对要多于女教师人数，而一般的小学都是女性教师占大多数，甚至清一色都是女教师。这反映了 CH 县经济社会发育程度不高，女性很多没有条件享有高质量教育，在就业方面也存在性别严重失衡。

（五）教师学历偏低

教师的学历结构是由该学校教师的最高学历决定的。一般来说，学历在很大程度上能够反映出教师的专业技能和知识水平，也是评价教师能力、水平高低的重要指标。

很多经济、教育发展比较快的城市，例如，同属红河州的蒙自市、开远市和个旧市等，已经很早就在不断地引入具有本科学历甚至研究生学历的人才，而 CH 县对教师的引入大多为二本地方院校非师范专业的毕业生。

表 3-9　2014 年 CH 县教师资源学历比例

| 学校类型 | 本科 | 专科 | 专科以下 | 小计 |
|---|---|---|---|---|
| | 人数（%） | 人数（%） | 人数（%） | 人数 |
| 幼儿园 | 28（57.1） | 20（40.8） | 1（2.1） | 49 |
| 小学 | 251（25.9） | 563（58.1） | 155（16.0） | 969 |
| 中学 | 600（75.0） | 191（23.9） | 9（1.1） | 800 |
| 总计 | 879（48.3） | 774（42.6） | 165（9.1） | 1818 |

数据来源：CH 县事业单位专业技术人才简明册

通过对比分析可以发现，如表 3-9 所示，小学教师队伍中专科学历的老师占了 58.1%，而本科学历只占总数的 25.9%。说明专科学历的教师仍然是小学教师队伍的主要力量。同时，我们可以看到，小学教师专科及专科以下学历的占了 74.1%，而且从调研中得知，部分中小学教师是通过函授等学历进修获得本科学历，这表明 CH 县小学教师的学历状况比较落后。

综上所述，红河州 CH 县作为云南省边境民族贫困县的典型代表之一，教育均衡发展情况不仅与省会昆明市差别很大，而且与同属红河州的个旧市、蒙自市、开远市相比都落后很多，合理配置教育资源，缩小县域内城乡、校际差距是实现 CH 县基础教育均衡发展的基础和前提。

### 四、CH 县师资队伍薄弱原因分析

CH 县当地的基础教育由于历史、文化与交通等的影响，优质教育资源非常少，教师素质普遍不高，优秀教师难以招聘，即使招聘了不久之后又会想方设法地离开，加上教育物质设施等始终比较匮乏，加剧了 CH 县师资配置的不均衡。

（一）地理环境恶劣

CH 县地势中部高，四周低，由东北向西南逐渐倾斜，境内没有平地，基本是陡峭的山地。很多世居民族独居山坡或沟壑，往往需要翻山越岭，走三四个小时的山路才能购买到日常生活用品，生活条件极为艰苦。由于受到地理因素的影响，CH 县中学和小学校点分散，导致教师数量严重不足；外来教师思想不稳定，当地教师队伍的稳定性差。

在与小学校长进行交流时，问及"教师流失的主要原因"，校长回答"主要是教师的福利待遇、城乡生活环境差异"。由于地理环境恶劣的原因，CH 县经济基础薄弱，其主要表现为城乡、镇区、村落间的巨大差异。一方面，CH 县的哈尼族大部分聚居于山区，给学校合理规划布局带来了极大困难，直到现在，部分中学仍然没有活动场地；另一方面，CH 县经济贫困的现状，在很大程度上制约了教师队伍的发展。

（二）交通不便

CH 县作为山区县，交通条件非常艰苦，尽管近几年通过努力，大部分农村都已经通了公路，乡镇到县城最近需要 2 个小时，最远需要五六个小时。但是，与州府蒙自市相比仍然很落后。另外，受近年来农村撤点并校政策的影响，一些农村孩子上学的交通成本过高，CH 县一些乡下的孩子要走 3 到 5 个小时的山路，才能走到学校上学，交通条件稍好的就用摩托车载孩子上学，也有到乡镇

中心租房子让孩子上学的。这导致一些孩子因为上学成本高而辍学，即使能够享受到"两免一补"的政策优惠，也往往难以坚持让孩子上学。

### （三）教师所教学科与所学专业不一致

调研地很多乡村学校教师结构失衡，这些学校教师总体不缺，但音乐、美术、外语、信息技术等教师比较紧缺，这些科目的任教只能由其他专业的老师来承担，影响教学质量的提高。在 CH 县，一些学校专业教师的作用没有得到充分发挥，究其原因：农村学校生活条件和工作条件差、学生学习基础太差，再加上福利待遇低，留不住优秀教师。另外，由于音体美等专业教师短缺，很多学校存在语文老师教美术，体育老师教音乐的现象，或者干脆不上音体美等课程。

### （四）教师生活困难

在调研中，发现各个乡村学校的老师都在想方设法调到县城，因为在乡下当老师，生活枯燥，时常感觉空虚无聊，这使得教师流失率偏高，尽管一些乡下的学校在部分教师跳槽后可以重新招聘新的大学生，但会对学校正常的教育教学产生负面影响，学生的学习也会因为教师的频繁更换而受到负面影响，不仅会影响学校正常的教育教学，而且还会影响学生学习的积极性，使学生产生厌学心理。由此，出现了贫困、偏远、生活和工作环境差→教师生活困难，发展空间狭小→优秀师资进不来、留不住→教学质量低→优秀教师队伍流失，这样的恶性循环长期存在，对 CH 县实现教师资源均衡分配和推进教育均衡发展极其不利。

## 五、促进 CH 县教师资源均衡配置的对策和建议

民族地区的教育与东部地区的教育仍然存在较大差距。大多数民族地区学校仍然非常薄弱，即使与当地的县城学校（指地州首府所在地或县级政府所在地的学校）相比，仍然属于发展较慢学校。CH 县当地的基础教育师资由于受到历史与现实、文化与交通等的影响，教师数量不足，教师队伍稳定性差，教师质量偏低，优质教育资源稀缺。为实现 CH 县师资均衡配置，促进基础教育均衡发展，提出以下对策。

### （一）特殊情况特殊对待，设立特殊津贴

优越的生活条件、相对轻松的教学任务、较好的福利待遇是乡镇、偏远山区优秀教师向繁华城市流动的主要原因。边境民族地区艰苦的生活环境、工作条件是城镇教师、应届毕业生不愿意去任教的主要原因。另外，CH 县当地的基

础教育因为缺乏优质的教育资源，所以生源流失问题严重，很多学生跑到个旧、建水等地读书。因此，《云南省乡村教师支持计划（2015—2020）》提出，必须提高农村教师福利待遇，改善教师生活环境和工作环境；"对长期在边境地区农村学校任教的教师进行公开表彰，对在农村学校连续从教超过 20 年的教师给予颁发荣誉证书。"培养一支数量充足、素质良好、结构合理、稳定的教师队伍。

（二）推行教师轮岗制

推行教师轮岗制度，优化教师资源均衡配置。教育行政部门已有的举措有：第一，规定每年必须有 10% 至 15% 的优秀教师在县城与乡村学校之间轮岗，中心完小教师到教学点轮岗，但教师在轮岗期间，工资、奖金、福利、医疗等待遇都不变。第二，激励县城教师到乡村学校任教 2 年，在任教期间，省财政给予每人每年 1 万元的工作补贴。第三，规定中小学教师晋升高级教师职称，必须有在乡村学校 1 年以上的任教经历，否则不给予晋升。第四，每学期都安排"国培计划"，让边境民族地区教师得到很好的学习培训。推行教师轮岗制度，实现教师资源均衡配置，促进教育均衡发展是很好的思路，关键在于能忠实地执行。

（三）确保教师资源均衡

首先是在数量上确保教师均衡。针对学校教师不足的现状，适当放宽农村学校教师配置的生师比，增加农村学校教师的编制，补齐教师的现存缺口，减轻教师因为缺编而造成的压力。继续采取定向培养、定向就业，农村特设岗位教师招聘等措施来保证师范毕业生到边境民族地区从教，解决教师短缺的问题。其次是保证质量上的均衡。增加经费投入，加强教师培训，提高教师思想素质、业务水平和教学能力，提高学校教学质量。最后是针对 CH 县师资薄弱和不均衡的问题，给予政策上的倾斜帮扶。比如，规定有到农村学校任教经历的教师，优先评聘教师职务；提高教师生活福利，全面落实农村教师生活补助政策；每年为农村教师提供 1 次免费的体检；改善乡村教师的工作环境、生活条件，吸引优秀教师到 CH 县任教。只有提高教师的社会地位，形成尊师重教、热爱学习的良好社会风气，减少优秀教师流失，才能促进教师队伍的稳定。

（四）转变当地家长教育观念

民族地区家长往往对孩子的教育并不是很重视，一些地方由于家校距离较远、交通不便、家庭贫困而使得孩子辍学。另外，一些少数民族家庭由于缺乏劳动力，甚至让孩子中断学业帮助家里干活或经营家庭的经济事务。而且大部分少数民族家长认为："反正读书也没用，即使上了大学，估计也找不到工作，还不如早干活，踏入社会，学习实际本领。"家长这种落后的思想观念降低了学生学习的积极性，进而阻碍了教学质量提高，大大降低了教师成就感。所以改善当地社会氛围，转变少数民族家长"读书无用论"的观念显得至关重要。

（五）因地制宜开展民族教育，打造民族特色学校

民族地区的学校由于学校地理位置的原因，受到民族文化的强烈影响，学生上学前受到的是家庭教育和社区教育，这些教育渗透在学生所属民族文化中。但他们一旦来到学校，接受的却是核心城市的专家所编的适合中东部地区所使用的教材，很多民族学生接受起来非常困难，缺乏书本中相关的生活经验，例如超市、银行、汽车等这些现代化的东西，偏远的民族农村地区对此有的还很陌生。现在的教材显然没有融入传统的民族文化，民族文化也就难以在学校体系中获得继承。在 CH 县的调研中，尽管一些学校有双语教育，但实际受应试教育的影响，民族文化的课程或相关活动仅仅是点缀，尽管一些政策要求民族地区要开展双语教育，但学校实际上并不热心，因为此类活动尽管学生喜欢，但由于受各种考评的影响，学校对此有难言之隐，他们认为多搞活动反而会占用不少学习时间，影响学生的考试成绩，进而也影响到家长对学校的选择，因为很多家长尽管都是少数民族，但在当前现代化的背景下，一部分家长认为民族文化没必要传承。因而，开发本民族教育资源，因地制宜开展民族教育，打造民族特色学校，设立与民族语言、习俗相关的兴趣课程，突出少数民族学校的办学特色，是提高教育质量、实现均衡发展的必由之路。

# 第三节　县域内义务教育师资均衡研究（二）
## ——以文山壮族苗族自治州 QB 县为例

本节采用问卷调查法和访谈法，对 QB 县的 60 名中小学教师进行调查。结果表明：边疆民族地区农村中小学教师收入偏低、工作生活环境差、住房难以解决、考核制度不够人性化；受习俗和文化影响，部分学生有厌学心理，辍学时有发生；学校所在地闭塞落后，学校管理理念不够科学。应提高教师待遇、解决教师实际困难、加强全员培训、注重家校合作等。

**一、民族地区教育质量堪忧与师资失衡**

随着国家大力实施义务教育均衡发展，包括边疆民族地区的义务教育学校

的校园环境和教学设施都变得越来越好。一些现代化的教学设备已广泛进入民族地区的学校中，学生享有"两免一补"、营养餐等政策带来的好处，教师的经济待遇也明显好转。但据调研发现，民族地区的教育质量近些年并未有特别明显的提高，学生厌学现象普遍，辍学也时有出现，这是值得忧虑的。众所周知，提高义务教育质量，关键在于师资力量的提高，这也是教育均衡发展的重点。本节通过访谈、问卷、查阅文献资料等方法，对 QB 县的义务教育师资队伍中存在的问题进行分析，探索提升边疆民族地区教育质量的方法和途径。

QB 县位于云南省东南部。全县有各类学校 679 所，其中中等职业教育学校 2 所，普通中学 21 所，小学 642 所（含 437 个教学点），幼儿园 14 所。本研究以 QB 县中小学为研究对象，调查对象为 25 所中小学的任课教师，通过发放问卷以及访谈等方式就教师资源配置均衡状况进行调查。

## 二、边疆 QB 县义务教育存在的困难和问题

（一）QB 县的师资状况与问题

据调查，教师待遇偏低，吸引优秀教师难、优秀教师留不住，教师素质和教学能力不够、教学理念落后，男女教师比例不均衡等，诸多问题都是 QB 县各乡镇的中小学在师资队伍建设中普遍存在的问题。

1. 教师待遇偏低

在调查中听到最多的抱怨就是：老师的社会地位太低了，一般人都看不上教师职业，职业成就也往往被忽视。有老师说：某个学生成绩很差，家长会认为老师教得不好；如果这个学生成绩很好，家长就不说是老师教得好，而是孩子聪明。

教师经济方面的待遇也相对较低，老师并不是不食人间烟火的神仙，老师也是人，也要吃喝拉撒，也要抚养一家老小。为什么有那么多的老师想跳槽，想去考公务员，那是因为老师的付出远远要比有些职业多，可是收入却很低。被调查的老师的平均工资在每月 3000 元左右，除掉每个月的各种开销，所剩无几。70%的教师对此感觉不满意，没有教师对工资感到完全满意。

2. 吸引优秀教师难、优秀教师留不住

QB 县地处云南省边境贫困地区，学校所在地区闭塞落后，生活条件艰难。QB 县的大部分老师面临着工资待遇低、生活不方便、住房不能解决、找对象困难或夫妻两地分居等问题。由于地处少数民族地区，生源复杂，文化差异大，学校教育质量难提高，老师没有成就感；有的老师还身兼多职，课上是老师，

课后是"学生保姆"，还要时常承担做材料、迎检等职责。所以要留住现有的老师都很困难，别说再去吸引其他的优秀教师了，所以 QB 县还有一部分中小学存在缺少教师的情况，调查中老师反映：英语、音乐、美术等专业教师比较紧缺，部分学校存在英语课没有老师上，门卫阿姨上音乐课，美术课无教师、学生自己自习的情况。

通过与学校老师交流和问卷调查得知，老师们对所从事的教师职业的态度，有 21% 的教师选择有机会就会转考公务员或事业单位；部分年轻教师表示：如果有其他的就业机会，可能不会当老师，对于他们来说，教书是找不到合适工作的无奈选择；有些优秀的骨干教师表示：学校所在地闭塞落后，如果有可能，想调到市区或县城学校。

3. 教师专业素质低、教学理念落后

在调查结果中，QB 县的师资问题最突出的是教师待遇较低，其次就是老师的教师素质和教学能力不够高，优秀教师是提高教学质量的保障。在接受问卷调查的老师中，他们的职称等级分布如表 3-10，学历情况如表 3-11。

**表 3-10　调查涉及教师的职称表**

| 职称 | 初级教师 | 中级教师 | 高级教师 | 合计 |
|---|---|---|---|---|
| 人数 | 14 | 32 | 12 | 58 |

**表 3-11　调查涉及教师的学历表**

| 学历 | 本科 | 大专 | 小计 |
|---|---|---|---|
| 人数 | 39 | 19 | 58 |

调查中老师的本科学历高达 67%，但是这些老师并不全是全日制大学毕业，也没有受过专业的教师素质培养。大部分教师都是由民办教师转正而来的，经过近几年的大规模在职培训和学历补偿教育，QB 县的基础教育教师学历达标率大幅度提高，但因为是速成的，培训质量低，以致 QB 县的基础教育师资队伍的专业素质较低，影响了 QB 县的师资队伍的发展，从而降低了教育水平。

QB 县的中小学的管理者都认识到"我们的教学质量落后的原因是缺钱、缺设备，还有就是学校缺思想、缺管理"。QB 县境内居住着汉、壮、苗、彝、瑶、白、回七种民族，少数民族人口占多数。所以有少部分观念陈旧的老师就认为学校的教学质量上不去，是因为生源较差、学生笨，并没有在自己身上找原因。的确有些少数民族学生刚入学听不懂普通话，因为没上过幼儿园，接受教育之前，一直都处于流放状态，到了学校接受不了学校的教育制度、教学方式，不能真正地进入课堂的有效学习中，这并不只是学生的问题，而是多方面的原因综合作用的结果，这就是考验老师的专业能力的时候。访谈中有位老师说，他们班有少数学生，一年级读完，连自己的名字都还不会写。

　　尽管该县不断开展各种教学改革，加大师资培训力度，可是大多数老师顾忌太多，还是一直采用原来的旧方法在进行教学。调查中，在问到"你经常使用多媒体、网络资源等现代化教学手段进行教学吗？"这个问题的时候，有31%的老师回答偶尔使用，甚至完全不使用；在这些教师中大部分都是老教师，任教时间都是10年以上。这些教师的教学方法和教学理念都相对落后，他们一直怀着"我们是过来人"的心态在教学，根深蒂固的传统思想很难改变。也有一些老师认为接受培训往往没有多大用处，回去了新理念新方法根本用不上。

　　农村学校教师编制有限，教学受到很大影响，访谈中有老师说道：学校学生多，教师少，师资缺乏；一位教师要教授多门学科，专业性教师少。有的时候不是老师的教学能力不高，而是会不了那么多；缺乏专业性教师，数学老师又要教英语、体育；有的教师学非所教、教非所学；当然，也有一部分老师确实能力欠缺、专业素质不够高。

　　4. 教师中源于少数民族的比例偏低

　　QB县少数民族学生占全部学生比例较大。可是，在老师的配备上，具有少数民族身份的教师人数却明显偏少。作为边疆少数民族地区，有62.52%人口是少数民族（2007年统计），可是才有43%的少数民族教师。大部分少数民族学生受民族文化的影响，学习基础比较薄弱，而汉族老师不了解少数民族学生的文化、习俗、语言，所以教起来难。调查中，一些村寨中的汉族老师反映了生源较差的问题，学生听不懂普通话，教不会，无法沟通。这反映了在民族地区需要通过免费师范生、定向培养等方式多补充本地生源的少数民族教师，这样也能提升教师的稳定性。

　　（二）学校教学方面的现实问题

　　学生学习任务重、作业多，但很多学生由于听不懂课堂授课，再加上家庭和社区传统的影响，时常不能按时完成作业。尤其在留守儿童家庭，由于无人辅导，孩子往往完不成作业；科学、英语、卫生与保健、思想品德、音乐、美术等学科在很多学校由于师资缺乏，没有得到落实；一些学校校舍太拥挤，学校过于重视学生的成绩，不注重学生的全面发展；家长中读书无用的观念影响越来越大，八道哨中学尤为严重，访问中谈到辍学问题时，该校的老师说："学生、家长都认为接受教育不重要，学生厌学情绪严重，家长与

67

学校教育严重脱节，致使学生辍学率高。"这些都是边疆民族地区学生普遍存在的问题。

近年来，在家乡种田种地不划算，生活难以摆脱贫困，父母外出打工的现象越来越普遍，农村留守儿童的数量也越来越多。留守儿童的生活、教育问题，日渐成为一个必须高度关注和解决的重要问题，由于留守儿童大部分是隔代监护，受能力限制，家校合作很难进行，很多家长没有能力支持学校的教学工作。

（三）学校管理存在的问题

一些农村老师反映：学校的教学设备损坏，却不能及时得到维修；老师工作压力大，一师多用情况严重。有老师说道：由于水资源短缺，学生的饮用水每天都要由班主任一桶一桶地抬到教室；有的乡镇没有开设学前班，学生入学就是一年级，教学难以进行；班级人数太多，难以管理，学校也在尽力地想办法解决这些问题，可是部分地方领导对义务教育均衡发展认识不高，对工作的支持力度不够，单凭学校的力量很难顺利地开展。

少数学校对老师的管理不够合理，有能力者得不到重用，一些管理者带有感情色彩地处理学校事务，访谈中有一位老师说了一件看似故事的真实事件：有一个刚任职不久的女教师，工作很认真，也很出色，可是不知道是出于什么原因，学校的管理者很不喜欢她，不知是因为对她第一印象不好，还是相处的过程中发生过什么不愉快的事情，这个女老师不仅没有得到领导的赏识，还被"穿小鞋"调到了更偏远的村小，最后这个女老师不得不辞职。

一些农村学校在评价教师方面不够合理，只是片面地以学生的成绩来评价老师，考核制度不够人性化，一些老师反映外出学习机会少，各校之间缺乏交流，资源不能共享。有的乡镇学校的硬件设备跟不上，至今都还没有现代化的教学设备走进小学校园。访谈中一位老师说："我在小学教了十多年了，教室里依然没有现代化教学设备，现代化教学手段就没有进入过我的课堂。"调查中有15.5%的老师完全没使用过多媒体、网络资源等现代化教学手段进行课堂教学，因为学校就不具备这些条件，没有相关的教学设备。

访谈中有老师谈道：学校现在正在改建中，所以没地方上课，有的在活动房里上，活动房隔音效果很不好，课是上了，可是没有效果；有的在村子里的寺庙或者是没人居住的老房子里上课，学生分布太散乱，没法管理；因为学校正在施工，所以在学校上课的学生的安全问题也很难保证。

**三、教育均衡发展背景下 QB 县师资均衡对策与建议**

边疆少数民族地区基础教育师资队伍存在的很多问题与困难，是受多方面因素的影响和多种原因综合作用的结果。像 QB 县这样的边疆民族地区的义务教育阶段差不多都存在这些问题：教师待遇相对较低、教师素质和教学能力不高、教学设施缺乏、教学质量不高，学生基础弱、厌学现象普遍等。为了实现教育均衡发展，提高边疆民族地区的教育教学质量，以下对策可供参考。

（一）提高教育经费投入，提升教师待遇

QB 县的教育由于历史、现实、文化与交通等的影响，经济比较落后，学校所处环境闭塞落后，生活不方便，优质教育资源少，再加上教育物质设施等比较匮乏，所以优秀教师难以招聘或招聘之后不长时间又会离开。对此，QB 县的地方部门应该实施一些措施，确保能吸引专业的优秀教师长期到边疆民族地区任教，并且留住已有的优秀教师。第一，增加教育经费的投入，"地方的教育经费投入是保证不同乡镇、每所学校义务教育所需要的最基本的教育经费"①。要切实提高边疆民族贫困地区基础教育教师工资待遇，给予乡村教师生活补助。第二，切实解决教师的住房问题，建设专门的教师公寓。另外，还要加快经济发展，逐步解决交通不便、教学环境差和教学设备配置等问题。

（二）教师培训深入基层，提高教师素质和教学能力

民族地区教师培训要有合理的规划，不仅要具体到每一个人，更要涉及教师素质的方方面面：专业知识、职业能力、职业情感、职业兴趣等。力争进入课堂的是一个合格、优秀的教师，能出色地完成教书育人的任务；重视教师培训的实效性，"切实提高教师质量"②。

（三）完善学校管理制度的人性化

QB 县的各中小学还不同程度存在管理不到位、常规不落实的情况。要完善制度建设，完善量化考评制度，不能只从学生的成绩来衡量老师的教学水平，要综合老师的各个方面进行考评，考评也要人性化，学生的正常流失等不可避免的情况，不应该算在教师的考核内。

没有开设学前班的地方，为了提高基础教育的教学水平，应努力与相关部门协调，争取增加教育经费，开设学前班，让低年级的老师可以顺利地开展教学工作。学校要搞建设，提前就要做好准备，制订好解决方案。

（四）建构适合民族地区需要的课程和师资

由于 QB 县地理位置的原因，受到民族文化的强烈影响，学生上学前受到的

---

① 郝文武. 义务教育均衡发展的本质特征和量化测评 [J]. 教育与经济，2011 (4)：1-6.

② 李宜江. 义务教育均衡发展研究 10 年：回顾与展望 [J]. 宁波大学学报（教科版），2012 (1)：22-26.

是家庭教育和社区教育，这些教育渗透了学生所属民族文化。但他们一旦来到学校，接受的却是核心城市的专家所编的适合中东部地区所使用的教材，很多民族学生接受起来非常困难，缺乏书本中相关的生活经验。这些教材显然没有融入传统的民族文化，民族文化也就难以在学校体系中获得继承，在QB县的调研中，有少部分的少数民族教师会使用民族语言进行辅助教学，但是由于大部分老师是汉族，不会民族语言，教起来非常困难，所以要鼓励当代民族大学生回乡支教，为家乡的发展出一份力，逐步实现教师资源均衡配置。建议开发本民族教育资源，因地制宜开展民族教育，打造民族特色学校。设立与本民族文化、语言、习俗相关的兴趣课程，提升学生学习兴趣。

（五）边疆民族地区教师照顾和倾斜政策落到实处

国家已经在宏观方面清醒地认识到义务教育均衡发展的重要性和紧迫性，制定并实施了很多关于边疆民族地区的基础教育师资建设的补偿、照顾政策，但是一些地方由于财政困难、理念影响等多种原因难以完全落实。为了教育均衡发展的目标，必须做好强化监督、狠抓落实的工作。

（六）加强家校合作

加强《义务教育法》等法律法规在民族社区的宣传，引导家长或监护人对孩子的读书问题更加重视；促使少数民族家长转变"读书无用"的观念。监护人的观念得到转变，积极配合和支持教师对学生的要求，实现家校良好合作，将对民族地区教学质量的提高有一定的帮助。

## 第四节　农村薄弱学校改进中的教师队伍建设问题研究——基于"LQ小学"的个案研究

本节基于教育均衡发展背景，以"LQ中心小学"为个案研究，探讨农村薄弱学校改进中教师队伍建设的策略。分析了个案学校教师队伍现状、存在的问题、学校在教师队伍建设中采取的措施以及不足之处。最后从政府教育政策和学校内部管理两方面提出关于农村学校教师队伍建设的对策。

**一、民族地区教育均衡的核心：师资失衡**

义务教育均衡发展是当前基础教育领域的热点问题，它要求一个地区内学校之间达到均衡化发展，但当前我国的义务教育中，不公平的现象还很常见，农村大量薄弱学校的存在更是教育发展不均衡的突出表现。薄弱学校主要表现在地方经济发展滞后、教育投入不够、地理位置不佳、教育质量差等，其薄弱的核心主要是教师队伍的素质不够和结构不佳。本节以云南某民族地区"LQ中心小学"为个案，探讨农村薄弱学校改进中教师队伍建设问题，希望提出的建议有利于促进农村薄弱学校教师队伍的建设成效。

### 二、个案学校教师队伍存在问题的调查

（一）个案学校背景介绍

LQ乡地处昆明市某民族自治县东北部，位于金沙江与普渡河交汇的三角地带，距离县城134公里。LQ中心小学是全县最偏远、办学条件最艰苦的农村学校之一。2015学年春季学期学校有教学班24个，在校学生1199人，其中住校生1006人，留守儿童462人，教师共67人。

经过多年的发展，学校逐步完善了现代化教学手段，多媒体实现班班通、监控设备实现校园全覆盖，办学条件得到明显改善。经过调查得知个案学校的薄弱主要表现在以下三个方面。

（1）经验较薄弱。个案学校之前办学条件差，设施欠缺。直到2013年，才建设了多媒体教室、舞蹈室、美术室、书法室、图书室、阅览室、手工制作室、田径场、篮球场、乒乓球室等活动场地，结合学校的实际特点，开设了德育类、体育类、艺术类、读书类、科普制作类和地方特色类共6大类项目。现在硬件方面得到很大改善，但在各方面都还处于探索阶段，经验薄弱。

（2）生源流失多。个案学校2012学年有26个教学班，在校学生1334人；2013学年有24个教学班，在校学生1244人；2014学年有24个教学班，在校学生1199人。经调查了解导致个案学校生源流失的主要原因有三个：一是地理条件的限制，山路崎岖，交通不便；二是近三年来，个案学校由于承担优化全乡教育教学资源和并校并班的任务，班级数和学生总数都不断变化，而生源素质差异较大，加之个案学校是寄宿制学校，一些偏远山村的小孩很小就被家长带到县城学校上学；三是近几年人们的生活水平和教育意识不断提高，经济条件较好的家庭都尽力把小孩转到县城优质学校上学。

（3）师资薄弱。一方面难留住优秀的教师，近几年个案学校校内培养的教学能力较强的教师，均被县城附近的学校招考调走，新教师又未补充，导致教学科研力量薄弱，教学质量不是很理想；另一方面缺乏专业的心理咨询师，个

案学校是寄宿制学校，需要心理关爱的留守儿童较多，但心理咨询教师特别少，且心理咨询教师属于兼职，平时课时较重，因而难以一一满足需要。

（二）个案学校教师队伍状况问卷分析

本次调查由于是个案调查，对象是一个乡村薄弱学校，所以对该校进行了调查分析，查阅了学校的一些资料，并发放问卷22份，有效问卷20份，基于问卷又对少数教师做了访谈，见表3-12。

此次调查的20位老师都是云南本省人，其中属于云南省但非学校所在县城的7人，占35%，属于学校所在县城的13人，占65%。

**表3-12 2013年、2015年个案学校教师学历和教师级别状况表**

2013年个案学校教师学历状况

| 学历 | 本科 | 大专 | 中专 | 其他 | 总计 |
|---|---|---|---|---|---|
| 人数 | 40 | 27 | 8 | 2 | 77 |
| 所占比例 | 51.95% | 35.07% | 10.39% | 2.95% | 100% |

2015年个案学校教师学历状况

| 学历 | 本科 | 大专 | 中专 | 其他 | 总计 |
|---|---|---|---|---|---|
| 人数 | 35 | 24 | 6 | 2 | 67 |
| 所占比例 | 52.23% | 35.82% | 8.96% | 2.99% | 100% |

2013年个案学校教师级别状况

| 级别 | 高级 | 一级（中级） | 其他 | 总计 |
|---|---|---|---|---|
| 人数 | 43 | 32 | 2 | 77 |
| 所占比例 | 55.84% | 41.56% | 2.6% | 100% |

2015年个案学校教师级别状况

| 级别 | 高级 | 一级（中级） | 其他 | 总计 |
|---|---|---|---|---|
| 人数 | 41 | 24 | 2 | 67 |
| 所占比例 | 61.19% | 35.82% | 2.99% | 100% |

由表3-12可知，个案学校2013年到2015年教师减少了10人。其中本科学历教师减少了5人，大专学历教师减少了3人，中专学历教师减少了2人。

表 3-13 个案教师专业发展和培训效果（n=20）

| 问题 | 选项 | 所占比例 |
|---|---|---|
| 您参加过以下哪些进修或培训？ | 学历进修 | 40% |
| | 短期培训 | 15% |
| | 长期培训 | 10% |
| | 经验交流 | 15% |
| | 短期培训和经验交流会 | 20% |
| 您认为教师进修培训 | 非常重要，收获多 | 10% |
| | 还行，有一些作用 | 65% |
| | 少数有用，基本无用 | 25% |
| | 完全无用 | 0 |

由表 3-13 可知，参加过学历进修的人数所占比例最多，占样本总量的 40%；参加过长期培训的人最少。其中认为教师进修培训"非常重要，收获多"占此次调查的 10%；"还行，有一些作用"的占此次调查的 65%；"少数有用，基本无用"占样本总量的 25%。应该帮助教师转变思想，培训是为了促进发展，而不仅仅是考核。

表 3-14 个案学校教师的职业态度、职业发展期望

| 问题 | 选项 | 所占比例 |
|---|---|---|
| 在当教师期间您认为最有成就感的是什么？ | 受学生尊重与爱戴 | 50% |
| | 工作得心应手 | 35% |
| | 学生有出息 | 10% |
| | 获得奖励、提拔 | 5% |
| 您对从事教师职业的态度是 | 有强烈责任感，执着追求 | 50% |
| | 暂时还可以，对工作比较认真 | 40% |
| | 有机会会考虑选择其他职业 | 10% |
| | 不想当老师 | 0 |
| 符合您的职业发展期望的是 | 教育行政领导 | 30% |
| | 受人爱戴的高级教师 | 30% |
| | 转考公务员或事业单位 | 15% |
| | 调到市区或县城学校工作、创业 | 20% |
| | 换其他工作 | 5% |
| 对教好学生，您的看法是 | 只要自己努力一定能教好学生 | 30% |
| | 我努力了，学生教不好也没办法 | 55% |
| | 无所谓，主要靠学生自己 | 10% |
| | 学生的学习老师很不满意，但也没办法 | 5% |

由表 3-14 看出，个案学校教师对教师这个职业的态度是值得肯定的。该校教师对职业发展的期望：想转考公务员或事业单位、调到市区或县城学校工作、创业、换其他工作所占的比例为 40%，所占比例较大，这显示学校需要尽可能采取多种措施，稳定教师队伍。

表 3-15　教师生活方面（n=20）

| 问题 | 选项 | 所占比例 |
|------|------|--------|
| 您对您的月收入是否满意? | 非常满意 | 5% |
|  | 比较满意 | 15% |
|  | 感觉一般 | 65% |
|  | 不太满意 | 15% |
|  | 完全不满意 | 0 |
| 以下哪一个原因最可能促使您离开学校? | 收入待遇较低 | 15% |
|  | 学校所在地闭塞落后职业发展没有前途 | 25% |
|  | 住房不能解决 | 40% |
|  | 家庭生活需要 | 15% |
|  | 其他 | 5% |
| 您现在的住房是 | 自己有房 | 35% |
|  | 学校福利房 | 5% |
|  | 在外租房 | 40% |
|  | 学校宿舍 | 20% |
| 以下哪一个是您最关心的问题? | 参加学习培训、提高自身教育教学能力 | 20% |
|  | 解决教师住房，解除后顾之忧 | 50% |
|  | 工作调动 | 10% |
|  | 提高教师工资待遇 | 15% |
|  | 个人能力得到充分发挥 | 5% |
|  | 其他 | 0 |

由表 3-15 看出，个案学校大部分教师对月收入不太满意，在外租房的教师所占比例大，最有可能促使教师离开学校的原因是"住房不能解决"，"解决教师住房，解除后顾之忧"成了教师最关心的问题。由此可见解决住房问题十分紧迫，这表明了教师不愿在农村的原因之一。

表 3-16 教师对学校评价（n=20）

| 问题 | 选项 | 所占比例 |
| --- | --- | --- |
| 您认为所在学校教学质量不够高的主要原因是 | 教师素质和教学能力不高<br>学校管理水平不够<br>学校所在环境闭塞，学习氛围差<br>学校经费缺乏，教学设备欠缺<br>其他 | 50%<br>5%<br>40%<br>5%<br>0 |
| 您认为学校对教师的管理 | 管理水平很高，很人性化<br>还可以，感觉一般<br>管理严苛，不人性 | 15%<br>85%<br>0 |
| 您教学的压力主要来自 | 工作量大，压力重<br>绩效考核<br>适应新课程教学<br>管理问题学生<br>其他 | 50%<br>20%<br>15%<br>10%<br>5% |
| 您认为下列哪一种描述更能反映您校当前的总体情况？ | 平平稳稳、得过且过<br>师生员工相当努力，但办学成效不理想<br>全校团结进取，教学质量越来越高<br>学校缺乏凝聚力，一盘散沙 | 0<br>60%<br>0<br>40% |
| 您经常使用多媒体、网络等现代化教学手段进行课堂教学吗？ | 全部使用<br>经常使用<br>偶尔使用<br>不使用 | 0<br>90%<br>10%<br>0 |

由表 3-16 看出，个案学校大部分教师积极向上，多媒体使用率很高，教师现代化教学手段意识强。个案学校的教师认为教学质量不够高最主要的原因是教师素质和教学能力不高，其次是地域限制，说明该校教师教学能力有待提高，应加强培训，想要更好地发展还需国家政策方面的支持。对于学校对教师管理不满的教师所占比例较大，可见学校对教师管理方面需改进。师生员工相当努力，但办学成效不理想，可见学校应推进对教师管理和教学的改革。

表 3-17　个案学校教师认为学生愿意到学校上课以及辍学原因（n=20）

| 问题 | 选项 | 所占比例 |
|---|---|---|
| 您认为学生是否愿意来学校上学？ | 很愿意 | 60% |
| | 一般 | 40% |
| | 不愿意上学 | 0 |
| 根据您的了解，您认为贵校学生辍学的原因是？ | 贫困 | 10% |
| | 厌学 | 15% |
| | 读书无用 | 0 |
| | 升学无望 | 0 |
| | 少数民族习俗和文化影响 | 35% |
| | 既贫困又厌学 | 40% |

　　如表 3-17 所示，个案学校学生辍学的原因，"既贫困又厌学"的比例最大，其次是受"少数民族习俗和文化影响"。对于学生是否愿意来学校上课，觉得很愿意的占 60%，觉得一般的占 40%，说明学校对学生的吸引力不够。

表 3-18　认为在学校教育中实施双语教育与民族文化教育重要程度调查情况表

| 问题 | 选项 | 所占比例 |
|---|---|---|
| 您认为在学校教育中实施双语教育与民族文化教育重要吗？ | 非常重要 | 30% |
| | 重要 | 60% |
| | 一般 | 10% |
| | 不是很重要 | 0 |
| | 没必要 | 0 |

　　从表 3-18 看出个案学校非常注重此项教育，但在关于"所在学校是否有本民族的双语教材和教学安排"调查中，结果是全部没有；关于"本民族优秀传统文化的传承"其中包括本民族语言，是否应适当安排到教学中值得思考。在此说明：个案学校虽然没有本民族语言教材和教学，但是把一些少数民族特有的文艺（彝族舞蹈、苗族舞蹈、民族课间操）以及地方特色文化（碟脚舞、民间小调）作为俱乐部——乡村少年宫活动，并加入教学安排中。

　　关于"与县城优质学校相比，您所在学校当前面临的最大问题或困难是什么"的调查，有人认为是缺乏骨干教师，主要是师资问题；有人认为是学校设施问题，应加大资金投入，现基础设施能满足教学，但与县城学校差距较大，与县城优质学校相比，"最大差距是学校缺少骨干教师，设施不齐全"。

（三）个案学校教师队伍建设问题的概括

根据以上数据和已有资料，个案学校教师队伍存在的问题归纳为以下四个方面：第一，在生活方面，需提高教师待遇和解决教师住房问题，丰富教师文化生活；第二，教师的学历虽已达标，但含金量低；第三，教学能力较强的教师流失严重；第四，教师专业发展途径单一。

个案学校在教师队伍建设的路上一直非常努力，大胆尝试，也取得一定成效，但还是存在很多制约发展的瓶颈之处，需要进一步探讨和思考。

第一，个案学校教师职业吸引力较弱。主要表现在两个客观方面：一方面，教师生活方面，住房不能解决。另一方面由于地域限制，个案学校所在地闭塞落后，离县城较远，造成年轻教师难找对象，中年教师夫妻两地分居，家庭生活需要难以满足，造成了个案学校职业吸引力较弱，优秀的青年教师难以补充。

第二，教师专业能力发展平台不完善。关于教师专业发展，个案学校采取了一定措施，但很大程度是为了业绩考核，对提高教师专业能力发展没有起到实质性的帮助。

第三，留不住优秀教师。优秀教师向县城学校单向流动的趋势明显，主要有客观和主观两个原因：客观原因是地理条件的限制，交通不便，信息闭塞；主观原因是个案学校对优秀教师的吸引力度不够，个案学校需要进一步努力。

## 三、农村薄弱学校教师队伍建设的对策

农村薄弱学校教师队伍建设成效还不是很显著，面临着很多困难和挑战。如要促进乡村薄弱学校师资改善，促进不同学校的均衡发展，相关对策建议如下。

（一）政府职责

政府应加大对农村薄弱学校的教育投入和保障力度，因此从政府政策方面提出以下建议。

一是加大农村薄弱学校建设的资金和物质资源投入，保障学校正常运行的物质条件，使农村薄弱学校走出困境的基础条件得到满足。

二是提升薄弱学校教师的物质待遇，解决其实际生活困难。根据马斯洛的需要层次理论，我们知道生理需要是最基本，也是最强烈、最迫切需要满足的。但由个案学校教师现状调查中得到：个案学校大部分教师对月收入不太满意；

在外租房的教师所占比例大，最有可能促使教师离开学校的是"住房不能解决"，"解决教师住房，解除后顾之忧"成了教师最关心的问题。可见，在某种程度上，解决教师住房问题有利于提高教师队伍的稳定性，更有利于农村薄弱学校改进。

（二）内部管理

农村薄弱学校需要加强学校的内部管理，要想建设更好的教师队伍，就要为教师专业成长提供良好的平台。让教师看到职业发展前途，才能最大限度地调动教师的积极性。

第一，选拔高素质校长，营造教师专业成长氛围。都说"一个好的校长便是一所好的学校"，对于农村薄弱学校来说，更是如此。

第二，教师培训要防止流于形式，走过场。培训后要学会总结和反思，以达到提高教师队伍整体水平。同时让全体教师意识到培训不是简单地为了绩效考核，而是促进教师发展，这样有利于提高培训实效，同时提高教师能力。

第三，主动拓宽农村薄弱学校教师补充渠道。可从以下方面入手：一是继续实施特岗教师计划，引进具有先进教育理念的教师。二是紧缺学科教师定向委托培养。农村薄弱学校可以和地州高校合作，培养学校所缺人才，尤其是音乐、美术、英语等专业教师。三是给予更多政策扶持，鼓励城镇优秀教师自愿到农村学校任教。

# 第五节　教育均衡视域下民族地区双语教育调查研究——以红河哈尼族彝族自治州蒙自 MJ 苗族自治镇为例

我国是一个有 56 个少数民族的多民族多语言国家，实行双语教育是推进民族地区教育均衡发展的基本路径。由于历史的原因，少数民族大多居住在偏远山区，交通不便，信息相对闭塞，文化较为落后，导致现如今少数民族地区的教育落后。少数民族地区因为语言沟通的障碍和文化差异等问题，教育发展缓慢，教育质量偏低。少数民族地区实行双语教育是从人们的需要出发，能有效提高少数民族地区的教育质量。由于师资经费短缺，相关政策无法落实，人们的民族意识减弱等原因，双语教育的发展堪忧。以 MJ 苗族自治镇为研究对象，调查本地双语教育的现状，发现本地双语教育的问题所在，调查其原因，并提出相关的建议，希望为双语教育的开展提供参考。

### 一、双语教育：民族地区教育均衡的抓手

#### （一）问题的研究缘起

教育是传承文化的重要途径，双语教育在民族文化的传承中有重要作用，不仅有利于少数民族学生的学习，也是实现中华民族多元文化一体化的一种手段。在少数民族聚集地区，推广和落实少数民族双语教育并传承少数民族的优秀文化对我国民族文化的多元化有着重大意义，更是提升教育质量，推进民族地区教育均衡发展的抓手。蒙自市 MJ 苗族自治镇是个少数民族人口众多的镇，苗族人口比例大，苗语是当地少数民族的常用语。但据初步了解，在当地的学校中，双语教育受师资、经费、政策、当地人们的支持等多方面条件的限制，发展并不理想，为了解其原因，故展开此次调查。

#### （二）双语教育的意义

开展双语教育有利于发展民族教育，不仅是提高民族教育质量的有效途径，更有利于多元文化的保存和发展，是民族地区提升教育质量、实现教育均衡发展的基本路径。

#### （三）研究方法和思路

本次调查以红河哈尼族彝族自治州蒙自市 MJ 苗族自治镇为对象，据初步的了解，MJ 镇共有 19 个校点，每个校点少数民族学生的数量都超过在校学生总人数的一半，这些少数民族学生中大多数都是苗族，在学校中双语现象是普遍存在的。本次调查采用问卷法和访谈法来了解 MJ 苗族自治镇双语教育的现状。

### 二、MJ 镇双语教育现状的调查与分析

#### （一）MJ 镇双语使用情况的调查

MJ 镇位于云南省红河哈尼族彝族自治州蒙自市东北部，距蒙自市区 36 公里，MJ 镇苗族人口众多，在每年农历的正月初二至初九都有苗族风俗浓郁的传统节日：花山节（踩花山），在这几天，人们都会换上传统的民族服装聚在一起庆祝。节日当天花山场上人山人海。花山节原为苗族青年男女进行自由恋爱的节日，所以节日当天有男女对歌的活动，除此以外还有许多其他丰富多彩的活动。

在走访和调查时发现 MJ 镇大部分都是少数民族，其中比例最大的是苗族，颜色鲜艳的民族服装在 MJ 镇的大街小巷随处可见，大多数人都是用少数民族语言交流，在镇上有汉族，但是因为本地的少数民族人口占总人口的比例大，汉

族在环境影响下，也能听懂简单的苗语、彝语，双语现象在 MJ 镇是十分普遍的，每个人都能听懂一点少数民族语言，会说的程度就不尽相同，本地少数民族的交流不受语言限制，少数民族语言在本地较为通用。本次调查，走访了 MJ 镇的 5 所小学，分别是 MJ 镇中心小学、小坝心小学、舍所坝小学、猛拉小学、郭华陈希望小学，这 5 所小学的少数民族学生的比例都比较大，MJ 镇中心小学包括两个校区：MJ 镇中心小学和小坝心小学，两个校区共有在校生 1702 名，其中少数民族的人数在总人数中的比例就有 81.2%，而这些少数民族的学生中大部分是苗族，其他三所小学的学生情况也是相似的。对 40 名在校教师进行了以问卷为主以访谈为辅的调查，对 100 名高年级（六年级）学生发放了问卷，在调查的过程中与 20 名学生家长进行了访谈。本次调查中教师问卷发放了 40 张，回收 40 张，回收率 100%，无无效问卷；学生问卷发放 100 张，回收 100 张，回收率 100%，有 11 张无效问卷。

在这些问卷中，教师有 40 人，其中有 5 人是苗族，有 4 人是彝族，其他 31 人都是汉族。其中 9 位少数民族教师文化程度都是大专以下，年龄在 35 岁以上，教龄都是 10 年以上的老教师，这些老师都能熟练地使用少数民族语言，但是不会写本民族的文字，只有两位苗族教师能看懂一点点苗文。学生问卷发放了 100 张，有效问卷 89 张，其中有 59 个苗族学生，22 个彝族学生，6 个汉族学生，2 个其他的少数民族学生。在这些学生中，少数民族学生都会熟练地使用本民族语言，有个别的还会使用两种少数民族语言，但是没有学生能够读和写本民族的语言文字。受到环境的影响，汉族学生也能听得懂简单的少数民族语言。对当地语言的使用情况进行了调查，统计结果如下。

表 3-19　教师、家长、学生常用语情况

| | 汉族方言 | 在总人数的比例 | 汉语普通话 | 在总人数中的比例 | 本民族语言 | 在总人数中的比例 | 总人数 |
|---|---|---|---|---|---|---|---|
| 教师 | 29 | 72.5% | 9 | 22.5% | 2 | 5% | 40 |
| 家长 | 4 | 20% | 0 | 0% | 16 | 80% | 20 |
| 学生 | 8 | 9% | 2 | 2% | 79 | 89% | 89 |

对教师、学生家长、学生进行调查，发现在学生和家长日常用语中使用本民族语言的人在总人数中所占比例非常大。在接受调查的 89 名学生中有 83 个少数民族，这些学生从小在家庭生活中学会的就是少数民族语言。日常生活与父母交流使用最多的都是本民族语言。在学校里，因为本民族的学生比例比较

大，除了与老师交流和上课时间外，其他时间都是用少数民族语言交流。所以在本地，人们最常用的语言是本民族语言。

（二）MJ 镇双语教育的基本情况

在 MJ 镇这样一个少数民族人口集中，且苗族人口比例比较大的苗族自治镇中，苗族文化在学校理应得到较好的传播与学习，但在实施的过程中效果却并不理想。在调查的 40 名老师中，只有 9 名少数民族，其中有 5 名是苗族教师，这 5 名教师都能够熟练地使用苗族语言，但是都没有进行过统一正规的苗族语言培训，只是因为自己是少数民族，才会听和讲少数民族语言。在调查中，有两名苗族的教师会经常用到苗语教学，他们说："在村完小里，学生都是本村或者是邻村的，基本都是少数民族，有些学生在学前班接触过汉语，能理解简单的汉语，但是有一部分学生是直接来小学就读的，这一部分学生刚入学时完全听不懂汉语，这个时候就十分需要一位双语教师帮助学生们尽快适应。"

在调查中，笔者也了解到学生们最先学会的语言是本民族语言，有 98% 学生日常与同学交流都是使用本民族语言，有 2% 的学生使用汉族方言与同学交流，在课堂上回答老师的问题，100% 的学生都是使用汉语普通话。通过调查发现在村中完小中低年级的少数民族学生有一大部分学生是很听不懂汉语普通话的，只能理解简单的汉语，对于复杂的表达，需要重复好多遍并加以提示学生才可以理解。通过与老师们交流了解到："在村完小就读的学生大部分是本村或邻村的，少数民族学生比较集中，在没进入学校前学生与家长、伙伴的交流都是少数民族语言，在较为偏远的村中，没有学前班，学生直接进入一年级，所以刚来到小学时，在一年级阶段，学生对汉语的理解能力比较差，基本要一个学期学生才可以适应。但是学校里没有专业的双语教师，所以一年级的教学工作比较困难。"

在调查过程中我们注意到，在平时的交流中教师之间都是用本地的汉语方言，在课堂上才会使用汉语普通话。在低年级上课的时候，教师会用民族语言教学。在课间学生与学生之间交流基本都是用本民族语言，偶尔会用本地的汉语方言，在问到在平时生活中你们更喜欢用什么语言和同学交流时，学生的回答都是一致的："喜欢用本民族的语言与同学交流"，问及原因，大多数同学都说本民族语言他们说得流畅，更习惯于用本民族语言。在课间的时候，本民族教师也会用本民族语言和学生交流。教师们说："说本民族语言会让学生更容易理解。"与学生家长交流，教师们也会用本民族语言。对于那些不是本地人的教师来说，与不会汉语的家长交流就会有沟通障碍，这就不利于开展家长的工作。

在学校里学校提倡讲普通话写规范字，所以学校里使用普通话交流的人群比例在不断提高。少数民族学生在家里的日常用语是本民族语言，不仅在家，在 MJ 镇上，大部分人都是少数民族，汉族也听得懂基本的少数民族语言，所以本族语言是少数民族日常交流的常用语。

（三）对双语教育的态度分析

1. 对少数民族语言是否有用的态度调查

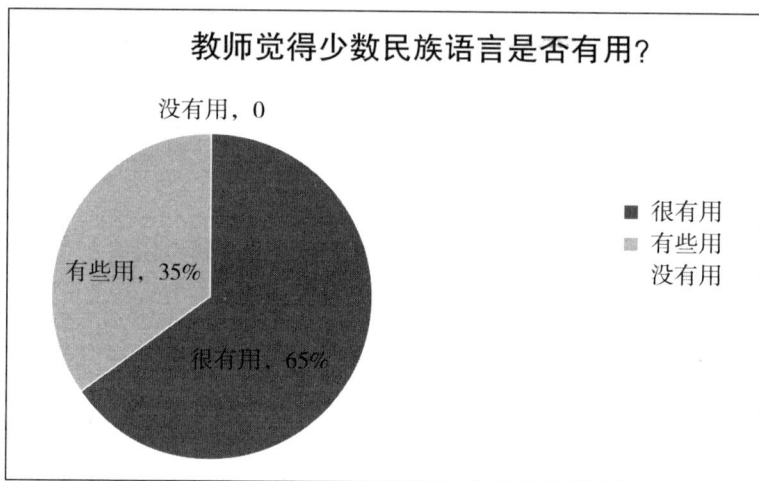

图 3-1　教师对少数民族语言的态度

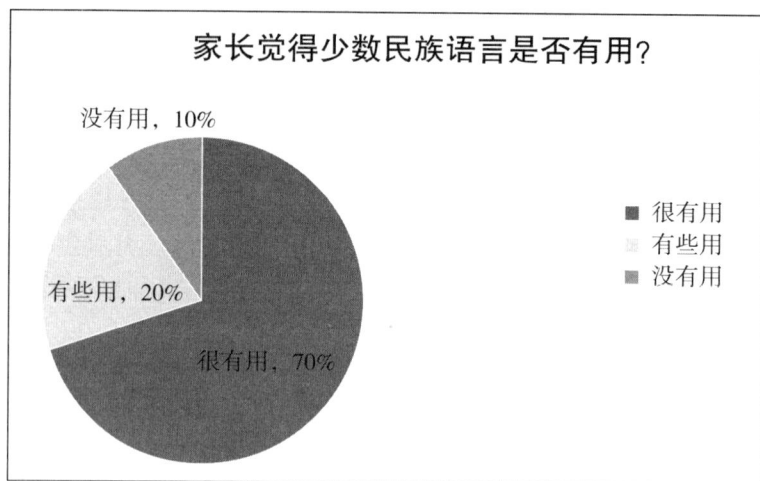

图 3-2　家长对少数民族语言的态度

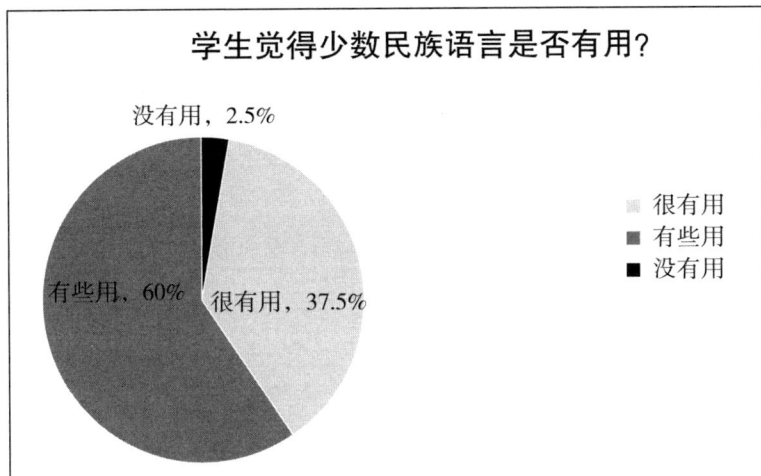

图3-3　学生对少数民族语言的态度

　　教师在"少数民族语言是否有用"这个问题的调查中有不同的看法（如图3-1所示）：有35%的教师觉得少数民族语言是非常有用的，65%的教师觉得少数民族语言有些用，没有教师觉得少数民族语言没有用。如图3-2所示，有70%的家长认为少数民族语言很有用，20%的家长认为有些用，只有10%的家长认为没有用。如图3-3所示，在学生中，有37.5%的学生认为学习少数民族语言是很有用的，60%的学生认为学习少数民族语言有些用，只有2.5%的学生认为学习少数民族语言没有用。由此可见，在MJ镇苗族自治镇，一个少数民族人口集中的地区中，老师，家长，学生都认为学会一门少数民族语言是很有用的。那具体有些什么用呢？对此，我们也进行了访问。

　　通过访谈了解到，本民族教师因为自己是少数民族所以能熟练使用本民族语言。而就交流的问题而言，有50%的教师认为学习使用少数民族语言是为了方便交流，有位老师说："我们在平常生活中会遇到不会说汉语或者用汉语表达不清楚的学生，我又不懂苗语，这个时候我们就无法交流，这个时候我就会想要是我能听懂一点苗族语言就不用那么麻烦了。"有65%的教师认为学习少数民族语言是工作需要，不同的工作环境就会有不同的工作需求，老师们的工作离不开学生、家长，在工作中需要与他们沟通，而沟通最基本的要求就是语言要相通。所以许多教师都认为学习少数民族语言是工作需要，虽然在平时生活中也会接触到少数民族语言，能够听懂一些常用的词，但是用于交流还是有点难度的。12.5%的老师认为学习少数民族语言有其他的原因，包括学习少数民族语言，有助于学习其他语言，学习少数民族语言有利于传承本民族文化。因为语言是文化的表现形式，一个民族的文化往往要靠语言来传承①。语言是沟通的工具，学习使用一门少数民族语言不应该仅仅是为了交流，而应该以传承少数民族的文化为目的去学习少数民族语言，这才是对民族文化的一种态度。

2. 对于民族语言重视程度调查

表3-20　学生、家长、教师对语言重视情况的调查

| | 少数民族语言 | 在总人数中的比例 | 本地汉语方言 | 在总人数中的比例 | 汉语普通话 | 在总人数中的比例 |
|---|---|---|---|---|---|---|
| 学生 | 28 | 31.46% | 7 | 7.86% | 54 | 60.68% |
| 家长 | 16 | 80% | 3 | 15% | 1 | 5% |
| 教师 | 12 | 30% | 6 | 15% | 22 | 55% |

对于民族语言重要性问题，有31%的学生认为少数民族语言是最重要的，8%的学生认为本地汉语方言是最重要的。有61%的学生认为汉语普通话是最重要的。学生们都觉得少数民族语言是和家长及本地人交流的时候方便才使用的，没有学生为自己会一门少数民族语言而觉得自豪，认为走出MJ镇苗语就不通用了，更重要的是学习汉语。这样的观念在小学里是普遍的，学生们民族自豪感和认同感较弱，这与学校教育是有关系的，学校并不着重于当地特色的民族教育，不普及民族知识，学生也就不会有相关的认识。而对于家长而言，更多家长觉得本民族语言更加重要，对于普通话的学习并不重视，多数家长认为在生活中本民族语言比较通用，所以本民族语言比较重要。在教师中，觉得汉语普通话比较重要的比例就明显较高，教师们觉得在以后的学习中，学生们都要用到普通话来学习，为了更好地就业，学生们应该学习普通话，而且普通话在全国都是通用的，就交流而言，普通话比较实用。

MJ镇的人们之所以觉得少数民族语言不太实用是因为没有认识到民族语言的意义。一个民族的民族语言是一个民族的特色之一，民族文化通过语言能得到更好的传承②。在民族教育中，不仅要学会少数民族的语言，传承少数民族的优良品质，更应该有民族认同感，重视民族的文化。

3. 对本地是否合适开设少数民族课程的调查

学校是学生学习的场所，在学校里学生学习各种知识。在MJ镇这个少数民

---

①　刘上连. 新疆双语教育现状研究［D］. 石河子：石河子大学，2013，7.

②　岳雅凤. 绿春县牛孔乡双语状况研究［D］. 北京：中央民族大学，2010：34.

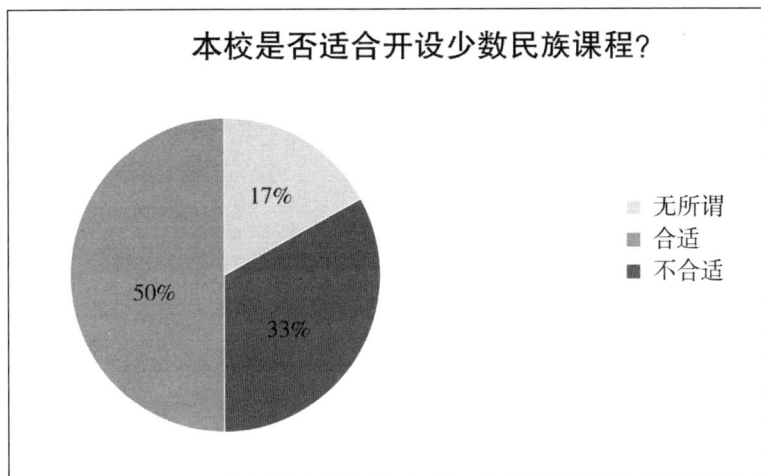

图 3-4　教师对学校开设少数民族课程的态度调查

族人口聚集的地方，民族文化气氛浓郁，但是却没有专门的少数民族的课程，问及是否合适开设少数民族课程的问题时，如图 3-4 所示，50% 的教师都觉得合适，在这样一个少数民族学生超过 80% 的学校环境中，开设少数民族课程有利于学生更好地从本民族文化过渡到汉族文化，并且开设这样的课程学生能学到课本以外的知识，对于学校而言也可以形成一个学校的特色。在接受调查的老师中有 32.5% 的教师认为在学校开设少数民族课程不合适，这些老师认为："教师的教学任务本来就重，无暇开设这样的课程，而且没有专业的双语教师，根本不知道该怎么开展教学。"在 40 位老师中有 17.5% 的教师持无所谓的态度。在访谈中有位教龄 30 多年的教师说了他的看法："MJ 镇现在被汉化得比较严重，许多年轻的苗族家长越来越重视汉语，有些离镇不远的村子的苗族开始让小孩从小说汉话，对于苗族的语言学习已经不重视了，年轻家长意识到将来走出了 MJ 镇，苗语的实用性不高，所以就干脆不教孩子讲苗语。MJ 镇是个苗族自治镇，在这样的观念下民族文化气氛将会越来越淡，作为学校的老师，也是作为苗族的一员，希望学校可以开展相关的文化活动，学习和发扬民族文化。"

家长在孩子学习少数民族语言的态度上与教师有所不同。在调查中对 20 位学生家长进行了访谈，其中有 2 名是汉族，2 名是彝族，其他 16 名是苗族。在访谈过程中与家长的交流基本没有障碍，就是需要放慢语速，用最简单的方式来进行表达，家长就可以理解。了解到 18 名少数民族家长平时都是用本族语言与孩子交流的，没有什么特别需要一般都不会说汉语。在这些家长中有 14 名家长觉得作为少数民族，一定要学会少数民族语言，不仅要能听懂，更要能流利地用本族语言表达。作为少数民族，不能忘记自己的语言，不能忘记自己的根。有 2 名家长认为，现在本民族语言只适用于当地，以后更多的要用到汉语，对于本民族语言孩子只要基本能听懂，会讲一点就可以了。有 3 名家长认为孩子不会少数民族语言也没有关系，觉得少数民族语言不太实用。有一位汉族的家长认为，如果有条件也愿意让孩子去学习少数民族语言。他觉得在 MJ 镇及周边的镇中，少数民族语言也是比较实用的，多学一门少数民族语言对孩子也是有利无害。所以学校应该提供一个可以让学生学习少数民族语言的平台，否则，汉语将作为唯一一种"值得学习的语言"[①]。提高少数民族语言在社会的实用性，也是促进双语教育发展的一个有效的措施。在调查中家长们表示现在孩子在学校学的知识，考试的内容都是国家标准的课程内容，为了顺利升学还是希望孩子能学好普通话，提高成绩。家长们有这样的意识是一件令人欣慰的事。

对于觉得合适开设少数民族课程的教师都觉得应该采用"以汉语为主、加授少数民族语言"的教学方式。现在的教学中，学生们接受的教材都是人教版九年义务教育标准教材，所学习的语言也是标准普通话，课本所呈现的内容是以汉族文化为标准的教学内容。少数民族学生从出生到进入学校以前都是接受本族文化的熏陶，文化不同会导致观念不同，思维习惯也会有所差异。进入学校后，少数民族学生开始接触汉族文化，学习汉语、汉字，开始融入汉族文化。在低年级中，学生无法适应这样的环境，这时候就需要专业的双语教师引导学生从本民族文化过渡到汉语文化，学习汉族文化。

4. 双语教学需要解决的问题调查

教师、学生、家长对于双语教育的态度都是比较积极的，但是在开展的过程中有较多的阻碍，对教师进行问卷调查后统计出了较为迫切需要解决的 6 个方面问题（如表 3-21 所示）。

表 3-21　民族语言教育需要的条件

| 选项 | 频数 | 在人数中的比例 | 在选项总数中的比例 |
| --- | --- | --- | --- |
| 专业的双语教师 | 40 | 100% | 30.76% |
| 经费 | 16 | 30% | 12.30% |

---

① 冉艳辉. 双语教学与我国少数民族语言权利的保护［J］. 湖北民族学院学报，2013.（3）.

| 选项 | 频数 | 在人数中的比例 | 在选项总数中的比例 |
| --- | --- | --- | --- |
| 相关教材 | 13 | 32.50% | 10% |
| 政策的扶持 | 21 | 52.50% | 16.15% |
| 民族语言的认同感 | 25 | 62.50% | 19.24% |
| 家长的支持 | 15 | 37.50% | 11.55% |
| 总计 | 130 | 315% | 100% |

通过对教师的调查统计，最急亟须解决的问题就是没有专业的双语教师，接受调查的40名老师都认为，开展双语教学首先要具备专业的双语教师，教师是学生学习路上的指明灯，受过专业培训的双语教师能更好地去进行双语教学。在学校的几位少数民族教师说出了他们的看法："我们会说少数民族语言，但是在教学的时候我们不知道怎样教才合适，在课堂上用多了学生就只听得懂少数民族语言，用少了学生又理解不了，不知道该如何把握，学校的少数民族教师有限，不能一直带一个班，有些时候因为掌握不好这个技巧，换了教师以后学生没法适应另一位教师的教学方式，对学生的学习有很大的影响。"接下来比较迫切需要解决民族语言在社会中的认同感薄弱的问题，许多学生和家长觉得没有必要学习少数民族语言都是因为民族语言只是在本地适用，走出了MJ镇苗语就无法用来正常交流，在对于未来找工作方面也没有什么用处，所以都觉得少数民族语言没用。接下来比较受到重视的就是政策扶持，国家是有政策鼓励和支持少数民族学习本民族语言的，但是由于地区等原因政策无法落到实处，没有具体明确可以实行的有利于双语教学的政策，所以教师们对双语教学也是无从下手。在经费、家长的支持、缺少相关教材3个方面有33.85%以上的人觉得也是双语教育紧缺的。双语教育工作的开展并非一朝一夕的事，做好这个工作需要国家、当地政府、学校、教师、学生、家长等各方面的共同努力。

### 三、原因分析及其建议

MJ镇的少数民族人口比例达到总人口数的80%以上，民族气氛浓郁，少数民族语言是本地人的常用语，在学校，学生除了与老师交流使用普通话以外，在生活中多使用本民族语言，但是学校中没有设立专业的少数民族课程，缺乏专业的双语教师，双语教育的发展任重而道远。

（一）原因分析

1. 地理环境的影响

MJ 镇是苗族自治镇，与文山苗族自治州和屏边苗族自治县接壤，所以苗族人口比例大，但是 MJ 镇与蒙自市中心只有 30 公里的距离，而且交通便利，信息技术较为发达，导致苗族人口众多但是双语教育工作却并不受到重视。再者就是 MJ 镇少数民族聚集的村落比较分散，学生无法统一到一个学校就读，学校里的少数民族不只有苗族，所以双语教育无法正规开展。

2. 国家政策及经费的紧缺

国家有相关的法律法规，支持和鼓励少数民族教育，但是根据地区的不同，政策的落实程度也有所差异，当地政府等有关机关无法将相关政策落到实处。教育经费的不足也是造成当地双语教育无法正规开展的原因之一，在九年义务教育中，学校只能保证每一个学生可以有好的条件学习，对于民族文化的相关活动，没有经费支持无法开展，这也是许多地区教育发展的一个困境。

3. 人文环境的影响

MJ 镇的教师有很大一部分是特岗教师，这些特岗教师大多来自其他的地区，本地区或者本民族教师基本没有，这就导致了少数民族教育师资短缺，所以少数民族语言很难被正规引入课堂。再者少数民族的大多数家庭是以农业为主，经济条件差。在调查中，有位老师说"少数民族读不起书"这句话虽然很笼统，但是含义很深，反映出了当地少数民族学生的受教育情况。比较偏远的少数民族家长在家务农，收入不稳定，对于学生的教育支出就比较少，对于学生的教育家长也是心有余而力不足。当地的民族风情浓郁，但是并不注重文化的宣传，人们的民族观念日渐减弱，双语教育的发展困境重重。

（二）解决问题的建议

良好的双语教育不仅可以提高少数民族地区的教育质量，也是民族文化传承和发展的基本途径。面对 MJ 镇双语教育的现状，提出以下几点相关的建议。

1. 加强当地民族文化建设

当地政府应该重视当地的民族文化建设，做好民族文化的宣传，可以适当地举办具有民族特色的活动，以此来增强人们的民族认同感。学校是学生受教育的重要场所，只有学校重视民族文化教育，民族文化才有可能在这个信息化时代里被发扬光大。在学校文化建设中可以加强物质文化建设，比如说，建立"文化墙"，在学校的墙壁上画上或是写上关于苗族的历史、传说、风俗、服饰等相关的壁画。可以定制相关的民族服装作为校服。根据省教育厅制定的《云南省义务教育学校办学基本标准》，省教育厅结合中小学校安全工程、薄弱学校改造、农村初中校舍改造、教育信息化等惠民工程的实施，加快推进义务教育学校标准化建设，使义务教育学校教室、课椅、图书、实验仪器、运动场地等教学设施满足基本教学需要。所以应该设立图书馆并且多存放关于苗族的图书和资料，鼓励学生去了解本民族文化。开展相关的文化活动，鼓励学生们去了解本民族的服饰、发饰、着装、舞蹈等具有民族特点的常识。在民族文化浓郁的学校中学习，民族文化对学生的影响是，了解了本民族的文化，受到文化的熏陶，学生对本民族的认同感自然就会增长，从而重视本民族文化，提高学习本民族语言的兴趣。

2. 加强师资队伍建设，鼓励培养双语人才

双语教育工作的展开需要大量的双语教师，建议加强民族双语师资的职前培养和职后培训，加强少数民族学生民族文化传承意识，进一步完善民族地区双语教学政策①。MJ镇政府可以鼓励当地的相关专业的大学毕业生回来当地教学，可以开展定向培养的工作，鼓励高中毕业或者初中毕业的学生就读相关专业，定向培养本民族的学生，做好双语教师培训工作。政府应该给予双语教师相关的经济扶持，鼓励教师学习相关办学经验，帮助双语教育工作更好地开展。滕星在民族教育的研究中认为："双文化人是多元文化交流的基础，而双语人是双语文化人的前提。"② 因此从基础教育做起，鼓励学生学习本民族的语言，培养大量的双文化人，从而更好地发展民族文化传承工作。

3. 结合少数民族文化开展教学活动

在双语教学中，可以结合少数民族学生的认知特点，组织与少数民族文化有关的教学活动。（1）组织学生学习少数民族的舞蹈，舞蹈可以当作学生的课间操来学习，这样使课间操更加多样化，还可以将民族文化融入其中。（2）开展相关的兴趣小组活动，在做中学，在兴趣小组活动中提高学生对少数民族语言的学习的积极性。（3）组织从低年级起学习本民族儿歌等，从小树立民族文化观念，更利于开展少数民族双语教育工作。

4. 重视学前教育中的双语教育

在调查中了解到，有一部分学生是直接进入小学学习，没有接受学前教育（学前班），这一部分学生在一年级阶段的学习通常出现"两难"：教师难教，

---

① 张善鑫. 西北少数民族地区课程政策实施研究——基于教育公平的视角［M］. 北京：中国社会科学出版社，2017：第五章.

② 滕星. 中华民族多元一体格局思想与中华少数民族双语教育［J］. 民族教育研究，1996（4）.

学生难学，所以当地政府要健全学前教育体系，双语教育从学前抓起，因为儿童4-6岁是语言学习的关键期，在这期间，让学生学习除母语以外的语言，学生会学习得更快。第一语言习得理论主张学前时期是幼儿学习语言的关键期，幼儿好模仿，具备学习双语的能力①。所以在"学前班"期间，就应该开始重视孩子的双语教育，这样学生进入小学接触正规汉语教材时，会更容易理解。

通过调查分析，MJ镇的双语教育的情况为：调查的5所小学中5所都有双语教学。调查学生、教师、家长对双语的态度，虽然少数民族的人口数占总人口数的80%以上，但是民族意识在渐渐减弱，人们对于民族语言的重视程度并不高，应该加强民族文化建设。民族语言是文化的载体，在语言中文化也得以体现，所以双语教育不仅是一种语言的问题，也是一种文化问题。MJ镇的双语教育工作是一项长久而艰苦的工作，在教学工作中双语教育应该受到重视，双语教育的有效开展有利于提高少数民族地区的教育质量。全面开展双语教育需要教师、学生、家长的共同努力，MJ镇政府和当地政策的共同支持才能有效开展。开展双语教育工作，在学习主流语言的同时也不忘本民族的文化，可以对本民族文化的传承起到积极促进作用。

## 第六节 教育均衡视域下民族地区学生辍学问题研究 ——以蒙自市 ST 乡 ST 中学为例

### 一、学生辍学：边疆民族地区教育的隐痛

教育关乎一个民族的未来，重视农村地区的教育均衡发展是教育公平的初步体现，农村教育长久以来都是国家与政府非常关注的一个大问题，早在2006年国家就开始了农村义务教育经费保障机制改革，保障适龄儿童义务教育的运行，这一政策制度的改革极大推进了我国农村基础教育的发展水平。但近年来我国部分农村地区中学学生辍学率出现了上升趋势，仍有适龄儿童未能按时上学或中途辍学，未能完成国家规定实施的九年义务教育这一现象仍然常见，成为边疆民族地区学校教育的隐痛。这依然是制约农村教育发展的疟疾。农村基础教育关系到了我们国家的未来，影响地区经济文化发展，因此希望通过研究

---

① 巫俐群. 临沧市沧源佤族自治县学前瓦汉双语教育现状调查研究［D］. 昆明：云南师范大学，2014：74.

边疆民族农村地区的学生辍学问题，来探究导致辍学的主要原因并提出相应的改进措施。

本节立足于当前云南省蒙自市 ST 乡经济、教育、文化的各方面发展情况，对处于义务教育阶段的 ST 中学进行关于学生辍学现象的调查。ST 乡是蒙自市较为偏远的一个乡镇，距蒙自市区 34 公里，是云南省 506 个扶贫攻坚乡之一。该地为汉、苗、彝、哈尼族混居地，少数民族人口占总人口数的 72.8%，其中彝族人口占总人口数的 60.4%，是一个典型的民族乡镇。其耕地面积为 13817 亩，总人口 7194 人，其中农业人口 7002 人，包括 4 个村委会，40 个自然村，44 个村民小组。通过深入调查研究蒙自市 ST 乡 ST 中学学生辍学的问题，得到该地学生辍学的主要原因，并针对 ST 中学提出具体可行的控辍保学方案，降低 ST 中学的辍学率，并为类似民族地区在学生辍学问题上提供建议及参考。

**二、蒙自 ST 中学学生辍学情况现状调查**

（一）调查时间、地点及方式

于 2016 年 3 月初，春季学期开学之际，通过发放问卷以及访谈的形式，对蒙自市 ST 乡 ST 中学展开了关于学生辍学问题的调查。

（二）ST 中学学生辍学基本情况

ST 中学是 ST 乡唯一的一所中学，目前在校学生人数为 167 人，教师 21 人，共 6 个教学班，初一至初三每个年级两个班，每个班 30 人左右，且没有设置所谓的平行班与重点班。通过调查，2015—2016 学年 ST 中学的学生辍学率高达 4.79%（辍学率为该学年未享受国家义务教育的辍学人数与该学年实际享受义务教育的人数的百分比），其中辍学学生总人数为 7 人，男生 5 人女生 2 人，秋季学期有 3 人，春季学期有 4 人。学校班主任根据其家访的实际情况反映，其中有 1 女生辍学后便回家结婚了，有 2 人辍学后留在家中，有 3 人辍学后便跟随父母外出打工，有 1 人辍学后和同伴一块外出打工，并且没有辍学再返校的学生。据云南省教育局统计，2010—2014 年云南省的初中学生平均辍学率为 1.31%，这表明了 ST 中学学生辍学情况不容乐观。

1. 学生自身思想价值观存在严重偏差

国家义务教育和"两免一补"政策的全面实施，在对于预防学生辍学方面有一定作用，特别是在预防小学生辍学方面。政策下来以后减少了因学杂费而辍学的学生，但对于其他原因而辍学的学生，作用并不是很大。ST 中学财务主任说："国家政策下来的目的是好的，在学校就读的学生每人每个月能领到 125

元的生活补助，但这些钱到了有些学生的手中就变味了。有些学生补助金发到手，就开始花钱大手大脚，养成了好吃懒做的习惯。民族地区的学校辍学率较高，学生不爱学，不想去读书。男学生不读书就出去打工，年龄很小的女学生被家里叫回去结婚的有很多。"国家补助金的发放对象是在读全体初中学生，对于家庭经济困难的学生来说，助学金以及两免政策不仅帮助他们减少了家里的一部分开支，也对学习生活提供了很大的帮助，有效地阻止了部分学生辍学。

表3-22　教师对学生辍学原因的看法（n=21）

| 导致学生辍学原因 | 学生本人想到社会上挣钱 | 学生学习困难 | 家长对子女到校学习不重视 | 学生本人认为读书无用 | 家庭经济困难 | 学校教学水平差 |
|---|---|---|---|---|---|---|
| 第一位原因 | 47.62% | 9.52% | 4.76% | 38.10% | 0.00% | 0.00% |
| 第二位原因 | 4.76% | 42.86% | 38.10% | 9.52% | 4.76% | 0.00% |
| 第三位原因 | 0.00% | 42.86% | 47.62% | 0.00% | 4.76% | 4.76% |

但一些辍学并非都由贫困导致，在对学生辍学原因的调查中，如表3-22所示，教师认为导致学生辍学的第一位原因是在学生本人想到社会上挣钱和学生认为读书无用，其次才是认为学生学习困难和家长对子女到校学习不重视。在第二位和第三位的原因中，学生学习困难和家长对子女到校学习不重视是所占比例最高的。在当今打工经济的诱惑下，许多在校学生受到社会上人员以及同伴的影响，看着同伴花钱大手大脚有吃有喝，自己在学校里读书不仅枯燥而且用钱方面还需要向家长伸手要钱。这种与同伴明显的差别让他们萌生了想到社会上挣钱的想法。而且现在蒙自城里许多地方都需要这种不看学历，不看年龄的劳动力，还供吃住且工资不算低。虽然家庭经济贫困不再是学生辍学的主要原因，但地方经济贫困却还是会影响着辍学行为的发生。家长在金钱上并不能为孩子提供更多时，学生往往会受到同伴外出打工的诱惑和思想上想独立自主，却又向父母伸手要钱的行为，导致的矛盾心理影响，而更加向往去社会上挣钱的生活。

2. 存在大量留守儿童的现象

ST乡很多父母为了生计，常年外出务工，对孩子生活上的关心是极度缺失的，更不用说孩子学习上的辅导。除此之外，学生家长对于教育的态度也是影响学生辍学的一个重要原因。每一个孩子在刚上学时家长都是对孩子充满了希望，都希望孩子可以读好书向更好的地方走去。希望孩子能通过教育来改变阶层的问题，以后能有更好的生活。班主任说："其实许多家长都是很支持学生读书的，但又对自己的孩子做不了什么。在家长会上那些有辍学倾向学生的家长，说得最多的是让我们多帮他们管管，对学生严厉一点。"目前 ST 中学实行的是全封闭住宿制管理，学生从周日晚上就开始在学校上晚自习，然后会一直待到星期五下午上完课开完班会再回到家里。学生在学校的时间是最长的，在家中只有两天的时间。再加上家长自己出去务工，对学生并没有很好的说服力，就加深了学生想辍学出去社会上挣钱的想法。

3. 学校学风较为散漫

ST 中学一共有六个教学班，每个年级两个班且没有设置重点班和平行班之分。在访谈学生学习风气时，体育教师（体育教师也需要上晚自习，对学生也有一定的了解）说道："现在有什么学习风气？没几个人是真正来读书的。谈恋爱、打架的很多，大部分学生都学不进去。"就现在而言，大部分 ST 中学学生学风比较散漫，学生没有明确的学习目标。调查中大部分的学生对学习生涯并没有明确的规划，随便读到哪里算哪里的想法占大多数。学生学习没有努力的动力和奋进的精神，过着得过且过的学校生活。学生如此的学习状态影响着教师的教学状态和态度，教师在学生不思进取的学习状态中难以呈现出积极的教学状态和良好的教学水平。

4. 存在厌学和隐性辍学的问题

厌学的学生往往无法对学习产生兴趣，他们可能并不公然挑战教师的权威和课堂秩序，而是采取温和的课堂游离，不积极参与正常的教育教学活动，这样的学习状况表现在很多同学身上。并且调查学生学习没有兴趣原因的情况中，如表 3-23 所示，有一半以上学生选择"觉得自己压根就不是学习的料"的选项，部分学生选择的是"情感的困惑"，只有极少部分学生选择"老师教得不好"和"家长的压力"。学生自我认知自己不行，没有明确的自我肯定意识，认为自己不适合在学校里读书上课，从而产生厌学和隐性辍学的表现行为。

表 3-23　辍学学生情况统计表（n=50）

| 问题 | 选项 | 百分比 |
|---|---|---|
| 请问你想过离开校园，走进社会吗？ | 是 | 46% |
| | 否 | 64% |
| 你周围想辍学的同学多吗？ | 挺多的 | 14% |
| | 有一些 | 60% |
| | 很少 | 26% |

| 问题 | 选项 | 百分比 |
|---|---|---|
| 你对自己的学习生涯有规划吗? | 有，至少大学本科毕业 | 6% |
| | 有，初中毕业再看成绩 | 54% |
| | 有，高中毕业 | 6% |
| | 读到哪里算哪里 | 36% |
| 你所在的学校的学习氛围好吗? | 很不错 | 0% |
| | 一般般 | 68% |
| | 很差，大家都不怎么爱学习 | 32% |
| 你觉得自己对学习没兴趣的原因可能是 | 老师教得不好 | 6% |
| | 感情的困惑 | 22% |
| | 觉得自己压根就不是学习的料 | 52% |
| | 家长的压力 | 14% |

5. ST 中学现有控辍保学的具体措施

（1）班主任责任制。当班上有学生不来学校上课时，班主任会电话家访问清楚不来上课的原因；当该同学有辍学的打算时，一般会先在电话里进行对学生的返校劝说并联系其家长；当电话家访无用时，就会去到学生家中劝说。劝说再无用时，上报乡一级政府由政府进行处理，最后确认该学生辍学，取消该班主任评比优秀班主任的资格以及对班主任处以 50 元的惩罚。

（2）政府惩罚。当学校改变不了学生选择辍学的想法与行动时，一般乡政府会先派出代表对辍学的学生及家长进行劝说，让学生返校就读。当学生拒绝返校时，如有优惠政策，乡政府不会优先考虑给予该家庭，若该家庭已享受着乡镇优惠政策将会被取消，以此作为惩罚和警诫。

### 三、学生辍学的原因分析

学生辍学并不是一个突然的想法，是经过前期萌芽，中期酝酿，后期爆发的一个思想转化为行动的举动。经历了量变到质变的过程，在这过程中外部因素与事物本身的内部因素都是量累积的过程，积累到了一个临界点就自然而然发生了质的改变。ST 中学的学生辍学是由于学校、家庭、社会、自身多方面的原因造成的。

（一）学校原因

（1）学校课程内容设置单一化，造就大量"学困生"

对于民族地区的学生来说，由于见识、地域、经济条件、交通状况的影响，在学校中所学的知识与实际脱离，产生的结果就是学生不喜欢课堂，兴趣薄弱，辍学风险大。

在调查中发现，部分学生面对着自己不感兴趣的课堂，应付着课本上自己不熟悉、不想学的内容，学习质量很不如意。这正如一篇调查里所描述的"痛苦教育：学生痛苦、教师痛苦、校长痛苦、教育局局长痛苦、家长痛苦"[①]，学生自然不愿意留在学校里读书，学生在课堂上学不会、看不懂、跟不上，自然没有得到学习快乐，往往想着逃课、不听讲、辍学，教育质量长期低下。

（2）学校教育不能满足民族地区学生的教育需求

现在的学校教育较为死板，学生和家长们看到的是教条的学习、死板的考试以及严峻的就业形势。教育所要花费的时间、金钱和能考上大学、找到工作之间是没有明确正比关系的，这也是在供需求方面导致学生辍学的原因。再加上民族地区学生在接受学校教育中本就属于弱势群体，语言适应、文化接受等原因导致民族学生的学习接受力相对弱些。在竞争力强大的当今社会大环境中，民族地区考上大学而没有找到好工作的大学生有很多，目前为止学校教育中只有应试教育，并不能满足学生受教育的多方面需求。直到现在，对学生评价的主要方式仍然是以卷面考试为主，其他方面的评价只是作为参考。这样的评价体系对于民族地区学生来说并没有什么实质的优势，在升学时仍要以卷面成绩来决定。

（3）民族地区学校缺失民族特色文化

ST乡是民族乡镇，学校的责任是培养和教育。但却没有做到民族文化与校园文化的协调性，许多学生都是少数民族。学生在村寨中、在家庭里接受的是民族文化的教育，在学校里接受的是完全单一化的教育，没有一点民族的东西，这如何让民族地区的学生去完全认同和接受？

（二）家庭原因

民族地区的学生大多生活不富裕，条件艰苦，学习基础薄弱，对学校知识没有兴趣。"劳工阶级学生所寻求的是务实运用导向的知识与技巧，而非学校所

---

① 张学敏，贺能坤. 民族地区农村初中学生辍学现象透析——基于西藏A县的调查［J］.
广西师范大学学报（哲学社会科学版），2010（4）.

要传递的'学术性知识'。"① 为了生活，为了养家糊口，民族贫困地区的孩子从小时候就开始面对生活的困难，所以学生以及学生家长更关心更喜爱的是实用性教学。再加上民族地区学生家长的受教育水平大多都有限，观念会随着生活阅历改变。以前我们经常听到的"只要你考上大学砸锅卖铁也要供你读书"，这只是针对学习成绩好的孩子。但对于学习成绩较差没有学习兴趣的学生，家长在看到升学无望后，认为在学校里也是浪费时间，还不如早点出来打工，可以挣钱补贴家用。再加上有"农村大学生找不到工作，大学生工资还不如农民工"的类似新闻层出不穷，加深了家长对于学生"读书不如打工"的落后教育思想，在这方面家长也就支持自己成绩不好的孩子辍学出来打工或回家帮忙做农活。

（三）社会大环境原因

在城镇化浪潮的冲击下，那些早早辍学的孩子，认为上学辛苦，看不到希望，选择外出打工，虽没有文凭，却依然能够赚钱养家。他们在经济上能够自主和自由，在生活物质上能稍优越于同伴，现在的大部分村民也都普遍认为，上学能否找到工作也拿不准，不如早早辍学出去打工赚钱。

**四、民族贫困地区防范辍学的思考和建议**

2015 年红河州初中辍学率达到了 1.58%，其中屏边县、元阳县、红河县、金平县这些民族县区的辍学率都在 2% 以上，民族地区学生辍学的问题严重，ST 乡亦是如此，要加快经济建设，就必须把教育问题当作一个大事来看，不管是政府还是学校都要高度重视对学生辍学问题的解决。

（一）政府层面

政府工作中必须把教育问题当作重点问题来解决，加强对义务教育的宣传力度和监督。民族地区的村民获取信息的途径较为单一，法律意识淡薄的现象普遍存在。因此，应加强相关法律的宣传，积极利用乡镇上的宣传标语以及广播等手段向村民灌输法律知识。

（二）学校层面

1. 开展动员辍学学生返校工作

学校与村委会合作，积极主动地参与到动员辍学学生返校的工作中来，并

---

① 姜天辉. 资本社会中的社会流动与学校体系——批判教育社会学的分析 ［M］. 台北：高等教育文化事业有限公司，2002.

且要支持辍学学生返校，努力做好辍学学生返校后的思想工作，关心他们的生活和学习。

2. 关心学习困难、可能辍学的学生

积极了解开导学生，清楚学生辍学倾向的动机是什么，从原因去找解决的方法，从根本上解决辍学问题。适当修改关于因辍学学生对班主任的奖惩制度，教师工作本来就辛苦，特别是班主任工作，班主任在辍学学生身上花了大量的时间和精力，最后不仅学生没有留住，而且学校还因为辍学学生对自己进行一些惩罚，这样的结果会导致教师对学校心寒，逐渐对学校丧失信心，对辍学学生不抱希望。

3. 学校教育内容与民族文化适当融合

编写校本课程增强与学生的民族文化交流，把民族文化融入校园文化。不仅需要学生来适应学校教育，学校教育也应该主动去适应地方民俗，让民族地区学生更加喜爱学校教育。

4. 提高民族地区学生的学习动机

首先帮助学生设置学习目标，这里的学习目标并不只是给学生"好好学习，天天向上"类似抽象的口号，而是设立明确具体的学习目标以及给学生达到目标的方法，让学生清楚学习是为了自己幸福的生活而不是帮他人学。其次学校应该真正体现学生的主体地位，树立学生学习信心，在教学工作中多给学生鼓励，不打击学生学习兴趣，让学生在主观上觉得只要自己努力就可以学得好。最后可以设置一个适合学生学习的榜样，学生也可以有自己的偶像，通过学习榜样身上好的精神来激励自己。引导学生观察优秀人物或是身边优秀的同学，学习他们身上努力进取的拼搏精神。

# 第七节　云南民族地区教育均衡发展：内涵新释与思路重构

教育均衡发展是当前国家基础教育领域的重点政策，也是近些年的社会热点。随着政府的强力推进，全国大部分地区已基本实现县域内教育均衡，但受制于一些特殊地区的特殊情况，教育均衡已经全面实现的说法还为时尚早。本节研究的主题是多民族聚居地区基础教育如何可能均衡发展，以很少被关注的地处西南边陲的云南民族地区的教育均衡发展问题为分析个案，试图探索切合多民族聚居地区现实状况的教育均衡发展之路。

**一、问题的提出：多民族聚居地区教育均衡发展的现实忧思**

（一）多民族聚居地区教育发展问题的时代和社会背景——以云南为例

云南地处祖国西南边陲，同时又是边境省份。全省总人口 4600 多万，其中三分之一为少数民族人口，是中国境内少数民族种类最多的省份。主要有彝族、白族、哈尼族、壮族、傣族、苗族、傈僳族、回族、拉祜族、佤族、纳西族、瑶族、藏族、景颇族、布朗族、普米族、怒族、蒙古族、独龙族等。他们以大杂居、小聚居的方式生活在云南各地，这些民族同汉族一起，创造了光辉灿烂的中华文化，是典型的多民族聚居地区。

中华人民共和国成立前，云南民族地区由于受到历史与现实中各种因素的制约，经济发展程度低，社会发育程度不够，教育水平也非常落后。白族、回族、纳西族等由于与汉族杂居，受汉族文化影响深，教育条件相对较好，教育水平也较高。但其他大部分民族由于生活的自然条件落后，发展水平都不理想，一些居住在边远高寒山区的民族在中华人民共和国成立前还处于刀耕火种、没有文字的时代，教育状况也非常薄弱。那里的人们几个世纪以来基本延续着祖辈传统的生产生活方式。

当前，在党中央的各项政策扶持帮助下，民族地区获得了极大发展。但由于各个民族生活的地理条件、文化历史、生活方式等的不同，其发展程度很不均衡，例如与汉族比较接近的白族、纳西族、回族、蒙古族等，其发展水平跟汉族相似，处于经济和社会发展水平较高的位置。但更多人口较少的民族，一般居住在高山峡谷中（云南国土面积中94%都是山区），交通极其不便，人口分布稀疏，教育条件不佳，虽多方扶持照顾，社会发展水平仍然不高。这种民族社会和经济发展不均衡的现状直接导致了云南民族地区教育水平和发展程度的相对滞后。

（二）多民族聚居地区教育中存在的突出问题概貌

为了探寻切合民族地区实际的教育均衡发展路径，课题组实地调查了云南若干个多民族聚居地区义务教育的基本情况和实际困境，兹述如下。

云南多民族聚居地区教育总体情况是：集边疆、民族，贫困，山区为一体，云南民族地区自然地理状况相对恶劣，大多数地区都是高山峡谷，盆地（云南称为坝子）很少，交通条件落后，经济发展程度差，社会发育程度不高，学校教育的历史大多比较短暂，致使教育发展状况很不乐观，教育基础还比较薄弱，教育水平相对落后，整体教育质量不尽如人意。

实际调研发现的问题可概括为：1. 少数民族大多集中在山区，地处边疆、生活贫穷、交通不便、民族多样，教育整体情况与城市或东部地区相比差距较大。2. 因历史和现实原因，教育基础差，教育文化贫瘠，教育资源投入相对较少，一些学校还缺少充分的现代化教育条件，不能满足正常开展教育教学活动的需要。3. 因多方面条件欠缺，教育体制的束缚，应试教育的模式制约，教师的教育观念有待更新，一些地区即使政府投入了很多教育经费，充实了教育物资设备，但资源利用效率差，一些现代化设备成为漂亮的"摆设"。4. 因读书无用、厌学辍学、读书致贫等现象，民族地区学生学习基础差，积极性低，流失率偏高。5. 民族地区教育资源配置不够均衡，城乡二元分割现象明显，县城学校明显优于乡村学校，县城学校不断接纳来自乡村的学生，出现大班额；同时，少数民族学生较多的一些村寨学校学生流失严重，办学出现较大困难。6. 双语教育在现有教育模式和考评压力下，未受到应有重视，实际成效不高，学生学习起点落后，大多数学校也不开展与民族文化相关的文艺活动。7. 学校教育与所在社区疏离，课程内容未能考虑民族地区实际生活，学生学习困难，适合民族地区学生的地方或校本教材匮乏。8. 由于政绩的考虑和现实条件的制约，少数地方的主要领导不重视教育；由于教育与实际社会的疏离，读书无用的观念影响下，家长对孩子教育的关心也比较薄弱。9. 民族乡村地区教师工资水平较低，又没有城里教师可能的工资外收入，生活条件不便，职业发展前景窄，这导致一些教师不安心现有工作，再加上忧虑自己孩子的未来教育和生活质量，希望到城区工作的愿望很强烈，教师流失难以遏制，导致优秀师资不断向城区学校集中，城乡教育不均衡状况有加重趋势。诸如此类导致民族地区教育不均衡发展的现象还有很多。

（三）多民族聚居地区教育困境的个案讨论——以云南某边疆县为例

课题组于2015年12月去集边疆、多民族、贫困、山区为一体的红河哈尼族彝族自治州CH县做调研，该县98.5%的人口是少数民族，其中约87%的民族是哈尼族，教育局基础教育科反映的基本情况是：生源持续流失，家庭条件较好的学生从小学开始即到周边现代化程度较高的个旧、建水、蒙自上学，条件一般的也是想办法到县城读书，导致乡下脆弱的教育质量更加雪上加霜，恶性循环。对该县农村学校，政府根据相关政策给予了大量补偿性支持，但即使大量补偿性投入，由于学生的持续流失，资金使用效率极低，资源大量浪费。一些农村校园凋敝冷清，教师教得无奈，学生学习气氛不佳。农村孩子为什么流失？原因是大量农村孩子的家长只要经济条件允许，都特别希望孩子将来能够受到良好教育，上重点大学，毕业后找到理想的工作，但现在很多大学生毕业后却面临失业的困境，这使得部分家长不信任农村学校的教育水平，宁愿多花成本，也想尽一切办法到个旧、建水等教育条件较好的学校就读。

其次，该县哈尼族文化源远流长，是哈尼族的原始聚居地，专门建了哈尼博物馆，对诸如长街宴等民族文化活动比较重视。但调查中，日常生活中的哈尼文化已经逐渐消退。民族文化传承的现实让人忧心，在幼儿园、部分小学还开展少数民族文化传承的活动，但一到初中，几乎全部为升学而努力，尤其是作为民族文化载体的哈尼文字，已经面临失传的风险，哈尼的孩子大多也只是受小时候家庭和社区生活的影响，能够用简单的哈尼语进行交流，但学校却没有相应的校本课程或地方课程来保障孩子通过学习哈尼文字来传承哈尼文化。据老师反映，学校的双语教育仅仅只是过渡，少数民族的孩子由于汉语基础差，刚刚进入学校时还不能用普通话进行交流，因而才需要教师用哈尼语与孩子交流，慢慢让孩子适应普通话后，哈尼语的日常使用就大为减少，仅仅只是在家庭或社区生活中才用得上。由于受第一语言和文化传统的影响，哈尼族的孩子进入学校后大多家庭支持薄弱，学习基础较差，课业很难赶得上，对学习的兴趣也就日渐减退。

最后，据教育局基础教育科介绍，作为教育质量保障的关键，该县优秀教师不断流失，农村教师流失率尤其高，严重影响学校主持秩序，流失途径大多是考取外地公务员和事业单位，一些教师宁愿工资低，也希望来到县城或周边市县工作，因为在乡下学校当老师，部分教师觉得非常郁闷，不仅生活枯燥乏味，学生教不会、不愿学的现实更让人非常纠结，学校管理时常不能以人为本。家长也由于自身文化限制，时常难以配合学校的教育工作，教师考虑到个人未来和孩子的教育，就倾向于选择远走高飞，这在外地籍贯而来该县工作的教师中相当普遍。这导致乡村学校教师流失率高，致使在岗教师工作量极大，压力重，身兼数任，所教科目时常与所学科目脱节，学校正常工作仅可勉强维持，教育质量保障非常困难。

## 二、研究云南民族地区教育均衡发展的重要时代意义

总体而言，尽管教育均衡发展的研究是当前学术界的热点，研究成果非常丰富，但关于民族地区教育如何均衡发展的研究很少，关于云南民族地区教育均衡发展的专项研究就更加薄弱了。但是，实践中由于党中央、国务院的高度重视，云南省各级政府已经在强力推进教育均衡发展。云南总督学廖晓珊在《强化教育督导确保如期实现义务教育均衡发展年度目标》中指出："云南省义

务教育发展整体水平还比较低，尤其是在推进均衡发展方面差距巨大，要达到国家要求，形势异常严峻，目前，工作处于全国末位"① 云南省副省长高峰《在全省教育工作会议上的讲话》中明确提出"推进义务教育均衡发展""提升边境、民族、贫困地区教育发展水平"，云南省教育厅副厅长邹平在《努力开创云南教育"十三五"改革发展新局面》中明确提出"均衡优质推进义务教育发展，进一步强化义务教育均衡发展的工作推进机制"，并以政府文件的方式给出了具体措施。另外，"全省还有60%的县未通过国家义务教育基本均衡评估认定。城镇中小学大班额、超大班额现象突出，全省初中班额达标率仅为41.37%，义务教育信息技术、音体美、英语等学科教师短缺。农村学校教师'招不来、留不住'现象突出"②。这种形势迫切需要研究者能够及时跟进，在调查研究的基础上，提出针对多民族聚居地区的切实可行的相关对策。

为此，需要对教育均衡发展的内涵进行重新解读，对云南民族地区教育均衡发展的相关问题进行深入的分析，反思当前的一些举措，提出加快推进云南民族地区教育均衡发展的新思路和原则，以有益于加快惠及云南所有民族的教育均衡政策的实践步伐。

### 三、多民族聚居地区实现教育均衡发展的起点：内涵新识

基于教育均衡是本研究的核心概念，需要对教育均衡的概念做清晰的内涵界定。最初的教育均衡研究大多认为教育均衡发展就是平均发展、同一发展，资源配置均衡，保障适龄学生受教育权利等③。后来一些学者强调优质和高位均衡，强调教育均衡发展是合格加特色，差异均衡，动态均衡等。

从内涵来看，首先，均衡绝不是一样和平均，不是千篇一律，没有差别，而是一种各得其所的"中和"。《中庸》说："中也者，天下之大本也；和也者，天下之达道也。致中和，天地位焉，万物育焉。"由此思考，"中"应该是万事万物的本质规定，"和"是世界上所有事物运转的基本规则。"中和"的教育均衡思想，就是希望教育中的各要素实现其"应得"的状态，错落有致，各得其所，例如每个学生都能够发挥自己的潜能，快乐幸福地学习，健全地发展自己；

---

① 廖晓珊. 强化教育督导确保如期实现义务教育均衡发展年度目标，[J]. 云南教育（视界时政版），2015（8）.

② 周荣. 勇于担当奋发有为努力办好云南各族群众满意的教育：2017年全省教育工作会议工作报告 [J]. 云南教育：视界，2017（2）.

③ 姚永强. 新时期下我国义务教育均衡发展方式的转变 [M]. 北京：中国社会科学出版社，2016：142-145，177.

每个学校都能够自主地开展教育活动，根据学校学生和教师的实际情况，采取合理的教育方式促进学生发展。《中庸》的核心思想是"执其两端"，即所有事物不能走极端，不能把事物的某种状态定位最优从而排斥事物的其他状态，而是求取"中道"，获致事物和谐的发展状态。这种观念体现在教育均衡发展中，要求教育管理部门要尊重学校发展规律，使每个学校能够独立自主办学，而学校教育要尊重学生的天然差异和身心发展规律及其自身发展需求，把培养自由全面发展的人作为教育的核心价值，这种情况下，不苛求学校都要办成优质学校，不苛求学生的所谓考试成绩都要很高，而是追求基于现实可能性的和谐幸福的教育状态，使学校的师生能够享受教育，过一种和谐幸福的教育生活。这种理念尽管太过于理想，但考虑到云南少数民族聚居地区的现状，就会感到是一种对民族地区学校教育的真正解放。很多民族地区的学生学着自己无法学会的课本，尽管教师教书育人费心尽力、兢兢业业，大多数学生仍然无法学会，因而时常感到苦恼和无奈。而面对教育行政部门的考评压力，每个师生又不得不听从各种指令，明明知道教育中诸多不合理的做法，却无力改变。例如，调研中很多一些教师反映，民族地区学生由于基础差，教师很难按照课本中规定的教学进度和要求开展教学，但如果不根据这种进度，则课本规定的知识又无法按上级规定讲完，统一的考试又是针对整本书，这样学生的成绩必然很受影响。而且，一些民族地区学前教育发展滞后，一些孩子未上过幼儿园，上小学时基本行为习惯尚不具备，例如不会单独上厕所，难以做到规规矩矩坐在教室听老师讲课，而是经常打闹等。教师由于受到不许体罚学生的规定约束，往往也不敢批评，因为批评往往会被学生家长指责。这些状况明显反映出民族地区教育的不"中和"，进一步必然导致民族地区教育均衡发展成为难以实现的理想。

其次，民族地区教育均衡发展的核心既然是一种追求和谐的中和状态，就应该充分考虑多民族聚居地区的实际情况，做"合适"的教育。根据教育的核心价值，就是促进民族地区每个学生切合实际的自由全面发展。如何理解民族地区学生的发展，我们可以借鉴阿马蒂亚·森的"实质自由"观，即通过教育，使民族地区学生都拥有过其希望过的美好生活的能力，而不是外在的强加给他们的所谓"美好生活"，是致力于提升学生的自我选择能力，而不是替学生决定未来；是探寻适合学生和学校实际的教育方式，而不是生搬硬套，用统一的标准和模式来要求民族地区的教育。阿马蒂亚·森指出："对发展的分析以个人自由为基本要素"，"根本的问题要求我们按照人们能够实际享有的生活和他们实实在在拥有的自由来理解贫困和剥夺"①，也即"可行能力"来判断。森认为应该以自由能力看待发展，扩展人的实质自由、使人们过上自己期待的生活是发展的首要目的。"发展可以看作是扩展人们享有的真实自由的一个过程。"②

因此，教育对学生发展的价值有没有实现，应该看学生的"实质自由"能力有没有得到培养，学生想要过的美好生活自己有无能力去选择和实现，学生能否成为理想化的"自我"，这样的教育发展内涵才是基于教育的根本目的，才是从教育促进学生内在发展的根本精神出发。这种"实质自由"观的理念符合教育均衡发展的核心指向——促进每个人的自由全面发展。按照阿马蒂亚·森的说法，即"包括免受困苦——诸如饥饿、营养不良、可避免的疾病、过早死亡之类——基本的可行能力，以及能够识字算数、享受政治参与等等的自由"③。这些能够使学生过上美好生活的"自由"在学校教育中应该受到合理的重视。

对于类似云南这样的多民族聚居地区的义务教育均衡发展来说，应该充分调研其实际情况，明晰其存在的问题，有针对性地给予各种补偿扶助措施，为其实质性发展提供恰当的教育资源，满足其实质性发展的需求；同时转变发展理念，从依赖政府的被动发展转向学校基于自身实际的主动发展④，给予学校充分的自主办学空间，提升学校的教育主体地位，让民族地区的教育适合民族地区经济、文化、社会实际状况，切实调动民族地区各个教育主体的积极性和责任感，"以县级政府及教育管理部门、学校和利益相关者等内发发展力量构成发展单元，科学利用本土资源，合理借鉴外来经验，注重特色发展，是实现县域义务教育高位均衡的可行路径"⑤。唯有多方联动，各司其职，共同努力才是民族地区教育均衡发展的根本出路。

### 四、多民族聚居地区教育均衡发展的思路重构

基于以上阐述的教育均衡发展观，实现多民族聚居地区教育均衡发展的具体思路应该有所变革，除改变教育观念、加大政府投入、改善物质资源、提高

---

① 阿马蒂亚·森. 以自由看待发展 [M]. 北京：中国人民大学出版社，2002：89.
② 阿马蒂亚·森. 以自由看待发展 [M]. 北京：中国人民大学出版社，2002：52.
③ 阿马蒂亚·森. 以自由看待发展 [M]. 北京：中国人民大学出版社，2002：62-63.
④ 张茂聪，刘信阳. 县域义务教育优质均衡发展：基于内发发展理论的构想 [J]. 教育研究，2015（12）：67-72.
⑤ 张茂聪，刘信阳. 县域义务教育优质均衡发展：基于内发发展理论的构想 [J]. 教育研究，2015（12）：67-72.

师资水平、开展双语教学、改革管理体制等常规措施外，需要我们采用反思性实践思维，对已有均衡发展思路深入审视。

第一，基于民族地区的现实状况，加大力度对多民族聚居地区教育各种物质投入，这是教育均衡发展的研究中最常见到的策略。但现在的核心问题是，经过多年的努力，民族地区教育资源短缺的状况已经有了很大改善，由于欠缺必要的物质条件而很难开展教育相关活动的时代已经过去，当前更要重视资源投入的实际成效，既要防止资源短缺导致教育质量低劣，更要防止盲目投入，难以利用或毫无必要，资源浪费，效用很低。例如，在调研中发现，一些民族地区的农村适龄儿童大多想尽办法到城区上学，导致新建教学楼和校园过于空旷，很多教室闲置。有老师反映学校配备了多媒体、电子白板、电子教鞭等，但不会或不愿意使用，理由是还得费力气做课件或查找资料等。因此，教育资源投入要切合学校实际，这些资源给予配置时应借鉴关系正义的理念，充分考虑到民族教育主体的实际需要，倾听到他们自己的声音。

合理的做法是在决策讨论和资源配置中采纳关系正义理论主张，重视诸如少数民族这样的差异群体的"声音"，目的在于"消除个体自我发展和自我决定的制度化限制"①。同时，关系正义主张为处境不利的群体实施"特殊代表权"，防止决策制定中可能发生的外部排斥和内部排斥。其建议借鉴审议民主的决策过程之优点，"通过理性、开放、审慎的对话、交流、论辩的过程来确保决策之正当性"② 和关注到"审议实践的文化特殊性"，从而走向差异和容纳式民主，即"所有受问题和解决方案影响的人都能参与和发言"③。决策时考虑到这些因素，可以尽量避免政策实施中的无效或失真，避免公共资源的浪费。在关系正义理论视域下，需要充分考虑到民族地区学校发展中互相制约的各种障碍性因素，依靠多元主体的民主审议，综合地应对学校的实际问题和困难。

第二，切实提升多民族聚居地区教师的专业素养。众所周知，一个学校的教育质量高低，其实不取决于硬件设备的多寡、物质条件的优劣、校园面积的大小等，关键在于这所学校的教师素质和教师能力，以及教师集体所反映出的"精气神"。为促进民族地区义务教育的均衡发展，如何提升教师的素养，提高

① 马晓燕. 多元时代的正义寻求——I. M. 杨的政治哲学研究［M］. 北京：光明日报出版社，2012：184.
② 马晓燕. 多元时代的正义寻求——I. M. 杨的政治哲学研究［M］. 北京：光明日报出版社，2012：100.
③ 马晓燕. 多元时代的正义寻求——I. M. 杨的政治哲学研究［M］. 北京：光明日报出版社，2012：184.

其工作满意度和幸福感，消除其职业倦怠或习得性无助感，就显得尤为重要。据调查反映，民族地区教师"工作压力大，长期超负荷运转，考评压力大，同时工资低、生活极其不便、夫妻两地分居或找不到合适对象、学生知识基础差、学校管理不人性化，领导有时以权谋私"等。这些问题的存在，极大地阻碍了教师的教育情感和教学投入，往往容易得过且过，不思进取，专业倦怠现象比较普遍。这就需要给民族地区每位教师专业发展的平台和机会，提升其专业效能感和职业满意度。其次，要加大教师流动力度，城乡交流、校际交流可以大大扩展教师的视野，接触最新的教学理念和教学方式等。最后，为了民族地区能够留住优秀教师，建议施行一些额外补偿和扶助措施并加大政策扶助力度，以补偿其牺牲自我生活质量而为乡村教育做出的贡献。例如，给民族地区乡村教师额外生活补贴、发放乡村补助、职称评定中降低要求、增加指标，工作满年限后给予特殊荣誉等。另外，可以尝试在民族地区招收免费定向民族师范生，毕业后回原所在民族地区担任教师，这样文化和生活适应问题容易解决，教师队伍会更加稳定。

第三，建构多样性的包含民族文化内涵的课程体系。民族地区拥有不同于汉族的一些独特文化。"少数民族在长期的劳动以及生活中创造了丰富多彩的文化，形成了本民族的语言、风俗、节日以及艺术和音乐。这些文化有别于汉族文化。"[1] 长期生活在本民族文化中，使得民族地区的孩子学习以汉语为主的课程知识比较困难，一些孩子上小学还不会说汉语，没见过我们生活中习以为常的超市、银行、火车等现代化物品，也由于很多孩子没有条件上幼儿园，未受到学龄前良好行为习惯的前期培育，致使入学时不能适应学校班级授课制的要求。这种情况导致了民族地区教育质量的貌似落后。但从不同角度分析，恰恰反映了以统一的课程学习为评价标准对少数民族学生的不公平，试想如果以少数民族文字作为课程的编纂语言，让汉族学生学习少数民族文化，就会导致完全不一样的结果，本民族的学生绝对是学习本民族文化的优胜者。所以，改革民族地区教育中的课程设置，调整某些不切合学生原有文化基础的课程内容，加强现有课程体系中的民族文化元素，增设一些符合地方民族文化特色的课程，提升课程对本民族地区经济、文化、社会等的反映程度，促进当地社区和家庭对学校教育的支持度，是提高民族地区教育质量的根本之路。

通过调查研究和深入思考，我们深切地认识到多民族聚居地区教育均衡发

---

① 余海波. 民族文化对少数民族学生学校教育的影响［C］//原一川. 中国—加拿大民族与文化多元性比较研究. 上海：上海交通大学出版社，2012：118.

展中存在的种种问题，这些问题的产生根本上是特殊的地理条件、落后的经济状况、贫困的生活、薄弱的文化在教育中的反映。对于推进多民族聚居地区教育均衡发展这个重大的教育事业来说，充分考虑其推进的复杂性和艰巨性是必要的，做"适切"而"中和"的教育是民族地区教育质量提升的基本途径。其最终完成需要政府主导和自我努力基础上的全社会协同推进，在经济、文化、交通、观念、管理等社会要素共同发展中实现多民族聚居地区教育均衡发展。

多民族聚居地区教育存在诸多问题和困境，这些问题的解决需要重新审视均衡发展的内涵，把其理解为"中和"的发展，做"适切"的教育，指向促进民族地区学生"实质自由"的扩展。正是基于此，以云南多民族聚居地区实地调研为基础，课题组认为推进多民族聚居地区教育均衡发展需要反思性实践思维，充分考虑民族地区特质，从而走向真正适合民族地区需求的均衡发展之路。

# 第四章

## 宏观视野：基于实证的云南教育均衡总体状况分析

本章从实证角度，首先以教育均衡发展数据指标为依据，从云南与其他省份教育状况的比较揭示云南教育 2015 年在全国的发展水平，省内则以升学率、毛入学率、生师比、教师合格率及少数民族教育均衡等维度来分析云南各州市基础教育的均衡状况。经过宏观比较与分析发现，云南近几年教育事业虽然在快速发展，但是各州市差距大，民族地区教育还存在诸多困境，基于此提出了一些改进建议。然后，研究者设计了针对云南民族地区教师的调查问卷，进行了适当的访谈，做了相关数据统计分析，试图探索民族地区教育如要实现均衡发展，从师资的视角观察，从教师队伍状况、教师态度和意向、岗位稳定性、工作中的困顿、教师对民族学生学习归因、刻板印象等维度展开分析讨论，揭示在均衡发展背景下，作为主要指标的民族地区师资队伍均衡面临的主要问题和可能的解决途径。接着，对民族地区教育均衡发展的主要障碍性因素进行了分析。最终在以上分析的基础上，对云南民族地区教育水平落后、发展不均衡的原因进行了梳理，并就如何破解教育均衡发展的困境提出若干对策建议。

## 第一节　云南各州市基础教育均衡发展整体状况

云南作为集边疆、民族、山区为一体的典型省份，长期以来给人们贫困落后的印象，近几年包括教育在内的各项社会事业发展都获得了巨大成就，但与全国其他省份相比仍比较落后。教育均衡发展在中东部很多地方已基本实现，在云南却不容乐观。本节根据云南省教育事业统计（2013—2016）和全国教育事业统计官方数据的统计数据，主要对云南各州市基础教育均衡发展和云南教育落后存在的问题做深入分析，从而为改变云南各州市基础教育的不均衡、促进宏观层面的云南教育均衡发展提供一些参考。

**一、云南基础教育发展成就**

总体来看，2015 年全国小学净入学率是 99.79%，云南省是 99.68%；全国初中毕业生升学率是 88.62%，云南是 85.7%；全国高中阶段毛入学率是 84.0%，云南是 80.1%；全国高等教育毛入学率是 36.9%，云南是 30.2%，以上数据基本可以看出云南教育水平已非常接近全国水平，但一些数据显示相对全国仍然滞后。

**（一）云南小学教育事业的发展**

2015 年教育事业统计显示 2015 年小学教育升学率为 97.20%，相对上一年增长了 0.26%。2013 年至 2015 年，小学升学率呈上升趋势。（以下图表数据均来自云南省教育厅 2013—2015 年教育事业情况统计。）

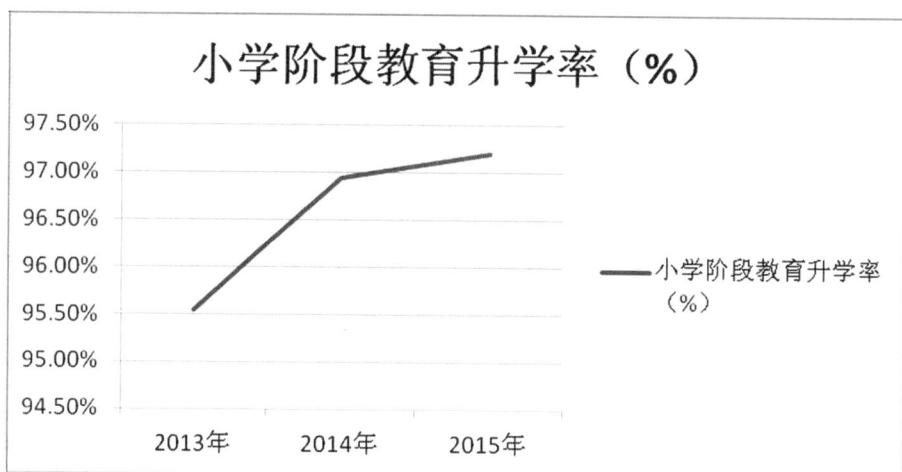

图 4-1　云南各州市普通小学教育阶段升学率

2015 年小学专任教师学历为研究生的人数为 454 人，相比 2014 年增加了 28 人；本科人数为 83390 人，相比 2014 年增加 8986 人；专科人数 117630 人，相比 2014 年减少 5647 人；高中阶段人数为 22388 人，相比 2014 年减少 4087 人；高中阶段以下人数为 973 人，相比 2014 年减少了 319 人。由此可以看出小学教师学历水平在不断提升，他们通过在职进修等方式坚持继续学习，不断提高自己的专业水平。

表 4-1　2013—2015 年小学专任教师学历

|  | 2013 年 | 2014 年 | 2015 年 |
|---|---|---|---|
| 研究生（人） | 405 | 426 | 454 |
| 本科（人） | 66520 | 74404 | 83390 |
| 专科（人） | 127937 | 123277 | 117630 |
| 高中阶段（人） | 33547 | 26475 | 22388 |
| 高中阶段以下（人） | 1811 | 1292 | 973 |

### （二）云南初中阶段事业的发展

2015 年初中阶段毕业生学生人数 577192 人，比 2014 年的 567672 人增长了 9520 人，增长率为 1.67 个百分点；2015 年初中升学人数 494833 人，比 2014 年增长了 11246 人；2015 年初中的升学率是 85.70%，比 2014 年增长了 0.5%；2015 年九年义务巩固率 93.3%，比 2014 年增长了 1.1%。数据显示，近年来，云南教育办学效益逐步显现。

表 4-2　2013—2015 年初中阶段情况

|  | 2013 年 | 2014 年 | 2015 年 |
|---|---|---|---|
| 初中阶段在校学生人 | 1873346 | 1897030 | 1893180 |
| 初中阶段毕业生人数 | 625128 | 567672 | 577192 |
| 升学人数（人） | 487056 | 483587 | 494833 |
| 升学率（%） | 77.90 | 85.20 | 85.70 |
| 九年义务巩固率（%） | 91.6 | 92.2 | 93.3 |

表 4-3　2013—2015 年初中专任教师学历

|  | 2013 年 | 2014 年 | 2015 年 |
|---|---|---|---|
| 研究生（人） | 657 | 792 | 982 |
| 本科（人） | 92358 | 96307 | 99613 |
| 专科（人） | 27636 | 24539 | 22463 |
| 高中阶段（人） | 1059 | 794 | 697 |
| 高中以下（人） | 58 | 38 | 18 |

2015 年初中专任教师学历情况显示：2015 年初中专任教师学历为研究生的人数为 982 人，相比 2014 年增加了 190 人；本科人数为 99613 人，相比 2014 年增加 3306 人；专科人数 22463 人，相比 2014 年减少 2076 人；高中阶段人数为 697 人，相比 2014 年减少 97 人；高中阶段以下人数为 18 人，相比 2014 年减少了 20 人。在云南各级政府的帮助下，教师人数当中高学历的人数越来越多，低学历的人数在不断减少，教师的质量在不断提高。但云南仍要着力于提高教师队伍的素质，因为一部分人员是非师范类专业毕业的，且专业对口比例低、缺乏课堂教学经验，影响教师的教学水平和整体素质。

（三）云南普通高中教育事业的发展

2013—2015 年高中学校数一直呈上升的趋势发展，2015 年高中校数有 465 所，相比 2014 年增加了 19 所，增长率为 4.26%。学校数的增加让更多的人有了就读高中的机会。大力发展高中教育，是破解很多地区高等教育瓶颈，提升高等教育毛入学率的基本途径。

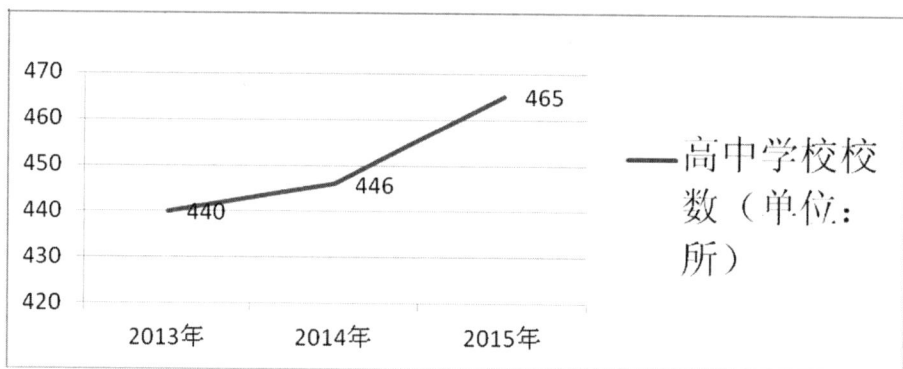

图 4-2　2013—2015 年高中学校数（所）

2013—2015 云南教育事业统计摘要显示 2015 年高中阶段教育毛入学率是 80.1%，相比 2014 年增加了 4.8%，这个变化表明越来越多的人接受了高中教育，学生受教育年限在不断地提高。

2013—2015 年高中阶段的教育在不断的变化中，根据 2015 年云南教育事业统计摘要可以看出，2015 年高中招生计划完成率为 98.76%，比 2014 年增加了 0.79%。

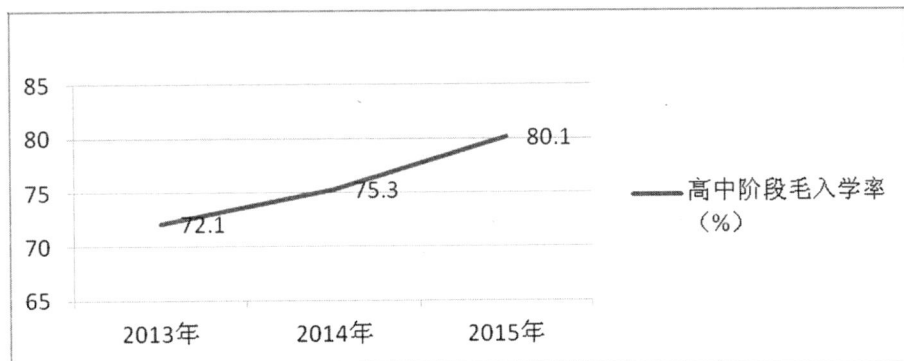

图 4-3　2013—2015 年高中阶段毛入学率（％）

表 4-4　2013—2015 年高中招生计划完成情况

| 名称 | | 2013 年 | 2014 年 | 2015 年 |
|---|---|---|---|---|
| 普通高中招生<br>计划完成情况 | 实招人数（人） | 267407 | 268066 | 274510 |
| | 完成率（％） | 99.93 | 97.97 | 98.76 |

根据图 4-3 和表 4-4 可知，2015 年云南高中招生情况比较良好，更多的学生得到更好的受教育机会。在省委省政府的正确领导以及各部门的共同努力下，近几年云南教育在不断发展，教育条件不断得到改善。

（四）与东部省份的对比

尽管云南教育状况近几年获得快速发展，很多问题在不断化解，但是云南省基础教育水平相对于其他省份来说仍比较落后，特别是与东部地区相比。以下用浙江和山东两个东部人口大省为例来做说明。

表 4-5　2015 年各省基本教育情况比较（％）

| | 小学学龄儿童<br>净入学率（％） | 义务教育巩固<br>率（％） | 高中阶段教育<br>毛入学率（％） | 高等阶段教育<br>毛入学率（％） |
|---|---|---|---|---|
| 云南省 | 99.68% | 93.3% | 80.1% | 30.2% |
| 山东省 | 99.99% | 97% | 97.36% | 48.06% |
| 浙江省 | 99.99% | 100% | 95.9% | 56% |

统计数据表明，2015 年云南省小学净入学率是 99.68%，山东省为 99.99%，浙江省为 99.99%；云南省九年义务教育巩固率为 93.3%，山东省为 97%，浙江

省为100%；云南高中阶段毛入学率是80.1%，山东省为97.36%，浙江省为95.9%；云南高等教育毛入学率是30.2%，山东省为48.06%，浙江省为56%。山东和浙江等省经济相对来说比较发达，在基础教育方面的经费投入也比较多，更容易吸引优秀教师加盟。结果就是，不管是在九年义务教育阶段还是高中阶段、高等教育阶段，这些省份都显著超过云南省，而且这种差距还呈现出逐级扩大的趋势。由此可见，云南省的教育情况相对于全国还是落后的，省域之间的教育均衡发展任重道远，要提高云南教育的发展就必须加快经济和社会发展速度。云南还需在中央支持下不断加大教育投入、加强师资队伍建设、加快学校标准化建设，着力提升教育质量。

### 二、云南各州市教育均衡发展的总体现状

#### （一）云南省各州市教育比较

云南教育总体水平不仅落后于东部地区，云南内部各州市的教育还存在不均衡现象，经济发达地区教育水平一般较好，而经济落后的地方教育水平相对较差。从以下几方面对云南省各州市教育的现状进行对比分析。

1. 基础教育升学率

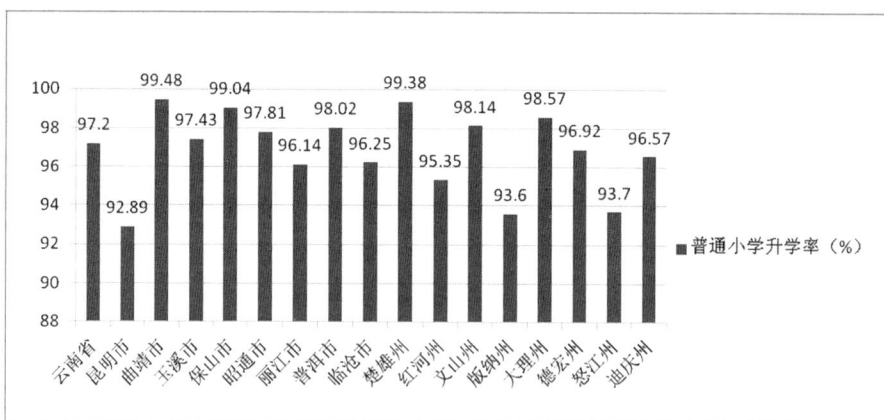

**图4-4　2015年云南各州市小学毕业生升学率（%）**

2015年，全省的普通小学升学率在97.2%，曲靖市小学的升学率最高99.48%，昆明市小学的升学率最低92.89%。全省有曲靖、玉溪、保山、昭通、普洱、楚雄、文山、大理州8个地区高于平均水平，其余8个州市均低于平

均水平。

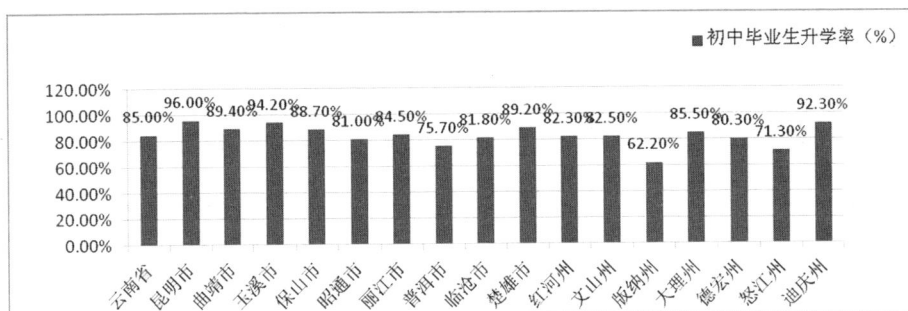

图 4-5  2015 年云南各州市初中毕业生升学率（%）

2015 年，全省的初中升学率是 85.70%，昆明市初中的升学率最高为 96.00%，版纳州初中的升学率最低为 62.20%。版纳升学率低是因为傣族的寺庙教育。版纳州傣族居多，傣族又是一个信仰佛教的民族。傣族男孩很小就被送进寺庙接受教育，接受寺庙教育的男童学习积极性不高，态度消极，厌学、逃学现象比较严重，在人际交往上存在不尊重老师的情况，学生之间的交往上喜欢欺负其他民族的学生，从而导致接受寺庙教育的男童学习成绩低、辍学率高、升学率低①。

2. 云南各州市高中阶段的毛入学率

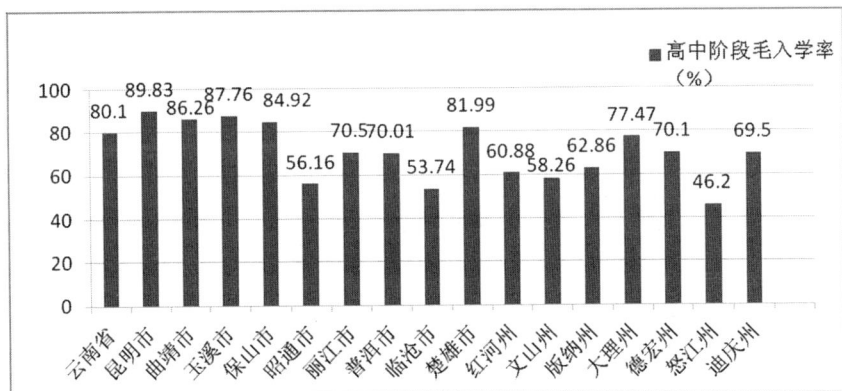

图 4-6  云南各州市高中阶段毛入学率（%）

---

① 陈荟. 西双版纳傣族寺庙教育与学校教育共生研究［D］. 重庆：西南大学，2009：3-5.

从图4-6可见，云南高中阶段毛入学率是80.1%，高中毛入学率最高的是昆明89.83%，最低的为怒江州46.2%，全省有昆明、曲靖、玉溪、保山、楚雄5个地区超过平均水平，其余的都低于平均水平。尤其是地处滇西边境的怒江州由于经济落后，经费投入不足、学校办学条件简陋；教育规模、质量、结构不相协调；教师数量不足等等，影响了怒江州教育的发展，怒江受到中等教育的人相对少，受教育水平还有很大的提升空间。此外，临沧、昭通、文山等少数民族较为集中的州市也与此类似，其高中毛入学率也都低于60%，需要采取措施应对。

3. 各州市教师队伍数量与素质的差距

"教师的数量与素质是影响教育发展水平最关键因素之一。"[①] 一般情况下，教师队伍的学历结构在很大程度上反映了教师队伍的整体素质，采用教师队伍学历结构和生师比这两个指标，来比较云南各州市教师队伍的差距。

根据以下统计数据可以知道云南省小学阶段的生师比为16.80%，昭通生师比最高19.60%，迪庆州生师比最低为11.83%；迪庆、怒江、楚雄、丽江、玉溪这些地区教师的数量相对充裕，昭通、版纳、大理、红河等地区相对缺乏师资。

云南省初中阶段的生师比15.29%，昭通市生师比最高为19.62%，怒江州生师比最低为12.58%，二者相差7.04；云南省高中阶段生师比为15.20%，昭通生师比最高为20.36%，怒江生师比最低为11.68%，二者相差8.68。从小学、初中、高中这三个阶段的生师比看出云南各州市教师数量差距很大，昭通市在小学、初中、高中三个阶段教师的数量都不足。红河州、曲靖市等也需要加强教师队伍建设。

表4-6 各州市、各级教育的生师比（%）

| 地区 | 普通小学生师比（%） | 初中阶段生师比（%） | 高中阶段生师比（%） |
|------|--------------------|--------------------|--------------------|
| 云南省 | 16.80 | 15.29 | 15.20 |
| 昆明市 | 17.83 | 13.65 | 13.39 |
| 曲靖市 | 17.80 | 17.80 | 16.45 |
| 玉溪市 | 14.29 | 13.63 | 14.49 |
| 保山市 | 16.64 | 14.05 | 15.54 |

---

① 田芬. 基础教育均衡发展研究［D］. 苏州：苏州大学，2004：6.

续表

| 地区 | 普通小学生师比（%） | 初中阶段生师比（%） | 高中阶段生师比（%） |
|---|---|---|---|
| 昭通市 | 19.60 | 19.61 | 20.36 |
| 丽江市 | 12.76 | 13.03 | 13.06 |
| 普洱市 | 15.33 | 14.21 | 13.81 |
| 临沧市 | 14.58 | 14.32 | 14.95 |
| 楚雄市 | 13.99 | 14.65 | 14.34 |
| 红河州 | 17.24 | 14.34 | 14.43 |
| 文山州 | 16.77 | 13.71 | 15.52 |
| 版纳州 | 17.94 | 15.30 | 14.38 |
| 大理州 | 17.61 | 15.72 | 13.76 |
| 德宏州 | 15.75 | 13.52 | 14.14 |
| 怒江州 | 13.61 | 12.58 | 11.68 |
| 迪庆州 | 11.83 | 15.12 | 11.18 |

**表4-7　2015年云南各州市基础教育专任教师学历合格率（%）**

| | 小学阶段专任教师<br>学历合格率（%） | 初中阶段专任教师<br>学历合格率（%） | 高中阶段专任教师<br>学历合格率（%） |
|---|---|---|---|
| 云南省 | 99.57 | 99.42 | 97.83 |
| 昆明市 | 99.67 | 99.78 | 98.38 |
| 曲靖市 | 99.75 | 99.6 | 98.26 |
| 玉溪市 | 99.5 | 99.86 | 98.72 |
| 保山市 | 99.81 | 99.77 | 98.77 |
| 昭通市 | 99.49 | 98.21 | 95.42 |
| 丽江市 | 99.33 | 99.6 | 97.86 |
| 普洱市 | 99.55 | 99.56 | 97.44 |
| 临沧市 | 99.59 | 99.22 | 95.41 |
| 楚雄市 | 99.75 | 99.8 | 98.57 |
| 红河州 | 99.36 | 99.64 | 98.27 |
| 文山州 | 99.75 | 99.1 | 98.05 |
| 版纳州 | 99.92 | 99.96 | 97.67 |

|  | 小学阶段专任教师学历合格率（%） | 初中阶段专任教师学历合格率（%） | 高中阶段专任教师学历合格率（%） |
|---|---|---|---|
| 大理州 | 98.8 | 99.49 | 98.06 |
| 德宏州 | 99.94 | 99.81 | 99.16 |
| 怒江州 | 98.76 | 98.35 | 96.76 |
| 迪庆州 | 100 | 99.56 | 97.51 |

总体情况显示小学、初中、高中三个阶段专任教师学历合格率差距不大，从高中阶段教师的合格率来看，临沧、昭通等一部分地方老师的学历还需要提高，教师的素质还需要不断加强。昭通是严重缺乏教师的地区，又是教师学历合格率低的地区，针对这样的地区，首先要加快经济的发展，其次需要重视教师的培训、改善教师的生活环境、提高教师的待遇等。

综述上述各州市小学升学率、初中升学率、高中毛入学率、生师比、教师学历合格率来看，各州市在教育投入、师资、教学质量、学生入学的机会上存在不均衡。经济发达、交通便利的平坝地区教育发展相对比较好，反之，经济落后、交通落后的高山峡谷地区教育发展相对滞后。例如，昆明的经济发展水平较高，人均教育经费是 1917.60 元，教育质量也相对其他州市较好，边疆民族地区经济相对比较落后，在教育上投入的经费比较少，再加上交通不便，基础设施不完善，生活艰苦，这种物质短缺状况会显著影响当地基础教育质量。

在这些简单的数据背后，是各种各样的自然和社会制约因素。例如，由于地域环境的影响和经济发展状况的制约，少数民族地区发展速度缓慢，经济发展相对落后，教育观念淡薄等。少数民族学生越到高阶段人数越少，因为少数民族学生的父母受地区的生活环境、风俗的影响，大多教育观念淡薄、思想观念落后；学生基础较差，在学习上会遇到越来越多的困难，又难以获得及时的帮助，从而导致学生对学习持有消极心态、厌学；在婚嫁方面，云南边疆一些少数民族受婚恋风俗影响，早恋早婚较多，致使一些学生不能接受完整的义务教育，并且对其妹妹弟弟及周边低龄孩子也产生较大的负面影响，这些造成民族地区义务教育"控辍保学"压力增大，教育质量提升面临较多困难；另外，少数民族多半居住在高山峡谷等地区，人口分散，虽然有教学点，但是教学点往往设施简陋、教学设备差，导致教学质量差。针对这一现象，近年来一部分民族地区实施撤点并校，将资源集中在中心学校以提升教学硬件水平，但是又因此导致一部分孩子的家离学校较远，交通不便使得学生上学艰难，不得不过早住校，乃至造成极少数学生辍学，使得撤点并校政策在这些交通不便的地区成为一个两难选择。种种原因综合在一起，不仅导致边疆少数民族地区基础教育发展水平落后，在均衡发展方面也存在种种障碍。

（二）少数民族教育均衡发展状况

表4-8　各级各类教育少数民族在校情况

| | 高等教育 | 高中阶段教育 | 初中阶段教育 | 普通小学教育 | 学前教育 |
|---|---|---|---|---|---|
| 少数民族在校人数（万人） | 23.58 | 39.61 | 66.45 | 154.83 | 44.22 |
| 少数民族学生占在校学生的比例（%） | 27.5 | 30.73 | 35.07 | 38.6 | 34.17 |

根据云南省第六次全国人口普查主要数据公报显示，全省汉族人口为3062.9万；少数民族人口为1533.7万人，占总人口的三分之一。云南民族地区集"边疆、民族、宗教、贫困、高山峡谷和资源富集"为一体，交通不便，贫困面大，扶贫任务重。"由于少数民族大多居住在边远山区，交通不便、经济落后，加上教育发展的历史欠账比较大，教育发展落后。"① 从表4-8可以直观看出，少数民族学生在各级学校所占比例逐渐减少，从小学阶段占比38.6%逐渐减少到高等教育阶段27.5%，反映了少数民族学生尽管享有加分照顾政策，仍然面临竞争不利局面。而学前阶段占比比小学阶段低，又反映民族学生所受学前教育的薄弱，可能部分解释了民族地区学生受教育起点不够理想。在此方面的描述性研究已经不少，此次课题组选择以更直观的量化指标反映这一问题。

1. 边疆民族地区教育发展的落后

根据张谦舵等人的界定，云南省义务教育发展差异系数 $CV$ 是指研究区某一指数的差异系数。$CV = \dfrac{S}{X}$。其中，$S = \sqrt{\sum_{i=1}^{n}(P_i/P_n) * (X_i - \overline{X})^2}$。共分为五个指数值，分别是教育机会指数、教育质量指数、办学条件指数、教育师资指数、教育多样性指数。教育机会指数变量包括小学毛入学率、初中毛入学率、

---

① 彭义敏. 云南边境民族地区义务教育均衡发展研究 [D]. 昆明：云南财经大学，2014：2-3.

小学净入学率、初中净入学率,教育质量指数变量包括小学升学率、初中升学率、小学巩固率、初中巩固率、小学辍学率、初中辍学率,办学条件指数变量包括学校藏书、学校占地面积、校舍建筑面积、危房面积,教育师资指数变量包括小学专任教师数、初中专任教师数、小学学历达标率、初中学历达标率,教育多样性指数变量包括民族学校数、特殊教育学校数。本课题组将云南省各县按照边境——非边境、少数民族聚居——非少数民族聚居、贫困——非贫困这三个维度进行区分,并比较其教育差异系数。这种分类的优点在于清晰可靠,人为性较小。因为无论是边境,民族聚居,还是贫困的区域属性,都有明确的官方界定。而教育差异系数同样来自官方的统计数据,具有较高的权威性与可靠性。

表 4-9　云南省不同维度下的教育差异系数（CV）①

|  | 教育机会 | 教育质量 | 办学条件 | 教育师资 | 教育多样性 | 发展总指数 |
|---|---|---|---|---|---|---|
| 边境 | 0.04462 | 1.04253 | 0.54665 | 0.27377 | 0.99955 | 0.35627 |
| 非边境 | 0.03936 | 0.57934 | 0.88121 | 0.57473 | 1.71367 | 0.65603 |
| 少数民族 | 0.2759 | 0.25225 | 0.47978 | 0.32448 | 0.17578 | 0.19014 |
| 非少数民族 | 0.36067 | 0.15675 | 0.23471 | 0.19166 | 0.2575 | 0.16262 |
| 贫困 | 0.0331 | 0.57053 | 0.85443 | 0.64269 | 1.86195 | 0.63929 |
| 非贫困 | 0.03689 | 0.713 | 0.86326 | 0.46588 | 1.27284 | 0.58343 |
| 区 | 0.03864 | 0.58367 | 0.68213 | 0.45855 | 0.58705 | 0.38327 |
| 县 | 0.03643 | 0.64853 | 0.81919 | 0.57413 | 1.60757 | 0.53733 |
| 129 县区 | 0.03968 | 0.67025 | 0.86708 | 0.56663 | 1.5663 | 0.62532 |

表 4-10　云南省各地州市不同维度下的教育差异系数（CV）②

|  | 教育机会 | 教育质量 | 办学条件 | 教育师资 | 教育多样性 | 发展总指数 |
|---|---|---|---|---|---|---|
| 昆明 | 0.03447 | 1.3449 | 0.47473 | 0.18286 | 1.25363 | 0.41863 |
| 曲靖 | 0.01703 | 0.25735 | 0.51974 | 0.33881 | 1.64736 | 0.56479 |
| 玉溪 | 0.02881 | 0.35377 | 0.43891 | 0.13833 | 1.69189 | 0.54066 |

---

① 张谦舵,等. 云南省义务教育区域均衡发展监测、评价与预警 [M]. 北京:北京大学出版社,2014.

② 张谦舵,等. 云南省义务教育区域均衡发展监测、评价与预警 [M]. 北京:北京大学出版社,2014.

|  | 教育机会 | 教育质量 | 办学条件 | 教育师资 | 教育多样性 | 发展总指数 |
|---|---|---|---|---|---|---|
| 保山 | 0.0276 | 0.18311 | 0.49805 | 0.28666 | 1.58062 | 0.55939 |
| 昭通 | 0.02681 | 0.39419 | 0.96742 | 0.71349 | 1.88245 | 0.84271 |
| 丽江 | 0.0446 | 1.26473 | 0.4456 | 0.14786 | 0.95752 | 0.36996 |
| 普洱 | 0.02675 | 0.3375 | 0.34261 | 0.15723 | 2.00758 | 0.46444 |
| 临沧 | 0.0203 | 0.28643 | 0.30348 | 0.1504 | 1.38653 | 0.36538 |
| 楚雄 | 0.01776 | 0.36727 | 0.84547 | 0.21276 | 2.145 | 0.64642 |
| 红河 | 0.01476 | 0.17919 | 0.38837 | 0.15263 | 0.76473 | 0.2325 |
| 文山 | 0.03205 | 0.9785 | 0.52451 | 0.24018 | 0.40268 | 0.1458 |
| 西双版纳 | 0.0319 | 4.65175 | 0.13922 | 0.12051 | 0 | 0.11374 |
| 大理 | 0.02991 | 0.35089 | 0.46883 | 0.17789 | 0.77084 | 0.22888 |
| 德宏 | 0.05194 | 4.02607 | 0.28433 | 0.15352 | 0.74867 | 1.31772 |
| 怒江 | 0.00845 | 0.17275 | 0.41702 | 0.16442 | 1.4626 | 0.56801 |
| 迪庆 | 0.0376 | 1.34877 | 0.56246 | 0.0929 | 0.75799 | 0.27964 |
| 云南16州 | 0.26406 | 0.67025 | 0.3883 | 0.25621 | 0.22451 | 0.17932 |

**2. 入学机会均衡情况（教育机会指数低水平均衡）**

云南省2016年学前教育在校少数民族占比为35.51%，较之上年增长了1.34%；普通小学在校少数民族占比39.53%，比上年增长了0.93%；初中阶段教育占比为35.81%，比上年增长了0.74%，中等职业教育占比33.21%，其中成人中专连续两年低下；高中阶段教育占比28.72%，比上年下降了2.01%；本科占比23.71%，比上年下降0.21%。从在校生少数民族情况来看，初中以下增长速度缓慢，高等教育以上呈下降趋势。

从表中可以看出，少数民族地区尽管均衡，但却是一种"均贫"现象，比之一些中心地带跨越式发展导致的不均衡现象更为棘手，反映了各种基础不够、发展条件不足的低水平一致。在包括入学机会总体较少，地理阻隔和经济发展代差等问题的影响下，少数民族地区上学难是普遍问题，云南省境内几个边疆少数民族地区基本情况相似，差别不大，这才呈现出均衡。而非少数民族地区既有经济较为发达的地区，也有经济不是很发达的地区，入学机会也都参差不齐，均衡指数所呈现出来的均衡程度就要相对差一些。

其他一些数据也有类似问题，需要深入分析。例如在教育机会指数层面，各市州之间存在较大差距，最高的迪庆州与最低的丽江市之间极差为 4.63280，类级差为 4.61517，CV 为 0.26406。教育机会指数最高的迪庆州，所属县德钦县的初中却只有一所中学，因此提供的是没有对照样本的极端数据，干扰了 CV 的真实表达。这些数据实际上反映了 CV 指数的局限性，因而对于相关数据的多维度解读和调查分析十分重要。

3. 师资队伍力量薄弱（师资指数）

边疆民族地区多是闭塞村落，生活交流多是靠民族特色语言，当地教育质量要想得到保障，必须利用双语特色，融入地方语言文化中去。边疆民族地区教师待遇也存在很大的问题，国家或省委发布的边疆民族地区补助政策多是将重点放于学生身上，从而忽视了边疆民族地区教师的切身利益。如 2017 年《红河州民族教育工作成效明显》中提到的政策与项目均是与学生利益相关，薄弱县高中建设、营养改善计划、补助示范，鲜有提及对边疆民族地区的教师扩大利益的政策与项目。因为缺乏应有的社会支持，致使边疆民族地区的教师生活艰辛，难以长期坚持。边疆民族地区的教育需要大量外来教师来加强当地教师队伍建设，然而艰苦的教学生存环境使这股教学力量在不断流失，再加上外来教师与当地文化之间往往存在差异，仅凭当地教师，又不足以保障教育的质量。同时，这些外来教师的利益得不到切实的保障，致使教师对留在当地工作的前途失去信心。

从差异系数上看，边境地区教育师资差异系数为 0.27377，平均值为 0.88169，表现为均衡程度较好，非边境地区教育师资差异系数为 0.57473，平均值为 1.02773，表现为均衡程度较差。非边境地区的教育师资差异系数显著高于边境地区，说明非边境地区的教育师资发展均衡程度要低于边境地区；少数民族地区与非少数民族地区教育师资均表现为均衡程度较好，但少数民族地区的教育师资差异系数高于非少数民族地区；贫困地区教育师资差异系数为 0.64269，表现为均衡程度较差，非贫困地区教育师资差异系数为 0.46588，表现为均衡程度较好，贫困地区的教育师资差异系数高于非贫困地区（见表4-9）。

实际上，真实情况要比数据反映出来的情况复杂得多，远不是单一参数所能概括。例如本节中所涉及的教育师资差异系数是由小学专任教师数、初中专任教师数、小学学历达标率、初中学历达标率四个数据构成，作为评价教育师资的标准比较粗糙。这种评价标准并未能考虑到现实情况的多变性，如未能考虑到人才流动给边疆民族地区带来的损失。因为教师编制岗位也已经全面实施合同聘用制，提高了教师的流动性，实际导致在同样的数据指标下，能力较高的教师更容易流动到社会经济基础较好的地区，从而造成边疆民族地区优质教师资源的流失。本次调查中，关于特岗教师流动性以及流动意向的调查结果证明了这一点，但这种流失在简单的数据统计中难以反映。因此，不能因为此数据所呈现出来的教育师资均衡问题而盲目乐观，应该理性看待这一数据结果，考虑具体情况做出相应判断。

4. 教学方式传统单一（多样性）

边疆民族地区教育主要以当地教师力量为主，当地教师往往只善于教授基础文化课，难以注重学生的全面发展。与城市地区教学多样化和更多关注学生的个性发展形成较为显著的差异。而且教材主要以全国统一教材为主，这些教材的内容与边疆民族地区的生活相距甚远，难以使当地学生学习并掌握。这些原因综合起来，最终导致越是在少数民族聚居区，越容易出现多样性不足的结果。例如西双版纳州的教育多样性指数为 0，这种情况需要引起重视。

5. 家庭持教育无用论（教育质量）

教育质量差异系数所表现出来的质量不均衡问题，其实不能简单一味地从学校教育上寻求原因，家庭教育也是一个极为重要的客观因素。换句话来说，家庭教育的发展，在一定程度上决定了儿童的早期发展，而学校教育仅仅是社会化发展的一环。在云南省边疆民族地区，家庭教育对教育质量的影响就更为显著。边疆民族地区由于地处偏远、交通闭塞，家长普遍文化水平不高，不具备正确的教育观念，教育方式单一，对于孩子的教育只能寄希望于学校。由于经济不发达，家长大多外出打工赚钱，留守儿童情况愈演愈烈。父母与子女之间由于多种原因可能存在着代沟，家庭教养方式未能与时俱进，不利于家庭教育质量的提高。家庭教育受到方方面面的阻碍，辅导孩子功课的能力得不到提升，制约了孩子的发展，进而在学校的学习生活中难以得到提升，形成恶性循环。也有少数家长教育观念落后，对孩子灌输"读书无用论"等错误观念，致使辍学打工的情况时有发生，个别民族地区还存在"早婚"习俗，更进一步加重了这种困境。

（三）小结：边疆民族地区教育均衡发展水平总体落后

通过将以上数据以及最终官方评估的宏观结果做一个小结性的呈现，可以大体了解云南省边疆民族地区基础教育水平的落后程度，特别是在均衡发展方面存在的问题。

表4-11　云南省中小学差异系数平均数与标准差

| | 小学差异系数 | 初中差异系数 |
|---|---|---|
| 民族 | 0.45776±0.096778 | 0.29129±0.089948 |
| 非民族 | 0.46552±0.080684 | 0.31305±0.076341 |
| 贫困 | 0.46985±0.086388 | 0.29363±0.077734 |
| 非贫困 | 0.45807±0.081690 | 0.32323±0.079087 |
| 边境 | 0.45700±0.059728 | 0.31550±0.049417 |
| 非边境 | 0.46464±0.086233 | 0.30764±0.082187 |

经检验，各条件下，小学差异系数和初中差异系数均无显著差异。

由表4-12可见，在云南省各县教育均衡评估达标方面，少数民族县域通过率58.62%，非少数民族县域通过率64%，前者通过率显著低于后者；贫困县通过率50.63%，非贫困县通过率82%，贫困县通过率显著低于非贫困县；边境县通过率32%，非边境通过率70.19%，边境县通过率显著低于非边境县。

表4-12　云南省各县教育均衡评估达标数①

| | 审核达标 | 审核尚未达标 | 总数（通过率%） |
|---|---|---|---|
| 少数民族 | 17 | 12 | 29（58.62%） |
| 非少数民族 | 64 | 36 | 100（64%） |
| 贫困 | 40 | 39 | 79（50.63%） |
| 非贫困 | 41 | 9 | 50（82%） |
| 边境 | 8 | 17 | 25（32%） |
| 非边境 | 73 | 31 | 104（70.19%） |

对民族、贫困、边疆三种属性的审核达标数字进行列联相关分析发现：非少数民族地区审核达标率（64%）要优于少数民族地区（58.62%）（$X^2 = 27.272$，$p < 0.05$）；非边境县审核达标率（70.19%）优于边境县（32%）（$X^2 = 52.160$，$p < 0.05$）。非贫困县与贫困县审核达标率比率差异显著（$Z = -3.591$，$p < 0.05$）；非边境县与边境县审核达标率比率差异显著（$Z = -3.547$，$p < 0.05$）。

总体来看，虽然云南省16个州129个市县，几乎每年都在加大教育经费投入，进行投资修建教育设施，2016年全省教育支出总计增长13.5%，然而当年

① 数据截止于2017年，数据来自云南省教育厅官方网站。

只有45个县市达到国家规定的义务教育发展基本均衡县评估认定标准。相比之下，只能说明目前的教育经费投入还不足，大部分尚未达到国家标准。

## 第二节　云南民族地区教育均衡发展状况统计分析
### ——来自一线教师的调研报告

我国民族地区由于历史和现实等多方面原因，在教育发展方面面临较多困难，教育发展滞后也持续影响社会发展程度，反过来加重教育发展不均衡的问题。在教育均衡发展的政策背景下，民族地区如何走出教育不均衡发展的困境是现实而紧迫的问题。在多种影响教育质量的因素中，教师队伍状况是根本和核心的问题。基于此，研究者设计了针对云南民族地区教师的调查问卷，进行了适当的访谈，做了相关数据统计分析，试图探索民族地区教育如要实现均衡发展，从师资的视角观察，从教师队伍状况、教师态度和意向、岗位稳定性、工作中的困顿等维度展开分析讨论，揭示民族地区师资队伍建设中面临的主要问题和可能的解决途径。

### 一、调查统计的相关情况

#### （一）对象的选择

通过收集、梳理、分析、提炼相关文献资料，作为研究的理论借鉴。考虑了调研的便利条件，调查成本、调研地的特征后，初步确定了云南边疆民族地区的8个县市作为主要调研地点，另选8个民族地区县市作为次要调研地。重点对当地基础教育系统的一线教师和教学管理者进行访谈，在确定具体访谈对象之后，根据结构化调查问卷进行访谈并填写问卷，或者由于条件限制而直接由被访谈对象填写问卷并邮寄返回。

#### （二）调查问卷编制

调查所用问卷由"配置正义与关系正义双重视阈中的云南民族地区教育均衡发展研究"课题组编制。该问卷结合以往国内相关调查的经验自行编制，内容涵盖教师工作与生活环境，职业生涯状况，教师心理需求与感受，对教育发展的评价与建议等方面，共计28个题项。因教育均衡问题牵涉广泛，开放性较大，问卷并未采用李克特式量化，并且允许访谈对象随时提出补充意见，但为方便统计处理，将其中部分项目量化为数据变量，以A-数字为变量代码，对照情况详见附录。

该问卷针对在云南边疆少数民族地区任教的教师进行调查，地域跨度较大，且调查对象均为一线教师或教学管理者，涉及的信息较为广泛。边疆少数民族地区教师由于在办学条件、学校基础设施、教师福利等各方面受到限制，相对于教育环境较好的地区的教师而言，他们对边疆民族地区教育中存在的问题知道的更加清楚。作为边境教育的一线工作者，他们的意见对教育均衡问题有着重要的参考作用。

由于本问卷涉及地区、教师、学校较多，且均为深入一线得来，真实性较官方统计数字更为翔实，数据的珍贵性不言而喻。调查组尤其重点调研了近年来在教育情况统计报表中排名靠后的民族自治县，如教育机会、教育质量指数上最低的元阳县；在办学条件、师资指数上最低的河口县，均有调查。这些数据为研究边疆民族地区的教育均衡发展问题提供了数据支撑。

（三）问卷发放与回收

问卷由课题组的调研小组深入各民族地区学校发放并现场填写回收，以便保证访谈和问卷解释工作的准确性，最终回收有效问卷共计508份。调研地全部为少数民族较多的云南边疆民族地区，其中河口县16份、红河县41份、金平县109份、元阳县34份、绿春县39份、蒙自市48份、屏边县33份、丽江市22份、禄劝县48份、瑞丽市40份、文山市45份、丘北县14份、富宁县5份、麻栗坡7份、马关县3份、广南县4份。

（四）统计分析

对于问卷中的量化信息，通过SPSS软件对数据进行录入分析，根据实际情况和调查数据相结合，提取出对教育均衡发展问题存在影响的因素；以及其在此问题中所占比重，各个因素之间的相关性，进行统计性分析。另外，此次调查涉及大量具体的个人信息与意见，对于调查对象不愿明确表态的项目，处理为缺失值。

**二、调研涉及的样本地区社会背景和教育均衡现状**

云南省共有8个民族地区和8个非民族地区，地区差异较大，但并不一定体现在所有基础数据方面。例如随着"普九"工作的全面完成，义务教育阶段适龄儿童入学数字已经呈现出天花板效应，但在作为基础教育结果的高中教育阶段，其数据存在显著差别。据2014年统计数据可得，普通高中阶段教育毕业情况为：非民族地区最高为曲靖市，人数为43580人，最低为丽江市7210人；

民族地区最高为红河州，人数为 17095 人，最低为迪庆州 1922 人。普通高中阶段教育专任教师情况为：非民族地区最高为曲靖市 7895 人，最低为丽江市，人数为 1732 人；民族地区最高为红河州，人数为 4564 人，最低为迪庆州 621 人。在各州市普通中学办学条件上，非民族地区中占地面积最大的为曲靖市，面积为 17069.16 亩，最低的为丽江市 4047.12 亩，民族地区中占地面积最高的为红河州，面积为 12801.37 亩，最低的为迪庆州 1541.32 亩。地处云南东南方位的红河州和文山州是此次调查的核心区域，该地区各项均衡相关指数已有潘玉君、罗明东等人做出了量化研究，指出了各县区的均衡发展指数，提出了红河州内部发展相对失衡的结论①。

### 三、调查数据统计分析

（一）调查对象的描述性统计结果

本次调查对象以中青年骨干教师为主，教师平均年龄 35.48 岁，标准差 8.63，年龄分布呈现正偏狭态，符合研究预期。对接受问卷调查的教师的岗位、性别、职称、文化程度进行统计，其结果如图 4-7、图 4-8、图 4-9、图 4-10 所示。

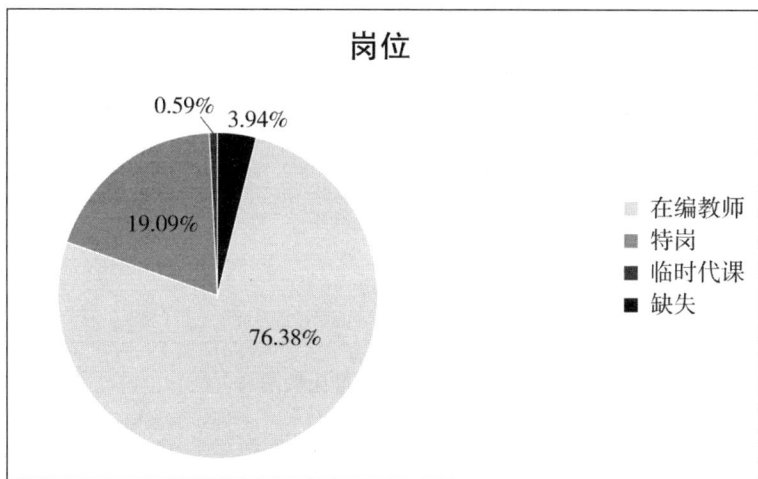

图 4-7 岗位比例

---

① 张谦舵，等. 云南省义务教育区域均衡发展监测、评价与预警 ［M］. 北京：北京大学出版社，2014：54-57，140-143.

## 性别

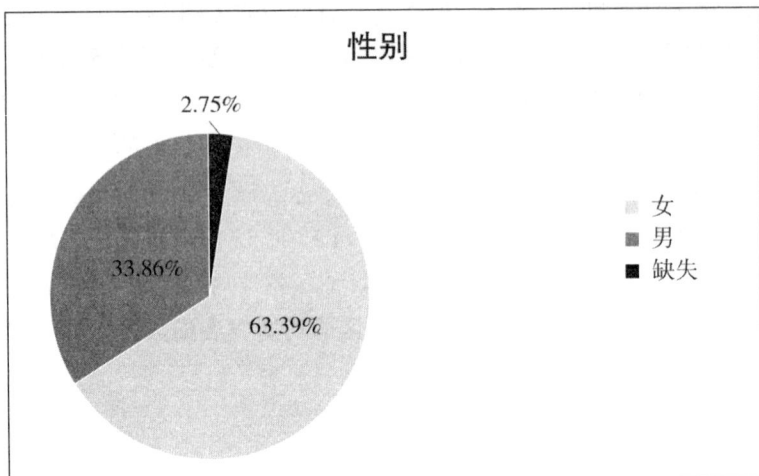

2.75%

33.86%

63.39%

女
男
缺失

图 4-8 性别比例

## 文化程度

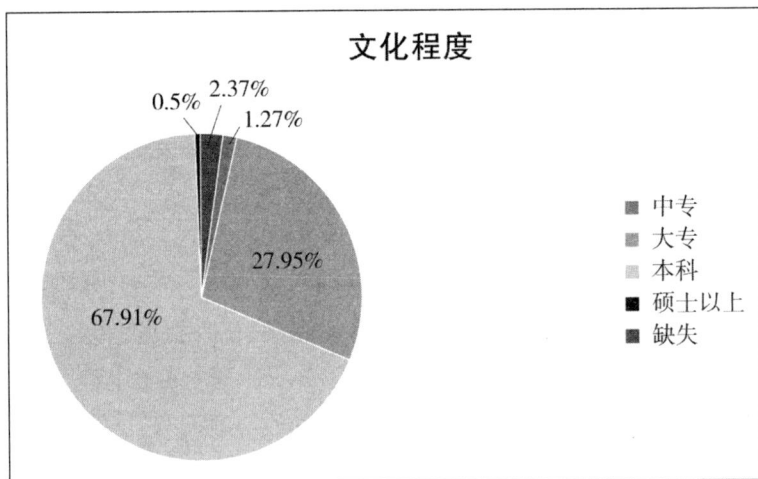

0.5% 2.37%
1.27%

27.95%

67.91%

中专
大专
本科
硕士以上
缺失

图 4-9 文化程度比例图

由图可知：民族地区的教师大多为在编教师，占调查总数的 76.38%，特岗占 19.09%，临时代课占 0.59%。随着国家对边疆地区的教育问题越来越重视，教师的待遇也越来越好，在编教师与特岗教师成为边疆地区教师的主要构成成分。在性别上，女性占 63.39%，男性占 33.86%，在教师的性别构成上，很明显地存在着差异性，女性教师几乎是男性教师的一倍，男女教师的不均衡也是教育均衡问题应该考虑的问题。在职称级别上，最多的为中级，占调查总数的

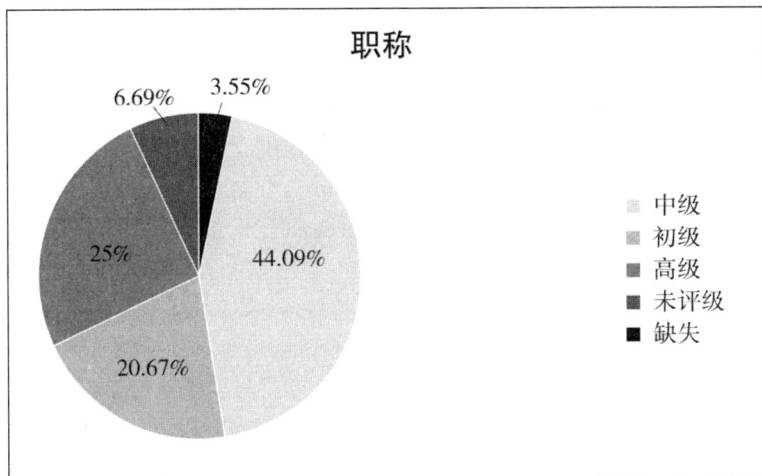

**图 4-10　职称比例图**

44.09%，其次是初级，占 20.67%，高级占 25%，未评级占 6.69%。考虑到我国教师职称评级政策，中级和高级占总数的 69.09%，主要是由于大部分教师在岗位工作的时间在 5 年以及 5 年以上，所以评级大部分在中高级。由于任教时间较长，且任教地区具有特殊性，所以也提高了数据的可信度。在文化程度上，本科占 67.91%，大专占 27.95%，中专占 1.27%，硕士及以上不足 0.5%。就教师的文化程度构成方面，基本以本科学历为主，但与发达地区相比，高学历教师明显数量不足。而且个别受访教师实际来自昆明等教育发达地区，在当地属于临时支边或者短期借调性质。另外，通过访谈，也确实有个别老师通过自己的努力，经过在职进修获得了教育硕士的文凭，除去这些个别案例，边疆民族地区几乎没有硕士及以上学历的教师。

（二）受访教师的职业态度和意向分析

对于重点问题的选择分析来自两个方面的反馈。第一是根据受访教师的意见，鼓励其对于问卷中自己最关心的问题提出看法和补充；第二是结合 SPSS 的描述性统计结果，寻找争议性或者差别性较大的选项。结合这两方面信息，受访教师的职业态度和意向问题在问卷设计中包括职业期望（A24）、教学态度（A25）、住房来源（A34）、工作条件。其中工作条件一项中，又以多媒体教学应用程度（A59）一项最具代表意义。这几个选项不仅受到民族地区教师关注，而且意见差别较大，数据离散程度较高，有必要做详细分析。这几个选项的回答情况见图 4-11、图 4-12、图 4-13、图 4-14 所示。

如图可知，在职业期望方面，成为教育行政领导占 53.74%，其他选项总计占 46.26%；可见，过半的教师职业期望为更高级的领导——而不是有成就的普通教师（期望将高级教师作为职业终点的仅占 12.2%）；而且仍有近半的教师认为，如果存在机会并不会继续做老师；在一定程度上反映出了边疆民族地区教师对教师这份专业技术工作的满意度不高，也部分解释了该地区教师流动性大的现象。该项目与 A23 项目——教师的离职倾向（下面哪句话最能描述您做

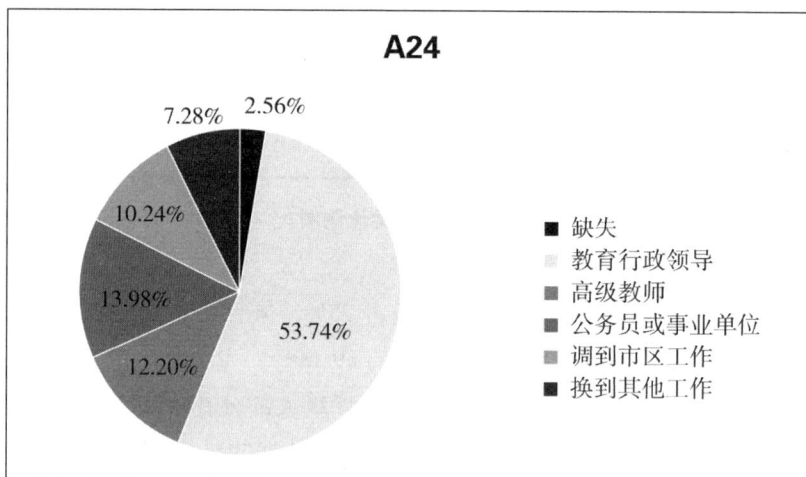

图 4-11　职业期望比例

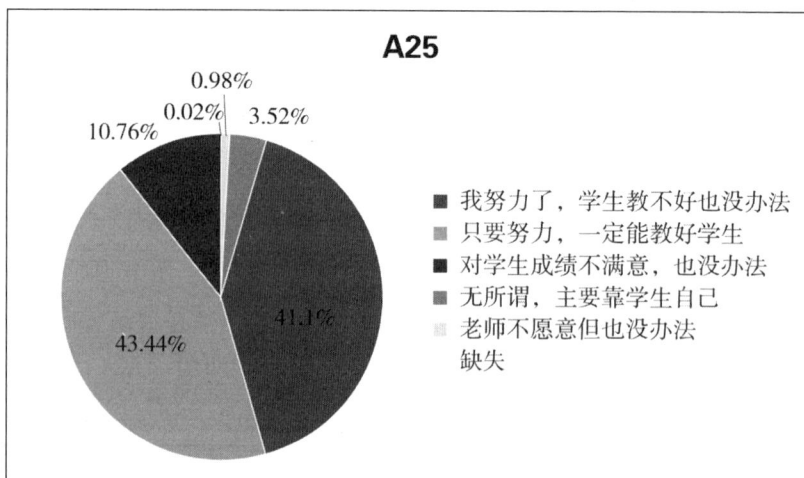

图 4-12　教学态度比例

## A34

4.31%

34.05%

44.42%

11.05%

5.68%

- 自有房
- 学校福利房
- 在外租房
- 学校宿舍
- 缺失

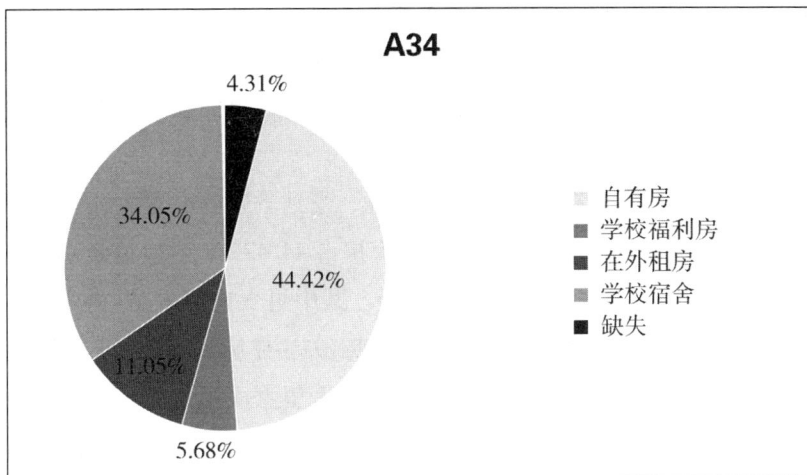

图 4-13 住房来源比例

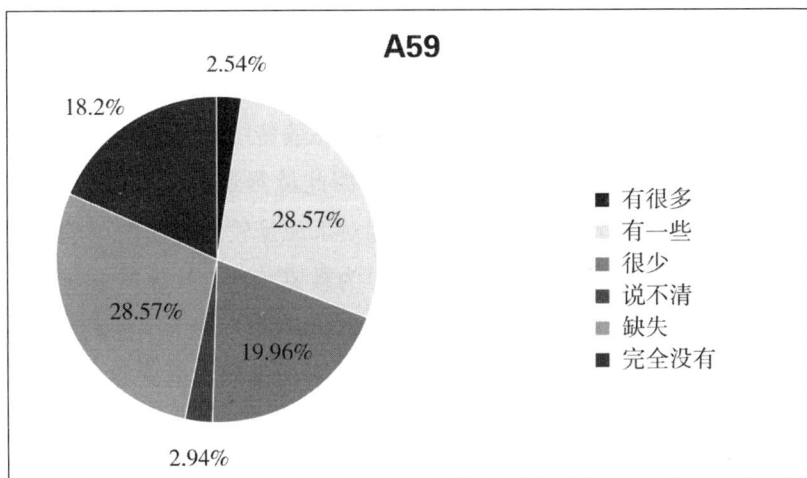

## A59

2.54%

18.2%

28.57%

28.57%

19.96%

2.94%

- 有很多
- 有一些
- 很少
- 说不清
- 缺失
- 完全没有

图 4-14 多媒体教学应用程度比例

教师的感受：A. 有强烈责任感，执着追求；B. 暂时还可以，对工作比较认真；C. 有机会就考虑选择其他职业；D. 很厌倦，不想当老师）具有关联性，即职业期望越倾向于做专职教师，离职倾向越低。在接下来的分析中可以进一步看出，教师不愿详谈的 A23 项目恰恰是教师关心选项的核心项目。

在教学态度方面，该项与教师离职倾向同样具有 0.279 的较高正相关，说明教学态度与职业稳定性有密切关联。但令人担忧的是，只有 43.44%的老师认为努力就能教好学生，而"自己努力了，学生成绩不好我也没办法"的比例与前者几乎持平，加上其他认为教师对于学生成绩没有责任的意见，反映出多数一线教师对于提升工作业绩的无力感和无奈感，这种负面感受可能成为促使教师离职的原因之一。

住房问题作为教师生存状况的直接指标，受到教师的高度关注，是一个值得注意的现象。在 A34 项目的回答中，自有房占 44.42%，学校宿舍占 34.05%，在外租房占 11.05%，学校福利房占 5.68%。其中男女差异显著（$t = 2.57$，$p < 0.05$），在情况反馈中，女性也比男性更表现出关注住房情况，这其中可能存在社会压力和期许，同样也表达出女教师更迫切希望生活稳定。而在与其他项目的关联性中同样可以看出，住房情况与离职倾向存在高达 0.296 的显著相关，即越缺乏自有住房（缺失家的感觉），离职倾向越高。

以 A59 项目（多媒体教学应用程度）为代表的教学工作环境方面，其答案的离散程度本身就反映了边疆民族地区教师所处的窘境。在此项目中，选择"有很多"占 2.54%，"有一些"占 28.57%，"说不清"占 2.94%，很少占 19.96%，完全没有占 18.20%，说明在红河州、文山州等地，多媒体教学的使用状况很不理想，应用十分稀少，教学手段仍然比较传统。但这一因子与教师的职业期望、教学态度等因素的关联并不大，因此虽然是教师着力反馈的项目，但更多属于一种对客观情况的反映，而且相对来说是较为容易解决的问题。与此相对，以 A23 项目所代表的离职倾向则更为重要。它与教师的主观工作态度与感受有高度相关，但受访教师可能因为社会期望的压力，不愿意认为这是值得突出反馈的问题，而更愿意通过其他具体因素表现出自己在这方面的不满。在今后的调研中，有必要专门针对此项重点展开后续研究。表 4-13 是对这四个因子的描述性统计。

表 4-13　描述性统计量

|  | M±SD | N |
| --- | --- | --- |
| 离职倾向 | 1.77±0.861 | 469 |
| 职业期望 | 2.73±1.337 | 498 |
| 教学态度 | 1.81±0.94 | 506 |
| 住房来源 | 2.36±1.373 | 490 |

对四个核心项目进行相关性分析，结果如表4-14：

**表4-14　四因子项的Spearman相关矩阵**

|  | 职业期望 | 教学态度 | 住房来源 | 离职倾向 |
|---|---|---|---|---|
| 职业期望 | 1 |  |  |  |
| 教学态度 | 0.231＊＊ | 1 |  |  |
| 住房来源 | 0.268＊＊ | 0.124＊＊ | 1 |  |
| 离职倾向 | 0.309＊＊ | 0.279＊＊ | 0.296＊＊ | 1 |

注：＊＊置信度（双侧）为0.01时，相关性显著。

如果将教师任教年限等因素结合考虑，则有更加有意义的发现：第一，离职倾向与任教年限呈显著反比关系，达到了-0.353的负相关，从事教师职业越短的青年教师离职风险越大。第二，在教学态度上同样如此，相关程度达到-0.353，也就是说，从事教师职业越短的青年教师，其职业态度越发负面，对自己工作效能的评价越低。第三，任教年限与年龄的极高正相关值得深入分析，两者相关高达0.996，这一数字看似说明教师职业的稳定性，但也很有可能是只有中途离职的教师，而极少中途入职的教师所致，反映出民族地区教师行业整体上缺乏社会吸引力，不是青年考虑就业时的优先选择职业。

（三）与教师岗位稳定性有关的项目情况

优秀和青年教师的从业意愿和在岗稳定性向来是一个地区教育发展前景的风向标，特别是在边疆民族地区教师的稳定性，是决定地区教育均衡发展的要素，问卷对于此方面可能涉及的因素进行了详细探查。

对于教师当前所在教学地区难以吸引优秀人才的原因，问卷提供了六个可能选项，包括：A1工资待遇低；A2地处贫困山区，生活不易；A3学校教育质量不高；A4住房不能解决；A5找对象困难或夫妻分居两地；A6其他。每个选项的选择频率如图4-15所示。

由图4-15可知，在A1上，觉得工资待遇低会导致难以吸引优秀人才的人数为198人，觉得工资待遇低不会导致难以吸引优秀人才的人数为167人；A2地处贫困山区，生活不易会导致难以吸引优秀人才的人数为175人，认为地处贫困山区，生活不易不会导致难以吸引优秀人才的人数为190人；A3学校教育质量不高会导致其离开的人数为61人，学校教育质量不高不会导致难以吸引优秀人才的人数为304人；A4住房不能解决会导致难以吸引优秀人才的人数为66人，住房不能解决不会导致难以吸引优秀人才的人数为299人；A5找对象困难或夫妻分居

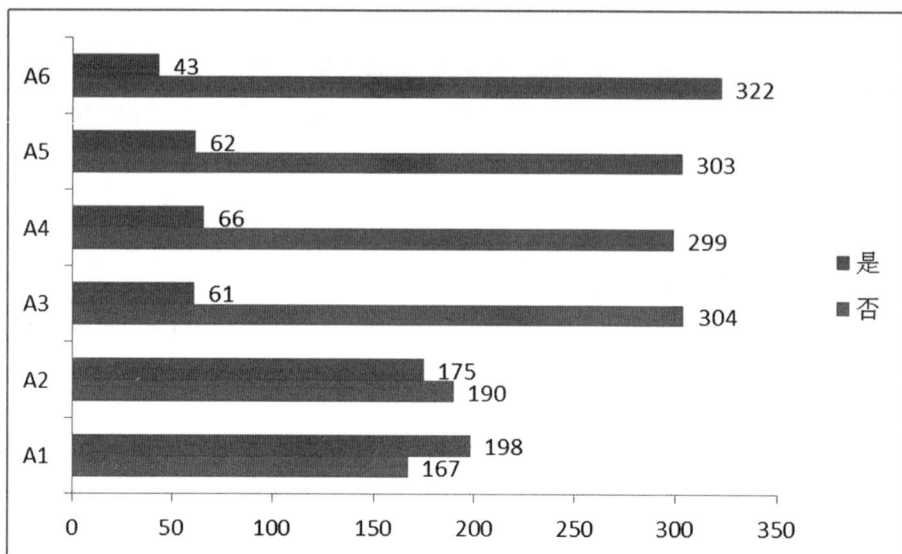

图 4-15 A1 至 A6 选择人数比较

两地会导致难以吸引优秀人才的人数为 62 人，找对象困难或夫妻分居两地不会导致难以吸引优秀人才的人数为 303 人；A6 其他问题导致其离开的人数为 43。

在各项可能导致离职的原因中，工资待遇低是唯一一个占据优势比例的原因（52.8%），这也反映了大部分边疆民族地区教师更加看重工资待遇，保障较高薪资水平是保持教师队伍稳定最重要、最方便的措施，尤其是相对于第二个重要因素：学校所在地区是否交通便利来说。由于基础建设的难度，这一问题的解决并非教育系统本身加大投入即可，然而 47.9% 的教师会因为这一因素产生离职意向，对于交通状况普遍较差的边疆民族地区来说，这是一个比薪资问题更为严峻的考验。相对而言，住房、学校教学质量以及找对象或夫妻分居的问题上相对不那么重要。

对于未来如何进一步提高学校师资水平的措施，问卷给出了四个选项：提高工资，保证较好福利（A11）；加强教师培训，改善教师观念和素质（A12）；增加学校编制，引进更多教师（A13）；减轻教师压力，给老师更多自主权（A14）。这四项中，被调查者的选择如图 4-16 所示。

由图可知，在 A11 项目上，认为应该提高工资，保证较好福利的人数为 196人，未选择该项的人数为 171 人；在 A12 加强教师培训，改善教师观念和素质上，认为"是"的人数为 159 人，未选择该项的人数为 208 人；在 A13 增加学校编制，引进更多教师上，认为是的人数为 80 人，未选择该项的人数为 287 人；

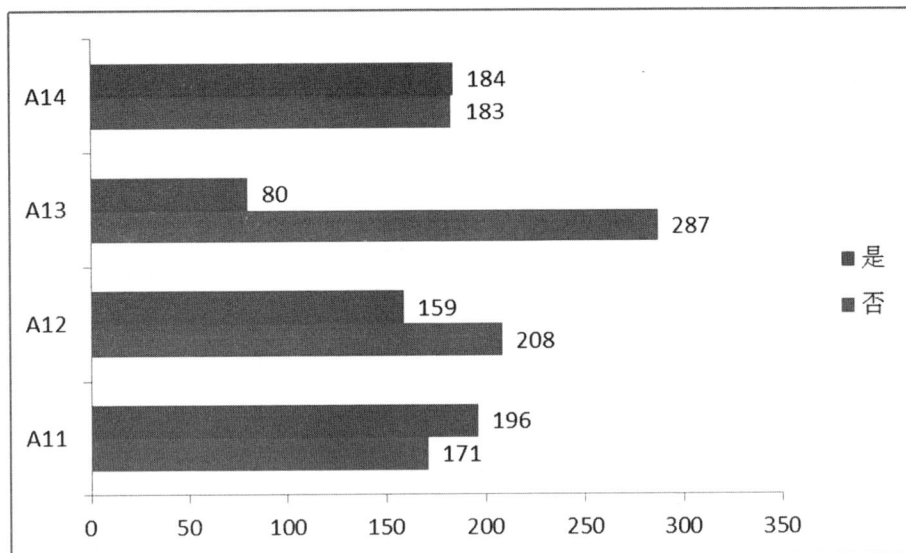

图4-16　A11至A14选择人数

在 A14 减轻教师压力，给老师更多自主权上，认为"是"的人数为 184 人，未选择该项的人数为 183 人。由数据可以看出，在提高工资，保证较好福利的选项上要多于其他选项，这表明边疆民族地区教师希望在物质和心理上的双重需求，即增加客观收入的同时，通过增加自主性（而非减少工作量方面的压力）来减少职业压力。由以上信息可以总结出：薪资、交通便利和工作自主性，这三个因素是维系教师职业稳定性的核心要素。

进一步分析薪资这一核心要素，考察教师对当前工作是否满意这一问题，其结果如图 4-17 所示。

由图可知，"非常满意"和"比较满意"的人数为 4 人和 49 人，占选择总人数的 10.6%；"感觉一般""不太满意"和"完全不满意"的人数为 252 人、154 人、40 人，占选择总人数的 98.4%；而教师的月收入由于部分教师不愿详细透露，因此只统计到 205 人的月收入，YMAX = 2000（元），YMIN = 5000（元），均值 3352.46（元），标准差 706.24。进一步使用 K-S 检验发现，教师收入不符合正态分布，其偏度为 0.529，为显著正偏态。同时还发现，与教师收入相关程度最高的因素是任教时间（r = 0.441），虽然反映了教师收入根据年资稳定增长的规律，但如此之高的关联性也反映出青年教师收入不多的困境。由此可看出，虽然按照当地平均收入水平来说看似薪资尚可，但个体差距较大，低收入教师较多，且青年教师收入不理想，因此最终导致大部分的教师对自己的

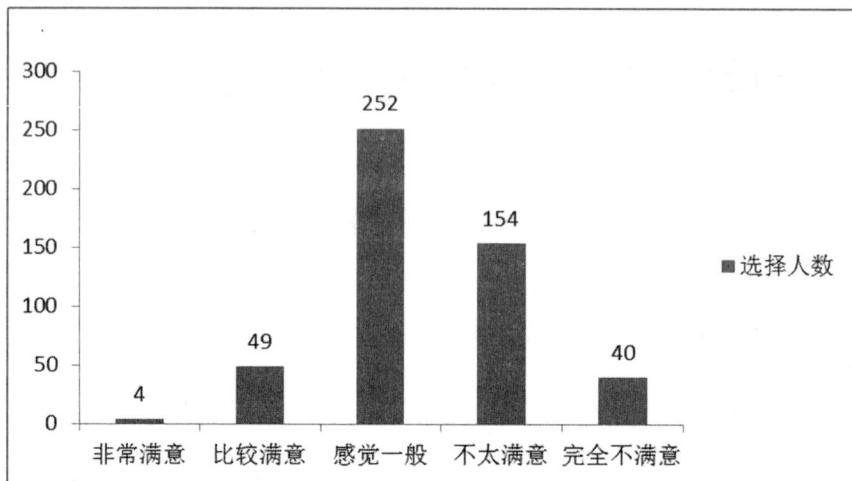

图 4-17  教师月收入

月收入并非十分满意。

在直接询问哪些原因可能导致教师离开学校的选项中，教师表现出一定的顾虑，所有选项均较少有人选择，提示今后类似调查应该采取更加间接的方式进行询问。这些选项包括收入待遇较低（A36）、学校所在地闭塞落后（A37）、职业发展没有前途（A38）、住房不能解决（A39）、家庭生活需要（A40）、其他（A41）。结果见图 4-18。

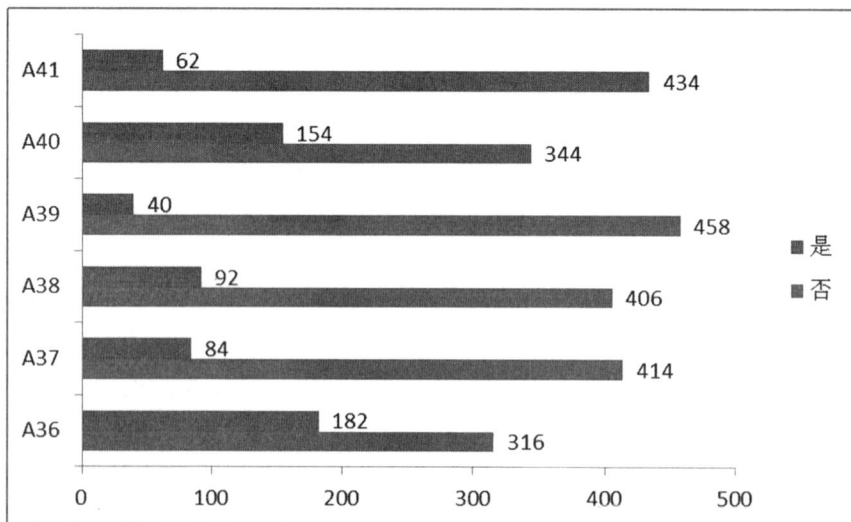

图 4-18  A36 至 A41 选择人数

但在此情况下，仍可以看出薪资待遇在此问题上的核心地位。A36 项收入待遇较低的选项上，选择该项的人数为 182 人，未选择该项的人数为 316 人；A37 项学校所在地闭塞落后选项上，选择该项的人数为 84 人，未选择该项的人数为 414 人；A38 项职业发展没有前途选项上，选择该项的人数为 92 人，未选择该项的人数为 406 人；A39 项住房不能解决选项上，选择该项的人数为 40 人，未选择该项的人数为 458 人；A40 项家庭生活需要选项上，选择该项的人数为 154 人，未选择该项的人数为 344 人；在 A41 项其他选项上，选择该项的人数为 62 人，未选择该项的人数为 434 人。在 A36 项和 A40 项上，选择人数分别达到 36.5% 和 30.9%，人数比例显著高于其他几项。关于住房问题虽然备受教师关注，但并不成为直接的离职原因，不过考虑到住房对于家庭稳定的重要性，是否在当地购房居住仍是一个判断教师在岗稳定性的重要因素。

教师职业成就感也是调查的对象之一，教师在这方面的感受不仅与其从业稳定性有关，也反映了其职业心理状况，进而影响到工作质量。在 A16 受学生爱戴与尊重、A17 工作得心应手、A18 学生有出息、A19 获得奖励与提拔、A20 收入较满意、A21 其他，这几项中令教师有成就感的是哪些，结果如图 4-19 所示。

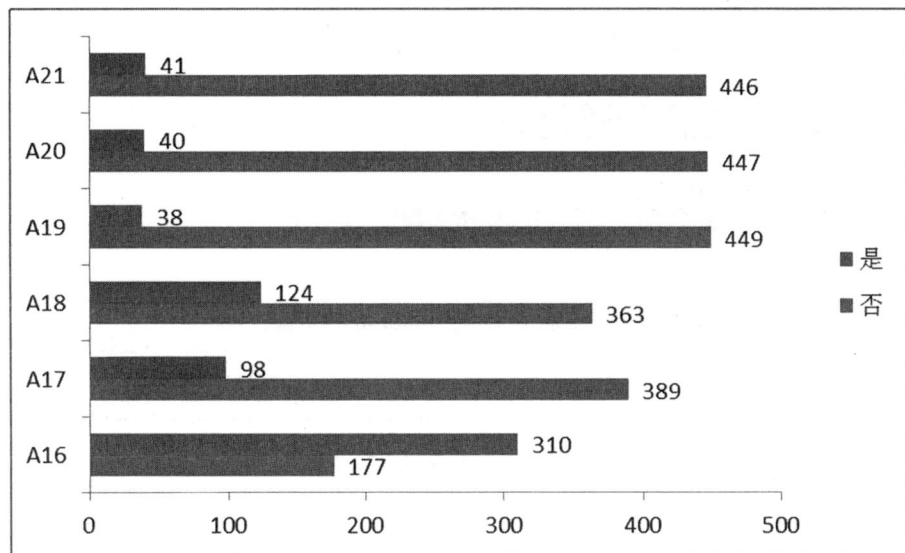

图 4-19　A16 至 A21 选择人数

由图可知，A16 受学生爱戴与尊重上，选择此项的人数为 310 人（63.6%），未选择此项的为 177 人；A17 工作得心应手上，选择此项的人数为 98 人，未选择此项的人数为 389 人；A18 学生有出息上，选择此项的人数为 124 人，未选择此项的人数为 363 人；A19 获得奖励与提拔上，选择此项的人数为 38 人，未选择此项的人数为 449 人；A20 收入较满意上，选择此项的人数为 40 人，未选择此项的人数为 447 人；A21 其他上，选择此项的人数为 41 人，未选择的人数为 446 人。由此可见，受学生爱戴与尊重这项明显的要比其他原因更受重视，也是唯一一项选择过半的项目。这可能与我国传统的尊师重教的价值观有关，但也反映出边疆民族地区教师对于学生未来学业成就的期望不高。

（四）对影响教学质量和工作满意度的原因分析

在对学校教学质量不高的原因分析中，问卷主要提供了五个选项，包括 A26 教师素质和教学能力不高、A27 学校管理水平不够、A28 学校所在环境闭塞，学习氛围差、A29 学校经费缺乏，教学设备欠缺、A30 其他。这几项的反馈结果如图 4-20 所示。

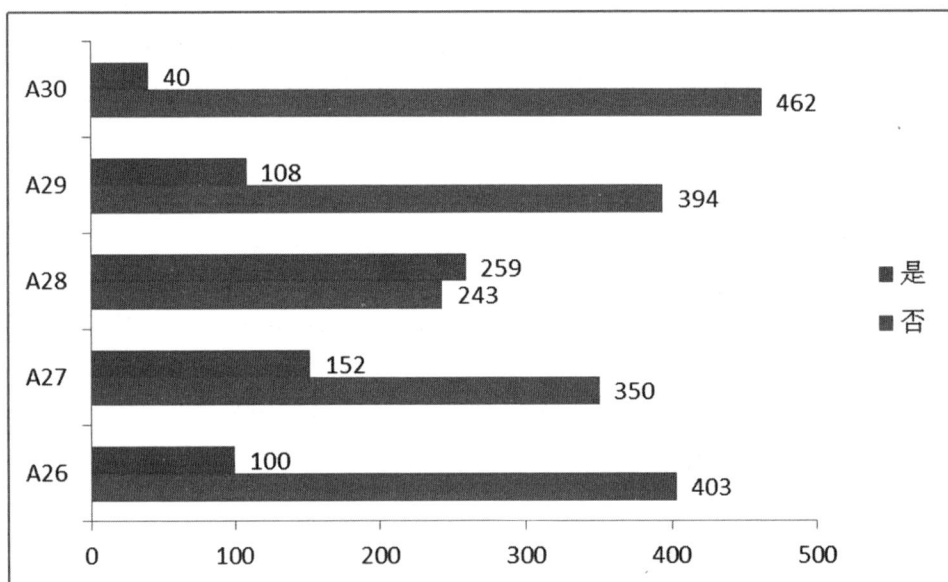

图 4-20　A26 至 A30 选择人数

由图可知，在 A26 教师素质和教学能力不高上，选择该项的人数为 100 人，未选择该项的人数为 403 人；A27 学校管理水平不够上，选择该项的人数为 152 人，未选择该项的人数为 350 人；A28 学校所在环境闭塞，学习氛围差上，选择该项的人数为 259 人，未选择该项的人数为 243 人；A29 学校经费缺乏，教学设备欠缺上，选择该项的人数为 108 人，未选择该项的人数为 394 人；A30 其他上，选择该项的人数为40人，未选择该项的人数为462人。通过以上数据可知，超过半数（51.6%）的教师认为A28项目是影响教学质量的核心原因。然而学校所在环境闭塞，学习氛围差这一描述其实仍然较为宽泛。云南边疆民族地区受经济发展影响，地理和文化两方面的障碍造成了整体社会环境闭塞的背景因素，并非仅仅是教育系统本身的原因造成，此外交通、信息等方面也成为制约教育质量提升的问题。要解决这一问题，显然需要的是社会整体的进步与发展，而教育质量的提升在很大程度上是这种发展的结果，而不一定是原因。

学生就学意愿与学习动机密切相关，也是影响教学质量的重要因素。对于学生是否愿意来上学这个问题，教师的反馈如图4-21所示。

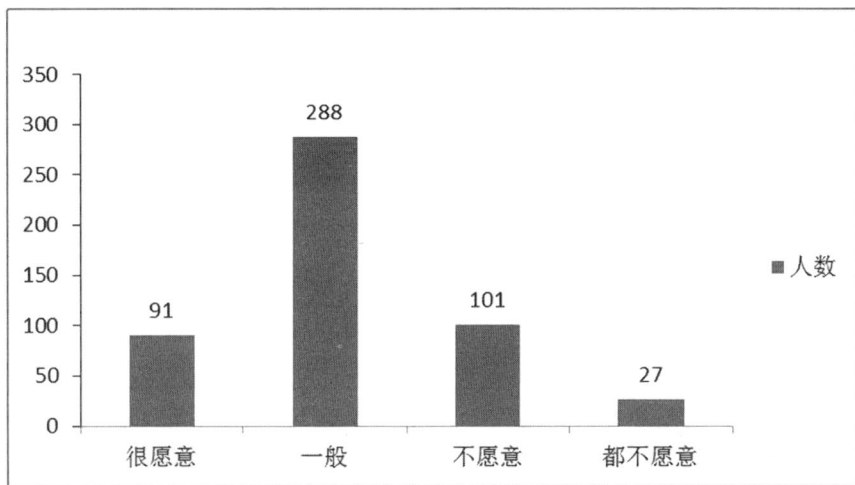

图4-21　学生上学意愿

由图可知，选择"很愿意"的人数为91人，选择"一般"的人数为288人，选择"不愿意"的人数为101人，选择"都不愿意"的人数为27人。从教师的选择性可以看出，大部分教师认为，学生的学习积极性不够高，反映了教师对学生学习基础的判断不够理想。

受访教师对于学校的管理也颇有意见，该问题提供了三个可选项：a. 管理水平很高，很人性化，b. 还可以，感觉一般，c. 管理严苛，不人性化。教师的选择如图4-22。

由此可知，认为"管理水平高，也很人性化"的人数为56人；认为"还可以，感觉一般"的人数为346人；认为"管理严苛，不人性化"的人数为99人。从选择人数可以看出，受访地区的学校管理水平需要进一步提高，管理者

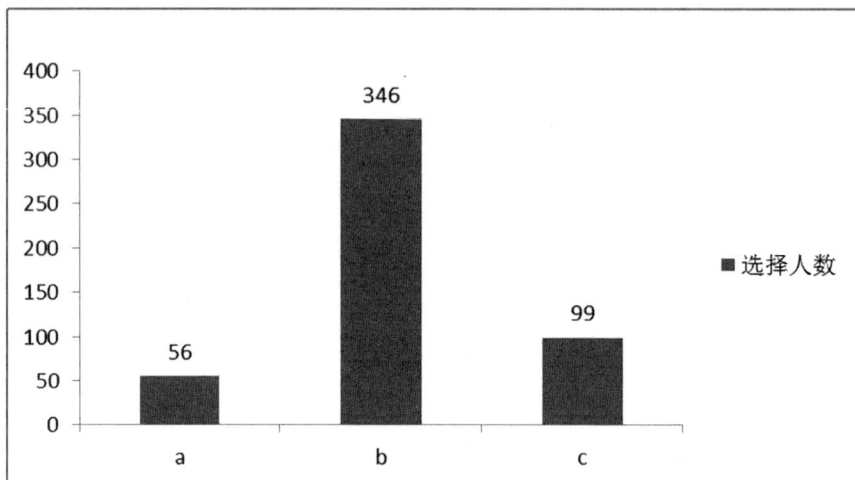

**图 4-22　学校管理水平**

需要反思教师管理方式，提升管理能力。

对于哪些是受到教师关心的问题，调查提供了以下选项：A48 参加学习培训，提高教育教学能力；A49 解决教师住房，解除后顾之忧；A50 工作调动；A51 提高教师工资待遇；A52 其他。结果如图 4-23 所示。

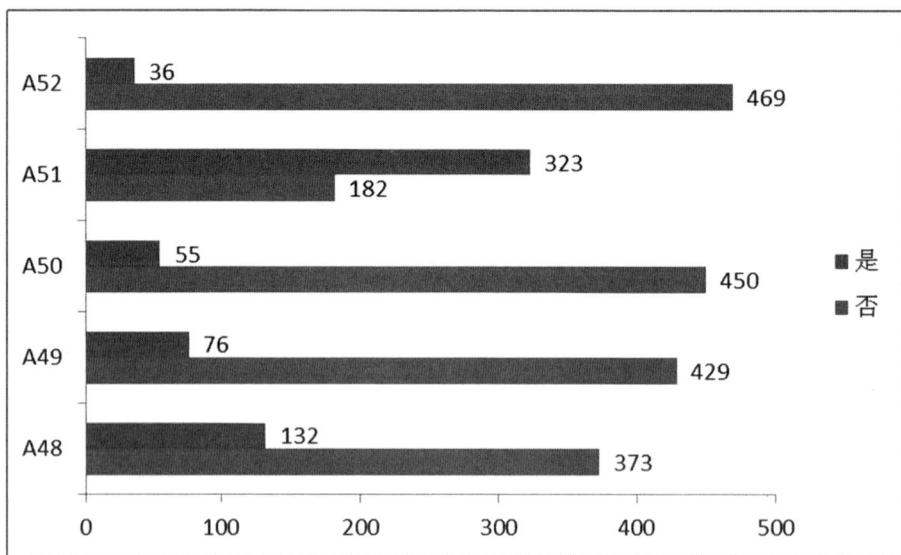

**图 4-23　A48 至 A52 选择人数**

由图可知，选择参加学习培训，提高教育教学能力的人数为 132 人，未选择该项的人数为 373 人；选择解决教师住房，解除后顾之忧的人数为 76 人，未选择该项的人数为 429 人；选择工作调动的人数为 55 人，未选择该项的人数为 450 人；选择提高教师待遇的人数为 323 人，未选择该项的人数为 182 人；选择其他人数为 36 人，未选择该项的人数为 469 人。通过数据可以很明显地看出，教师的注意力依然集中在提高薪资待遇方面，选择的人数比例大大超过其他选项，达到了 64% 之多，甚至超过其他选项选择人数的总和。

在更能反映当前学校的总体工作环境的描述中，其选择如图 4-24 所示。

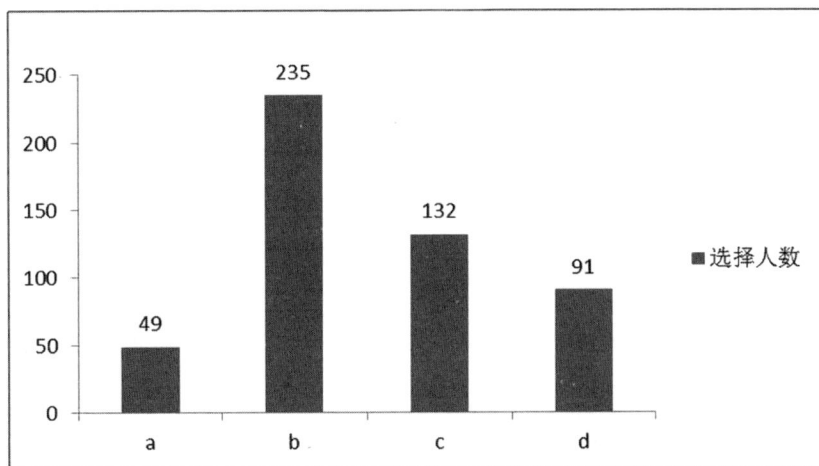

**图 4-24 学校总体情况**

由图可知，选择 a. 平平稳稳、得过且过的人数为 49 人；选择 b. 师生员工相当努力，但办学成效不理想的人数为 235 人；选择 c. 全校团结进取、教学质量越来越高的人数为 132 人；选择 d. 学校缺乏凝聚力，一盘散沙的人数为 91 人。教师对于单位当前总体状况评价尚可。

对于学校使用多媒体、网络资源等现代化教学手段进行课堂教学的使用程度，其选择结果如图 4-25 所示。

由图可知，选择全部使用的人数为 13 人；选择经常使用的人数为 193 人；选择有时使用的人数为 120 人；选择偶尔使用的人数为 37 人；选择不使用的人数为 2 人。

在对"您认为学校教育中实施双语教育与民族文化教育重要吗？"这一问题上，教师的选择结果如图 4-26 所示。

如图所示，选择非常重要的人数为 67 人；选择重要的人数为 227 人；选择

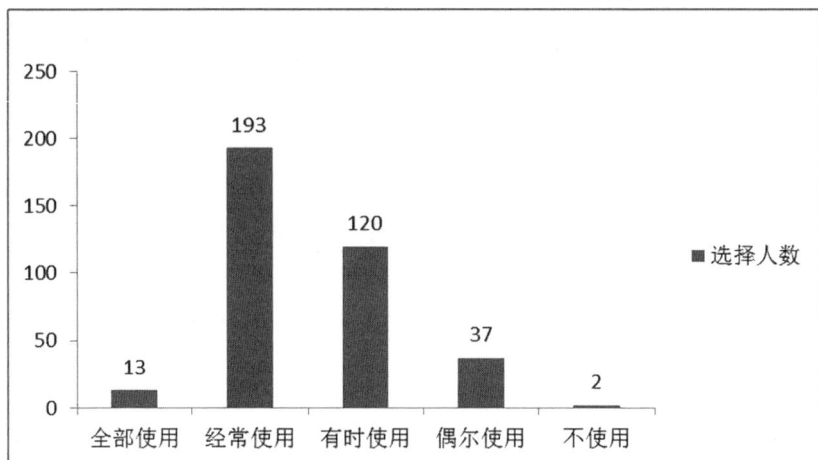

图 4-25　多媒体应用情况

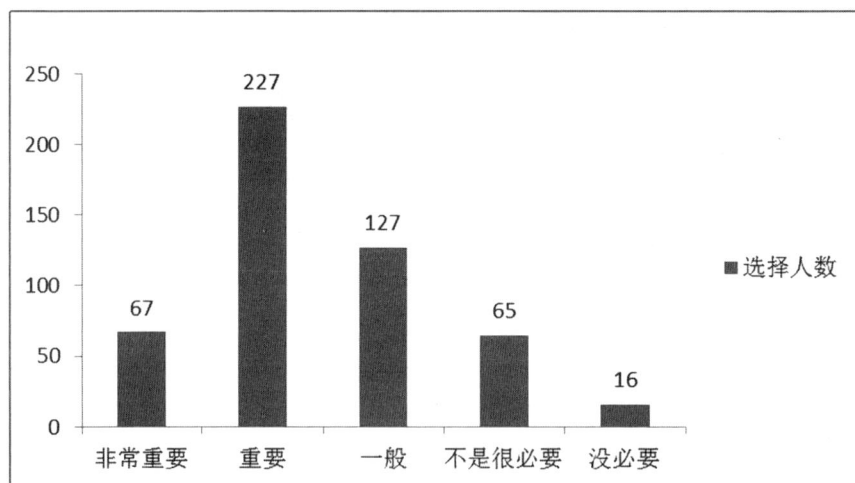

图 4-26　双语教育与民族文化重要性

一般的人数为 127 人；选择不是很重要的人数为 16 人；选择非常重要和重要的人数的累积百分比为 58.6%。虽然看似较高，但考虑到民族地区双语教育重要性已经被强调多年，这一比例仍低于课题组的预期，提示有继续强化和宣传这些民族地区双语教育措施，加强民族文化教育传承理念的必要性。

对于"贵校是否设少数民族文化特色教育（少数民族相关的语言、音乐、诗歌、体育、手工、技能、习俗等）？"这个问题，教师的选择如图 4-27 所示。

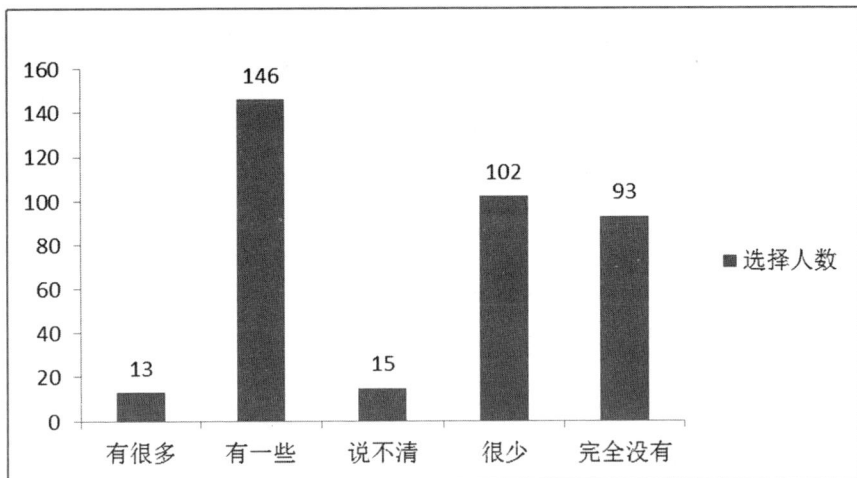

图 4-27 少数民族特色文化教育

由图可知，选择有很多的人数为 13 人；选择有一些的人数为 146 人；选择说不清的人数为 15 人；选择很少的人数为 102 人；选择完全没有的人数为 93 人。其中选择有很多和有一些的人数的累积百分比为 43.1%，选择很少和完全没有的人数的累积百分比为 52.8%。这一结果印证了图 4-20 所反映的问题，基层一线教师对于民族特色文化教育并不重视，这一现象的缘由或许可以从下一个调查项目中找到答案。

在工作的压力来源的问题中，调查提供了以下选项：A61 提高学生考试成绩，A62 工作量大、压力重，A63 绩效考核，A64 适应新课程教学，A65 管理问题学生，A66 家访，A67 缺乏教学经验，A68 其他。教师对这一问题的选择如图 28 所示。

由图可知，选择 A61 的人数为 209 人，未选择该项的人数为 295 人；选择 A62 的人数为 207 人，未选择该项的人数为 297 人；选择 A63 的人数为 102 人，未选择该项的人数为 402 人；选择 A64 的人数为 56 人，未选择该项的人数为 448 人；选择 A65 的人数为 176 人，未选择该项的人数为 328 人；选择 A66 的人数为 7 人，未选择的人数为 497 人；选择 A67 的人数为 34 人，未选择的人数为 470 人；选择 A68 的人数为 18 人如图 4-28，未选择该项的人数为 486 人。总体而言，学生考试分数不佳以及由此带来的教学工作压力，构成了基层教师主要的工作压力源，这样自然能够理解他们为何不重视民族文化相关教育，毕竟由于其不纳入工作考核，不是能够在工作业绩中立竿见影的内容，在教学资源有

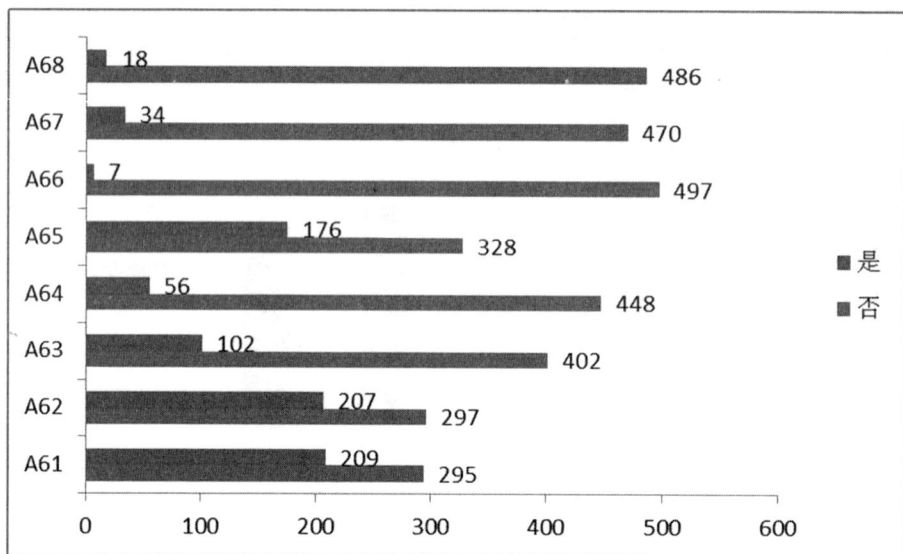

**图 4-28　A61 至 A68 选择人数**

限的情况下，首先被放弃的就是教育的多样性。

（五）访谈信息

因教育问题的开放性，问卷中提供了开放性的问题，自然也存在无法量化的质性内容。通过对这些内容的分析，可以更加深入地了解量化分析中不能触及的东西，包括受访对象的判断逻辑等。这些问题包括"您当前在工作中遇到的最大困难或问题是什么？""与县城优质学校相比，您所在学校当前面临的最大问题或困难是什么？""为使您的工作更加满意或教学质量更高，您的思考和建议是"这三个问题。为此，课题组分别选择来自河口县、红河县、金平县、蒙自市、屏边县的教师的典型回答作为参考，一些具有代表性的陈述如下。

1. 河口县教师

您当前在工作中遇到的最大困难或问题是什么？

教师 1：尊师重教的风气较差，教师的社会地位低，不被社会尊重。

教师 2：学生难管理，且管理任务重，教师的工作量很大。

教师 3：学生不爱学习，学生受到社会上的读书无用论，读书不如打工等风气的影响，无心学习，使得教师的工作效率下降。

教师 4：家长难缠，家长对教师的不理解，甚至是不支持，与教师对立，不配合教学工作。

教师5：学生不爱学习，学生的学习积极性很差，对知识的接受能力不足。

教师6：转变学生和家长观念，学生受到家长读完初中就回家务农或者外出打工思想的影响，对于学习毫无兴趣。

与县城优质学校相比，您所在学校当前面临的最大问题或困难是什么？

教师1：各种条件差，与县城优质学校相比，学校从各个方面都落后于前者，无所谓最大问题或困难。

教师2：部分家长不配合学校教育，在学生难以管理的前提下，部分家长对学校的不配合，使得教学形式愈发严峻。

教师3：学生的态度不端正，与县城优质学校相比，学生对于急于摆脱贫困的想法，导致学生的学习态度不端正。

教师4：不仅仅体现在学校环境上，更是家长对教育的态度上的差距。

教师5：学生的态度不端正。

教师6：学生不爱学，学生的学习积极性不如县城优质学校。

使您的工作更加满意或教学质量更高，您的思考和建议是什么？

教师1：加大资金的投入力度，先从硬件设施上改善教学差距。

教师2：改变家长观念，让其配合教师工作。

教师3：转变家长和学生的观念，家长支持学校工作，共同为学生的全面发展努力。

教师4：加大教育的宣传力度，让家长对教育重视起来。

教师5：城区教师与乡村教师应同等享受500元补贴，首先应对教师的待遇进行公平的分配。

教师6：家长和学生须有端正认真的态度，改变学生与家长的教育观念。

2. 红河县教师

您当前在工作中遇到的最大困难或问题是什么？

教师1：工作量大，压力重，杂事多。

教师2：学生自觉性差，家长不配合。

教师3：怎样提高学生的学习积极性。

教师4：留守儿童的家庭教育问题。

教师5：农民工子女的成绩问题。

教师6：来自家长和社会的压力。

与县城优质学校相比，您所在学校当前面临的最大问题或困难是什么？

教师1：招生困难，缺乏资金；相比县城优质学校学生资源少，资金不如县城优质学校多。

教师2：留守儿童，家长监管不到位。

教师3：教学硬件不足，生源少。

教师4：教师年龄结构问题，缺乏骨干。

教师5：学生上课不方便，家庭教育困难。

教师6：提高学校的管理水平；注意学生的养成教育。

使您的工作更加满意或教学质量更高，您的思考和建议是：

教师1：为教师提供培训平台。

教师2：用激励方式调动师生积极性，比如设置合理的讲课比赛，并有一定的奖励。

教师3：解决教学中的硬件设施，增加偏远学校的硬件设施的投入量，保证硬件设施的完善。

教师4：改革小学评价机制，不以成绩评教师好坏，学生成绩的改善不是一蹴而就的，以一时成绩来考核教师是不公平的。

教师5：解决教师住房问题，让学生就近入学，防止两极分化。

教师6：教育体制要改革，给学校和老师保护伞，让教师外出培训。

3. 金平县教师

您当前在工作中遇到的最大困难或问题是什么？

教师1：部分家长不支持，不配合学校及老师的工作。

教师2：工资待遇低

教师3：如何让家长积极配合教师教育好孩子，尤其学习方面。

教师4：管理问题学生。

教师5：提高教学质量，提高工资待遇。

教师6：学生基础差，成绩很难提高，问题学生多。

与县城优质学校相比，您所在学校当前面临的最大问题或困难是什么？

教师1：班级学生太多，学生基础参差不齐，不易抓教学。

教师2：办学条件不够理想。

教师3：学生多，教师少，少数家长不重视孩子读书的重要性，只要听话就行。

教师4：学生太多，教师少。

教师5：办学条件不够理想，学校管理老化，激励不起教师们的积极性。

教师6：少数民族、农村学生偏多，学生成绩差。

使您的工作更加满意或教学质量更高，您的思考和建议是：

教师 1：完善管理制度；提高教师自身教学水平；建立保护教师的相关法律，完善学校师生住宿设施以及学校各项教学设施；引入先进教学设备。

教师 2：对于异地教师给予政策帮助解决家庭后顾之忧，增加师资力量，改善办学条件，加强家长思想教育。从根本上改变家长和学生的思想。改善教师生活水平，提高教师待遇。

教师 3：严格管理好学生，该转学的就转学；对老师严而对学生放松是无用的。

教师 4：政府教育管理部门大力对学校的设施硬件问题的建设，给予大力支持；提高教师的待遇问题，教育要从中老少抓起，关注每一位学生，提高学生住宿条件。

教师 5：提高教师生活工资待遇，改善师生居住条件，完善教学设备，完善教学管理制度。

教师 6：教师多外出学习培训，增加学校编制，引进更多优秀教师。

4. 蒙自市教师

您当前在工作中遇到的最大困难或问题是什么？

教师 1：学生厌学，家长不重视。

教师 2：当地文化底蕴低，家长认为读书无用，学生无用。

教师 3：生源差，学校吸引力不够，学生意识有问题，家庭教育不够。

教师 4：优秀学生被挖走，学校被迫收在外学差了的本地生。

教师 5：学生厌学，学校学习氛围差。

教师 6：学生厌学，学生有早婚现象，家庭教育差。

与县城优质学校相比，您所在学校当前面临的最大问题或困难是什么？

教师 1：环境闭塞，学习培训机会少。

教师 2：交通落后信息封闭，大部分觉得读书无前途。

教师 3：家长不重视教育，只让学生抱着混的态度在学校。

教师 4：条件艰苦，教学设施设备欠缺。

教师 5：调皮留守学生较多，给学校班级管理带来不便。

教师 6：师资力量薄弱。

使您的工作更加满意或教学质量更高，您的思考和建议是：

教师 1：经常进行校与校之间的交流。

教师 2：教育领导住校督办，对学校家长必要的培训。

教师3：集中办学，改善学习环境。

教师4：按片区收学生，任何学校不得越权。

教师5：学生就近入学，不应有选择录取学生的权利。

教师6：政府改善民风民俗，改善学生学习的大环境。

5. 屏边县教师

您当前在工作中遇到的最大困难或问题是什么？

教师1：学生难教育，不尊师长，学生的安全问题。

教师2：缺乏绩效刺激，大锅饭严重。

教师3：学校经费不足，无法开展活动。

教师4：工作量大，教师地位低。

教师5：学校无长期目标，无规划。

教师6：学生学习兴趣不高。

与县城优质学校相比，您所在学校当前面临的最大问题或困难是什么？

教师1：学生不爱学习，随时存在安全隐患。

教师2：校园内住户多管理难。

教师3：管理混乱。

教师4：教师努力程度不够。

教师5：教师的培训。

教师6：如何提升学生学习积极性。

使您的工作更加满意或教学质量更高，您的思考和建议是：

教师1：政府同一学校安保管理。

教师2：深化改革，民主管理。

教师3：天道酬勤，无可厚非，政府、社会一起努力改善学校环境。

教师4：提高教师待遇。

教师5：完善规章制度，重视学校培训学习。

教师6：加强学生管理和思想品德教育，优化学校环境，净化教学环境。

（六）小结

通过上面的统计可将这些问题大致分为三类。第一类属于教师对自身待遇或环境中存在问题的看法，包括 A1—A6、A11—A14、A36—A41、A48—A52、A61—A68。第二类涉及教师的职业期望，包括 A16—A21、A24。第三类是学校的教育存在的问题，包括 A26—A30、学生的上学意向、学校管理水平、学校总体情况、多媒体使用情况、双语教育的重要性等等。这三类反馈相互之间又有千丝万缕的联系。

在第一类问题中，提高教师的工资待遇是每一题中选择频率最高的。这表明教师比起其他的因素，如学校的教学质量、管理水平等，更注重自身工资待遇的问题。其次，学校所在地环境闭塞、交通不便，也是选择频率较高的选项，加强地区经济建设，也是解决教育均衡问题的助力之一。

第二类问题中，选择最多也最引人注目的是多数教师希望成为教育行政领导。这不能简单理解为官本位思想，而是表明教师迫切希望能够提高自身的社会地位，实现职业发展，但除了行政提拔之外又找不到其他合理上升途径。因此如何增大教师的提升空间，为教师的职业期望目标提供切实可行的路径是当务之急。在教师认为最有成就感的问题中，受学生爱戴与尊重其选择的概率远远大于其他选项，部分体现了教师希望建立和谐的教学环境的愿望。

第三类学校建设问题中，对于学校管理水平的提高，改善学校办学不理想的情况，提升民族文化和双语教学的必要性，是此类问题讨论的重点。这些内容包括如何提高学校管理水平，改善学校教学情况，加强民族文化教育，寻找双语教学的出路。这些问题对学校的建设，尤其是软实力的建设，具有重要参考价值。

此外，通过以上各个地区的教师提供的质性内容可知，关于民族地区的教育均衡发展问题是非常复杂的，这也说明了实施教育均衡的必要性和急切性。总体上看，正是因为当前民族地区的教育发展不均衡性，导致了教育机会的不平等，而这种不平等又导致了进一步的社会机会不均，引发一系列不利于社会和谐发展的因素。如果在后期通过加大社会补偿和福利机制来消减这种不均，难免陷入越补越依赖的怪圈，这种现象已经在一些"扶不起"的民族贫困地区出现，这些地方因为扶贫投入与产出不成比例，就时常被人诟病。究其原因，就是在教育均衡和教育机会平等方面未能实现突破，导致此后劳动力素质低下等因素一直存在，令社会发展严重滞后。这种滞后难以用简单的经济补贴改变，所以如要解决此类社会问题，必然要从教育均衡发展的角度出发，培养更多适应民族地区经济社会发展的人才，让教育更好地服务于当地社会。

## 第三节　云南民族地区教育均衡发展总体状况分析

### 一、基于调查结果的初步结论

由以上来自一线教师的调查数据可以看出，云南民族地区的教育问题主要集中在：1. 教学条件，包括硬件设施和师资等软条件的不足；2. 教师待遇的差距和工作条件的不理想，培训机会不足，难以应对特殊环境；3. 社会风气和环境影响教学的效果，部分家长持有读书无用的观念，对教育不重视，实际则反映了教育与当地经济与社会需要的疏离；4. 教师的社会地位较低，待遇与工作投入不匹配，造成骨干教师流动性大，离职率高；5. 教师对民族学生学习基础评价低，教学信心不足，影响民族地区教学质量提高等。另外，也存在部分农村逐步空心化，部分农村校舍被闲置，农村教育资源无形中被浪费，且存在区域间、城乡间、校际之间教育质量差距甚大等问题[1]。

虽然国家近年来在云南省民族地区进行了大规模的投入和建设，该地区的基础教学环境也确实有了相当的改观，但教师队伍本身存在的问题依然严重。相比于那些一次性投入即可改善的硬件建设问题，教师队伍结构改善与素质的提升是更加困难的任务。在针对边疆民族地区基础教育学校的调研过程中，这种硬件与"软件"发展速度的落差明显可见，甚至在一定程度上抵消了如"薄改计划"这样巨额投入项目的效果。即软件不均衡大大抵消了硬件均衡的努力。

2010 年开始实施的"薄改计划"，是我国为促进教育公平发展的一项重大工程项目，对西部地区教育均衡和公平发展具有极大意义。虽然在此之前，我国也曾经系统性地对教育欠发达地区实施各种补强项目，但都偏向于单项改进。教育是一个系统化的工程，只有全面补强短板，才能起到真正的提升效果，"薄改计划"正是为此而生。

虽然在此指导思想中依然体现了要对落后地区教育系统进行全面强化的目标，但在更具体的实施过程中，重硬轻软的趋势随处可见。当第一阶段最为容易的基础建设和教学辅助硬件建设基本完善之后，"薄改计划"进入了攻坚阶段，而之前未能解决的核心问题也逐渐暴露出来。这些教育落后地区面临的困

---

[1] 朱德全，李鹏宋，宋乃庆. 中国义务教育均衡发展报告——基于《教育规划纲要》第三方评估的证据［J］. 华东师范大学学报（教育科学版），2017（1）：63-77.

难，其根本原因几乎全都与人有关，尤其是与教师队伍的质量有关。

随着财政支持力度进一步加大，在 2016 年云南省各地对于全面改薄攻坚战的反馈中，教学硬件方面的目标实际上已经提前实现，特别在危房改造等基础建设项目中更是成绩斐然，但边远地区的教学质量问题依然得不到解决。这其中存在各方面的因素，尤其是教学资源开始随着城市化进程加速向发达地区集中，以及留守儿童数量较多因素等，但无可否认的是，教师队伍的建设依然未能得到相应的重视，这种重视应该是系统化的，而不是简单增加财政投入可以解决的。

自 2015 年起，在第二阶段"薄改计划"中加强了提升教师待遇的财政拨款力度，但这些计划的效果或者尚需时日，或者被其他因素抵消。在调查涉及的边疆民族地区，还增加了边远艰苦地区教师补贴，在改薄工程中增加乡村学校教师周转宿舍，提供乡村教师生活专项补助政策等措施，系统提高了农村师资水平。其各种措施的最终目的不言而喻，正是"推动城镇优秀教师向乡村学校流动"。当前在各级部门的努力下，诸如教师欠薪，生活无以为继之类的老大难问题已经基本得到解决，在此次调查中，也没有发现拖欠教师工资的现象。但在城市化冲击之下，这种效果被大大抵消，教师仍然普遍倾向于回城购房定居。调查显示，这种倾向仅仅依靠提升教师薪资不能完全解决，还取决于教师的职业发展前景和职业心理状态。

在吸引新教师入职方面，边疆民族地区目前主要依靠政策性的项目：特岗计划。在具体执行中，对于特岗人员的就业安置和待遇都有多项支持和优惠，尤其是其工资由国家财政直接下发，制度上避免了拖欠教师工资的问题，大大减少了青年教师入职的顾虑。这一项目改善了农村教师的初始配置，使得贫困农村也有了高素质的教师，但在特岗教师三年聘期之后，教师离职倾向骤然增加也是不争的事实，虽然脱离教师行业的人不多，但能坚持在边远地区工作的很少，他们大多倾向于考回县城或自然经济条件较好地区的学校。尤其是男性特岗教师，因为各种环境和社会压力，在岗位上坚持的阻力较大[1]。

针对以上问题，究其原因，在依靠国家政策优惠启动人才引进机制后，边远地区，特别是存在文化适应困难的边远民族地区，留住人才困难重重。在建设过程中不妥善解决这些困难问题，一味追求量化指标达到薄改计划的要求，最终只会造成教师队伍重数量不重质量，教师待遇看薪资不看发展的评价方式。

---

[1]　徐继存，宋朝. 农村特岗教师发展现状的调查研究 [J]. 当代教育与文化，2012（1）：58
　　-64.

此类问题在此次调查中体现为，教师的离职倾向并未因为薪资待遇绝对值的提升而下降。不过值得欣慰的是，在后续相关改革中已经注意到此类现象，因而转为着重培养当地户籍的优秀学生进入免费师范教育体系，同时鼓励当地户籍的师范生就地考取特岗就业，并在就业后再给予相应的经济补贴，以增加其从业的稳定性。

虽然有以上一些针对现有困难的直接的应对思路，但进一步分析还能看出，云南民族地区教育发展存在更深层次的困境，要想长期性地解决问题，还需要做进一步分析。

### 二、调查统计中反映出的云南民族地区教育均衡发展的困境

（一）云南边疆民族地区基础教育存在严重的师资隐患问题

近年来，针对云南边疆民族地区师资匮乏的问题，云南省每年都招募大量的特岗教师，短期内在数量上缓解了该地区教师长期缺编的问题，但仍存在严重隐患。特岗教师从最开始的不用考试直接分配，到现在的考试上岗，特岗教师上岗要求的提高，也说明所需要的特岗教师正逐渐饱和，这是好事。然而在数量问题得到缓解之后，教学质量问题依然困扰这些学校。例如，特岗教师要到所分配的地方执教三年，而开始上岗的教师大多空有理论知识，缺乏实际的教学技能，通常需要老教师传帮带一段时间才能胜任教学。三年的执教时间，让青涩的教师逐渐成熟，有了足够的教学经验和教学技能，而三年的时间一到他们又会通过各种方法离开所在的学校。虽然近几年国家不断提高贫困农村地区的教师工资及各种补贴，相差不多的城乡教师工资和相差极大的城乡生活环境，如何选择也就不言而喻了。相对来说，年纪较大的教师因为家庭等因素能在当地扎根，但这些能在贫困地区扎根的老师也在不断老化，使得整个教师队伍年龄结构趋于两极化。年轻的教师换了一茬又一茬，不仅人员流动大，教师情绪焦虑，无法静心教学，教师队伍青黄不接，更严重的是无法形成骨干群体，很多学校不得不依靠老教师支撑，教师素质因为教师群体无法换代而趋于停滞。近几年，教学硬件大大改善之后，这种问题的恶果开始显现。有的老教师不会用多媒体，有的无法领会新课标要求，跟不上新的教学方式，不能适应升学考核方式的不断改革。在当前全国对学生素质而不是分数要求越来越高的选拔方式下，边远民族地区的学生越发处于劣势。在全社会"寒门难出贵子"的质疑声之后，是寒门学子无法得到优质师资支持的困境。

要想缩小云南边疆民族地区的教育水平相对于省内其他相对发达地区的差

距，核心问题在于教师队伍的质量提升，当前教师队伍质量保障的难点则在于确保教师在当地安心的生活工作，控制教师的流动性。这一问题是当地教育水平发展的重中之重。总之，云南省省域内的教育发展依然不均衡，这种不均衡性可以反映在青年优质教师不断向城镇或发达地区的流动趋势上，因此，云南省必须尽力设法解决这一问题，以便缩小地区教育水平差距。

（二）云南民族地区依然存在教学资源匮乏问题

教学资源匮乏首先是教育经费投入的问题，但民族地区教育资源匮乏问题又远远超出了经费这一因素的范畴。云南边疆民族地区的经济发展条件限制了当地政府能够投入发展教育的经费，教育方面的财政负担主要由国家以及省政府承担。然而国家难以短时间拿出太多资源投入边疆民族地区的教育事业发展之中。此外，如本次调查所反映，很多问题并非单靠教育投入能够解决，包括各种文化传统、管理理念、生活习俗等，都是基于当地社会总体发展水平积累而来，难以短期内抹平差距。总而言之，可以预见发达地区所投入的教育经费依然会比边疆民族地区投入的教育经费多得多，未来只能依靠国家的补偿性政策来尽力缩小这一差距。

在最基本的物质资源方面，本次调查所涉及的地区依然是全国教育资源配置非常短缺的地区。虽然各种对民族地区的扶持帮扶计划的效果已经十分明显，包括校舍面积、教学楼、现代化设施等条件都大有改观，但这种改观只能在纵向时间维度上让人乐观，一旦与其他地区横向比较，依然令人忧心。现下还有少数边疆民族地区学校的基本办学条件实质上达不到国家规定的最低标准。例如，因为缺少合格教室，导致大班额问题依然存在；因为缺少学生宿舍，一二十名学生共住一个大单间，学生生活条件很差；一些寄宿学校的学校食堂条件简陋，对正在发育时期的孩子来说，饭菜营养不够；缺乏教师宿舍、缺乏教师办公场所，边疆民族地区教师的生活、工作环境依然比较艰苦等。这些情况近年在各种帮扶政策不断覆盖下有了很大的改善，也得到当地师生的普遍认同，对国家的政策支持极为感激，但其物质条件的艰苦程度依然超出很多人的想象。根据现有扶持进度，还需坚持较长时间方能实现预期目标，各方仍需继续努力。下一步攻坚重点应集中于交通不便的偏远乡村地区，尤其要避免这些地区的情况在地方统计上报时被平均化，或由于山高路远，地处偏僻，使数据统计难以反映特殊情况。

另一个资源困境是师资质量方面。在调查中发现，教师关心的多媒体教学改革问题其实只是冰山一角。比较边远的民族地区的学校非常缺乏多媒体教学设备，也有许多老教师不会用多媒体设备，并且边疆民族地区的老师参加国家开展的培训计划的机会较少。虽然大部分老师都表示想参加国家开展的培训，但边疆民族地区的学校分到的名额较少，每个学校能去的老师不多，再加之这些学校的老师比较紧缺，由于找不到岗位的替代者而很难有机会去参加培训。红河州等民族地区的地方高校承担了部分继续教育以便提升地方师资实力的工作，多年来长期坚持在假期举办骨干教师培训提高班，以及通过顶岗实习将骨干教师置换到地方高校进行素质提升，但都或多或少受到以上因素干扰。而且课题组也观察到，即便在这种地方层面的培训中，依然是偏远地区的教师更难得到培训机会，因为越是缺编的地区，教师越难从日常工作中脱身。总之，云南省省域内的义务教育发育依然不均衡，需要继续努力缩小存在的差距。

（三）云南民族地区学生学习基础薄弱

云南民族地区有一部分是"直过民族"，因为文化历史，在教育普及和水平提升方面存在特殊困难①。目前正处于义务教育阶段的学生大多汉语基础较为薄弱，需要双语教育辅助教学。在许多少数民族的地区，小学教育的双语教育开展的并不算好。其一主要是缺乏少数民族双语教师，没有教师，教学无法开展；其二是缺乏上层教育部门的支持，没有对应的经费，到后来缺乏双语教材，学校多年一直用同一套双语教育教材，不曾更新，难以开展双语教育教学工作。双语教师的缺乏以及教学工作的难以开展，导致学生的学习基础从小学开始便是薄弱的状况。上初中后，大部分民族地区的学校并不开设双语教育课程，老师也认为学生对于接受汉语教学没有问题，然而情况并不如想象的乐观，实际上，大部分学生都认为在遇到较难的问题时希望老师用本地的民族语言解释，然而绝大部分教师并不具备双语教育的能力。这反映了一个问题，近年来教师的数量貌似不是很严重的问题，但具备民族地区需要的有特殊技能的教师依然极度缺乏。中学阶段的学生本身的学业水平不理想，大多不能去接受高等教育。尽管在扩招背景下，能接受高等教育的民族学生越来越多，但是接受了高等教育的学生又只有很少一部分愿意回来当老师，便又陷入了一个怪圈，双语教师缺少，学生学业水平差，有能力出去的学生少，而出去读大学的学生中，能够毕业回来民族地区从事教育事业的人更少，从而出现恶性循环。近来部分师范高校属地化招生的政策应该可以有效解决此问题。

---

① 那金华.云南"直过民族"地区教育状况及对策分析［J］.国家教育行政学院学报，2008（1）：75-79.

（四）教师队伍管理中的问题

近年来，为了响应国家对事业单位的改革与调整，不只是在民族地区，在全省范围内都推行了教师绩效考核制度改革。然而不同地区导致了不同的问题，在教育发展水平高的地方，教师资源充足，职责划分明确，推诿现象也有，但相对不多，而在诸多民族地区，师资队伍状况大多是刚好维持正常工作的需要，有些学校由于人手紧张，不得不聘请代课教师，很多教师在负责教学工作外，还要完成各种检查评比、等级达标等被委派的其他非本职工作，导致教师工作压力大，大多老师颇有怨言，长时间如此，还会消磨老师的工作积极性，而很多学校对教师工作考核死板僵硬，缺乏适当弹性。且管理层由于地方相对封闭，大多存在裙带关系，利益分配不公现象时有发生，当然，这种情况民族地区与非民族地区都有。

（五）云南边疆民族地区教育发展不均衡的其他客观原因分析

除了一般原因之外，云南边疆民族地区教育发展也面临着一些特有的客观困难。长久以来，云南省的教育发展水平与中东部发达地区一直有着不小的差距，而云南省省域内的义务教育发展也并不均衡，各州市之间、同一州市的各县之间、同一区域内的各校之间、城乡之间的义务教育发展也极不均衡。例如，昆明市的义务教育发展水平总体处于云南省顶尖，但昆明市的寻甸地区教育发展水平仍然相对落后，地区内呈现出极大落差。在红河州范围内，这种落差更为明显，建水县在云南省范围内也属于传统教育强县，但红河州同样也是全省贫困县和贫困人口最集中的地区，州内教育均衡水平极差。进一步分析当地教育事业发展状况的统计数字还能发现，建水县在教育均衡发展方面的数据指标尽管通过国家教育均衡评估认定，但也还存在着不尽如人意之处，县域内部也明显存在着难以弥合的教育水平差距，如建水一中升学率常年雄踞全省前列，但一些偏僻乡镇的教学水平与其他贫困县齐平。从更大范围内看，云南省少数民族地区的教育水平也有高有低，不一而足。有的民族地区县市在省内依然处于发展水平相对较高的位置，如建水县、弥勒市等地；而有的民族地区在各项教育质量指标中，又位于排名较低的位置，如怒江傈僳族自治州和迪庆藏族自治州。综合来看，云南省少数民族地区的教育水平相对于全国来说都处于较为落后的位置，其中云南边疆民族地区的教育水平尤为落后，状况堪忧，这其中有多方面的原因。

从宏观来说，云南民族地区教育发展的不均衡有历史的因素。在过去的千年历史中，云南边疆民族地区的教育便一直落后于中东部地区，改革开放使得东部地区的教育迅速发展，与中西部地区，尤其是边疆民族地区拉开了差距。即便在云南省内也呈现出类似的地区差距特点，即中北部交通方便、与内陆地区交流较多的区域，教育发展水平更高，而边疆民族地区的教育发展受制于当地的经济发展水平，多年来基本停滞不前。改革开放后，由于受到地区经济发展不均衡的影响，经济发达地区和不发达地区之间的差距越来越大。在此时期，教育界内部也存在"效率优先，兼顾公平"的思路，人为地放弃了部分落后地区基础教育的投入，这在资源有限的特定历史时期是不得已而为之，但客观上也使得教育发展水平的地区差距进一步拉大。而且事实证明，要想恢复和弥合这种差距十分困难，因为已经形成的教育水平差距正好与经济水平差距同步，资本资源导向的各种社会流动全都指向了教育水平已经高度发达的地区，使得教育发达地区不但不能带动落后地区的教育水平，反而产生马太效应，使得落后地区面临更大的教育资源困境，主要是人力资源的困境，在产生困难的各种因素中，又以人力资源的质量问题为最。

此外，云南教育发展的现状受到地理经济方面的影响。云南边疆民族地区大多地势崎岖，交通不便，古话称之为"七山二水一分田"，自然环境恶劣，较为封闭，与外界缺少沟通，导致这些地区教育发展极度缓慢，近乎停滞。云南边疆民族地区大多数都以农业经济为基础，然而当地贫瘠的自然环境，使得农业经济也仅仅能满足吃饱穿暖，没有更多的空余经济用以投入教育当中。

当地的文化、社会等因素也与其教育落后现状有着密切关系。在云南边疆地区，有不少民族都属于"直过民族"，即直接从原始社会跨越中间形态过渡到社会主义社会的民族，这对当地人的教育观念革新和文化适应水平提出了更高要求。在过去，当地的社会文化并不需要每个人都识字，甚至不少民族是没有自己的文字的。由于知识长期被统治阶层所掌握，底层民众基本处于文盲状态，在这种极端封闭的环境下，他们不需要掌握知识文化，仅凭日常劳动经验也能正常生活。当地经济发展也极为缓慢，一些民族地区长期停留在原始社会水平，因此也对知识和教育的社会需求非常的低，他们对于知识的力量没有直接的感受。在教育发展的缓慢和不便的地理环境以及落后的社会文化三者的共同作用下，导致了此地经济的疲软，经济的疲软同时又很难刺激教育的发展，由此令当地社会陷入一个恶性循环的怪圈之中。即便到现在，受当地社会舆论的影响，家长和孩子都对教育的重要性认识不足。要改变这一情况需要政府大力开展宣传教育，引导社会舆论，逐步建立起有利于教育发展的社会文化环境。

以上诸多因素互相关联、互为因果，共同导致了云南边疆民族地区的教育发展相对落后的局面。而且事实证明，这种落后导致的不均衡已经严重制约了民族地区的经济社会发展。

整体来看，造成云南边疆民族地区教育落后的原因是极其复杂的，是现实的，具有多样化的性质，是历史、经济、地理环境、社会文化和教育发展等因素共同作用的结果。历史因素决定了云南边疆民族地区的人口组成、文化形成。同时，云南边疆民族地区往往地处偏远山区，交通不便，与外界交往甚少，形成了封闭固守的社会环境，阻碍了经济的发展，社会发展滞后。经济与社会的双重受限致使当地的教育发展面临不利的社会环境和条件，还有民族地区教师队伍的结构缺失以及存在的教育无用论观念，也都致使云南边疆民族地区的教育质量相对落后。

### 三、制约云南民族地区义务教育均衡发展的具体因素分类分析

学校教育分为数个阶段，有小学教育阶段、初中教育阶段、高中教育阶段、职业教育阶段、大学教育阶段。目前我国把小学教育阶段以及初中教育阶段统称为义务教育阶段。此次调研的关注重点是义务教育阶段。

近年来，云南省政府以及地方市县上的各级政府部门积极推进云南省义务教育均衡发展，政府的努力及其所做的工作有目共睹，但以往云南省的总体教育水平一直都处于薄弱状态，积重难返，且伴随着以上促进义务教育均衡发展的工作的实施，又出现诸多的新问题。这些问题大体上分为"物"和"人"两方面，其中又以后者为重。

#### （一）教学硬件建设问题

近年来，虽然省政府不断加大对贫困农村及少数民族地区的教育经费投入，但云南农村及民族地区的中小学办学条件与省定标准还有较大差距，短时间内，这种差距很难缩小。截至 2015 年，本研究选取了全省不同州市普通小学办学条件前三名的州市和末三名的州市做比较，如表 4-15 所示：

表 4-15 各州市的普通小学办学条件情况

| 州市 | 占地面积（亩） | 校舍面积（平方米） | | | 图书（万册） | 固定资产（万元） | |
| --- | --- | --- | --- | --- | --- | --- | --- |
| | | 计 | 当年新增 | 教学行政用房 | | 计 | 科研教学仪器设备 |
| 昆明市 | 14180.71 | 3377719 | 243032 | 1921244 | 1020.12 | 437720.28 | 49711.44 |
| 曲靖市 | 18673.95 | 4208964 | 377937 | 2385793 | 969.13 | 461838.40 | 29351.88 |
| 昭通市 | 14004.3 | 2822008 | 396361 | 1785823 | 878.53 | 382250.41 | 31881.09 |

| 州市 | 占地面积（亩） | 校舍面积（平方米） | | | 图书（万册） | 固定资产（万元） | |
| --- | --- | --- | --- | --- | --- | --- | --- |
| | | 计 | 当年新增 | 教学行政用房 | | 计 | 科研教学仪器设备 |
| 版纳州 | 4741.44 | 616105 | 33818 | 326443 | 197.21 | 64898.71 | 5027.97 |
| 怒江州 | 1629.12 | 452406 | 48740 | 187489 | 82.16 | 59836.89 | 2267.70 |
| 迪庆州 | 1935.98 | 455749 | 24038 | 141958 | 66.04 | 76329.62 | 4476.51 |

由表 4-15 可以看出，总量上，处于云南边疆民族地区的小学办学条件远远低于经济发达地区。无论是小学所占的校舍面积，还是总的图书数量，或是教学仪器设备，边疆民族地区的小学与经济发达地区的小学间有着 6 到 8 倍的差距。证明在改薄之后，边疆民族地区的基本办学条件依然与经济发达地区的基本办学条件之间有着巨大差距。

不过如果只看数据总量可能失之偏颇，因为各地区、各县市内的学生人数差距很大，于是课题组进一步分析了基本办学条件的生均情况，发现排末三位的版纳州、怒江州、迪庆州的基本办学条件的生均情况都比排前三位的昆明、曲靖、昭通的生均情况多，无论是生均校舍面积，还是生均图书，或是生均科研教学仪器设备，几个边疆民族地区都比非民族地区的要多。这让我们感到疑惑，为何边疆民族地区的办学条件的生均比非民族地区的多，而边疆民族地区的教育水平却比非民族地区落后得多，经过思考之后，我们讨论得出，造成这种现象的原因可能有两点。一方面因为边疆民族地区区域内的教育极不均衡，良好的、大量的资源被边疆民族地区少数几个较好的学校所占据，而其他大多数学校的配置资源相对不够，这种情况加剧了边疆民族地区区域内的不均衡现象；另一方面则是下一个要讨论的问题，边疆民族地区的办学质量较非民族地区低得多，而且问题主要出在人而不是物的方面。简而言之，虽然"薄改计划"提升了教育薄弱地区的基础硬件水平，但其教学质量的提升几乎没有进步，很难跟上中东部地区，导致相对差距仍然巨大。

（二）师资队伍建设问题

在教师招聘方面尽管每年都有政策倾斜，但贫困地区的师资力量依旧不足，这是全国都面临的普遍问题。本次调查涉及的边疆民族地区就更为明显，师资力量的不均衡导致该地区基层学校师资紧缺。

在山区和农村等地区任教的教师生活环境艰苦，从之前的调查中可以看出（A34 题项），有学校宿舍和学校福利房的只占 40%，表明贫困农村地区的教室宿舍依然严重缺乏，且生活条件较差。加上前文所述的诸多原因，共同导致了该地区优秀教师外流，这给教师资源配置均衡的实施带来了困难。以"特岗计划"招聘到的教师为例，刚考上特岗的老师缺乏实际的教学经验，初始阶段需要老教师的引导，而等到特岗教师逐步成熟，具备相应的教学技能后，他们又会通过其他各种方式离开学校，只有极少数的教师愿意留下，为贫困地区的教育事业发展做出贡献。当这种教师流失情况与学生的文化适应问题叠加，更会造成师生间的交流障碍，进一步削弱了民族地区基础教育的质量。

以德宏州芒市某民族中学的情况为例，全校在校学生总数为 1135 人，少数民族的学生约占 91%，学校教职工队伍有 89 人，其中少数民族教师仅有十多人，少数民族教师仅仅占 10% 多一点，其比例与学生刚好颠倒。学生在课上遇到不懂的概念时希望老师用当地少数民族的语言讲述出来，然而大多数老师是汉族，不会少数民族语言，一定程度上影响了少数民族学生的学习①。边疆民族地区基层学校大多师资缺乏，直接导致了教师负担重，工作量很大，工作时间较长，压力也大，从而身心俱疲，师资稳定性差，流失或流动现象比较严重，对教师的工作积极性有很大的消极影响。从此次调查的结果也可以看出，对待教学态度积极主动的老师只占 43.43%，态度消极的老师过半数。

（三）政策执行——以"两免一补"为例

除了"特岗计划"以外，国家还为促进民族地区的教育发展，制定了诸多照顾支持和补偿政策，如"两免一补""双语教育""标准化建设""布局调整""寄宿制学校建设""师资队伍支持""对口支援""民族文化进校园"等。这些政策多数都是指导了一个大体努力方向，给地方执行政策留下了许多政策空间和弹性，让各地方政府结合当地实际执行这些教育政策，然而在教育政策执行过程中存在诸多问题。

例如，虽然"两免一补"政策的实施解决了贫困地区的孩子上不起学的问题，在很大程度上减轻了家庭的负担，降低了辍学率，但在有的地方却又引起了新的辍学现象。容易得到的东西，人们往往不珍惜，有的家长甚至学生本人

---

① 苏德，等. 民族教育政策 [M]. 北京：教育科学出版社，2014.

认为，拿补助是理所应当甚至是额外福利，与学习的努力程度、学习效果无关，学生学习的紧迫性降低，自制力不强的学生很容易就没有了心理压力和负担，学习动力不足。在民族边疆地区的义务教育阶段中，经常出现教师去学生家走访，请求学生以及家长配合，部分学生要求家长给他们买这买那，不买就威胁不上学。特别是在有的民族地区，当地的自然资源丰富，少数民族家庭的经济情况大多不错，不愁吃穿，在当地宗教信仰的影响下，家长对于孩子的成长大多顺其自然，认为一切随缘，不逼迫子女做他们不喜欢的事，不关心孩子的学习，教育意识非常淡薄，任凭孩子自己发展，对孩子的教育持不关心、无所谓态度，导致家庭教育与学校教育之间出现脱节。有一部分中学生早早辍学，成天玩乐，或三五个邀约在一起，偷跑出去打工，在同龄人中散播读书无用等不良思想。这其中不只家庭教育和学校教育的原因，其中还有诸多社会因素的影响。

（四）双语教育问题

因为师资力量的短缺以及民族地区大学生不回归本地就业，导致双语教师严重缺乏，不利于双语教育教学工作的实施。政策性强制双语教学在新疆等地实施，而在云南省尚未出台明确的政策规定，也并未要求民族地区学校开设双语课程，因而导致地方政府对此不够重视，这又使基层的双语教育工作极为困难。学校缺乏双语教师，缺乏政策层面支持，学生没有双语教材，缺少资金等，少数年龄较大的教师还能够用本民族语言授课，新来的年轻教师往往就没有双语能力，诸多原因都导致双语教育工作无法顺利推进。

不过这一问题也具有相当的复杂性和文化惯性，短时间内难以彻底解决，当前需要关注的是，尽量不要让语言障碍成为民族地区学生向上流动的隐形屏障，短期内只能考虑用补偿机制来避免。例如当前对"双少"学生的优惠政策已经多少涉及填补文化差异造成的向上流动障碍问题，但未来是否可以将此类政策细化到针对以民族语言为母语的学生？这是值得考虑的问题，而且此类问题在国际上已有较为成熟的解决经验，足可以成为国内政策制定的参考和依据。

# 第四节　云南民族地区教育均衡发展困境分析及建议

## 一、教育均衡诉求下如何破解云南民族地区的师资困境

一个学校的教育质量高低，其实不取决于硬件设备的多寡、物质条件的优劣、校园面积的大小等，关键在于这所学校的教师素质能力，以及教师集体所反映出的"精气神"。针对本课题组调查所反映出的边疆民族地区教师流动倾向大，以及"工作压力大、长期超负荷运转、考评压力大、同时工资低、生活极其不便、夫妻两地分居或找不到合适对象、学生知识基础差、学校管理不人性化，以及领导有时以权谋私"等问题，建议从以下方面予以应对。

第一，在保障师资队伍稳定性方面，为了民族地区能够留住优秀教师，建议施行一些额外补偿和扶助措施并加大政策扶助力度，以补偿其牺牲自我生活质量而为乡村教育做出贡献的教师。应继续提高边疆民族地区的教师薪资，对在民族地区学校、教学点工作的老师给予合理差别的生活补助和福利，改善民族地区教师的基本工作和生活环境，这些额外倾斜的程度要使民族地区教师产生明显的优越感，从而能够吸引优秀师范生入职，不断补充优质师资。这些在教育政策文本中已有，但执行难以完全到位，根本原因在于地方财政局限。而且更为重要的是，"及时关注补充到偏远地区、艰苦地区的教师的思想状况、婚恋问题，切实解决教师的实际困难"[①]。这方面是促使教师流失的重要因素。

第二，由于民族地区交通受限，相对封闭，教师的眼界受到限制，专业发展就容易停滞，建议借鉴其他地区的区域内教师轮岗制度，推行区域内的优秀校长、优秀教师轮流换岗，在摸索、尝试中，不断完善区域内教师轮岗机制，推进民族地区义务教育学校交流轮岗，推行学区制改革，实现学区内优质师资共享，落实城乡义务教育学校对点帮扶机制，以求促进本地教育均衡发展的实现。

第三，给民族地区每位教师专业发展的平台和机会，提升其职业认同感和

---

① 毕正宇，赵雪莲. 教育政策内容分析视角下农村中小学教师补充问题研究 [J]. 信阳师范学院学报（哲学社会科学版），2017（3）：66-71.

职业满意度。"改善教师条件与待遇是标,形成乡村教师的职业认同感才是本。"①这是真正能够留住教师之"心",使之长期扎根边疆的根本。另外,可以尝试在民族地区招收免费定向民族师范生,学生毕业后回原所在民族地区担任教师,这样文化和生活适应问题不但容易解决,还能带动职业满意度提升,使教师队伍更加稳定。

第四,由于民族地区很多学校教师紧缺,导致很多老师身兼数职,工作任务沉重。在访谈中,越是偏远地区的学校,此类现象越突出,部分教师同时承担语文、美术、体育,而且兼任班主任。由于老师所授科目与自身所学专业不一致的情况较为突出,导致了教师身心劳累,疲于应付。政府应加强义务教育阶段师资队伍的学历结构调整,解决专任教师所授科目与自身所学专业不一致的问题②,并且及时补充所缺师资。

第五,针对当地特殊的社会、文化环境,应开展符合当地文化特色和实际需求的教师培训,尤其是双语能力培训。需注意的是,开展的培训应当强调实用性、针对性,多注重提升实际的教学技能,而不是专注于教学理论。过度偏重理论传授而忽视实践问题解决,这恰恰是高校组织培训的所欠缺地方,为此,应该鼓励优秀的一线教师参与到教师培训中相互交流教学中遇到的实际问题。此外,要公平分配教师受培训名额,尽量让每个老师都接受均等机会的培训,防止少数教师成为培训"专业户"。

第六,在教师队伍管理方面,完善管理层的选聘机制,建立民主氛围和协商机制,尽量杜绝"一言堂"、裙带关系、人情关系的出现。且多从教师的角度出发,倾听教师们的意见,让其感受到学校主人翁的职责和荣誉,切实解决教师的生活、工作和个体发展方面的困难,为民族地区建立安心稳定且素质高的教师队伍,以求促进民族地区教育质量的改进,逐渐缩小民族地区的教育差距,走向教育均衡发展。

---

① 王鉴,苏杭. 略论乡村教师队伍建设中的"标本兼治"政策 [J]. 教师教育研究,2017(1):29-34.

② 郭清扬. 义务教育均衡发展与农村薄弱学校建设 [J]. 华中师范大学学报(人文社会科学版),2013(1):161-168.

## 二、基于调查的促进民族地区教育均衡程度的建议

### （一）宏观层面的学校建设

21 世纪初始，党和政府以及教育界诸多有识之士，从经济快速发展的浪潮中逐渐冷静下来，把目光重新投向整个中华民族教育事业的发展，教育均衡发展成了首要目标。国家投入大量资源帮助相对落后的地区大力发展当地教育，且制定了多个有利于全国民族教育发展的政策，诸如"两免一补""双语教育""民族民间文化进校园"等。云南省政府积极响应党和国家的号召，把提升云南省的教育事业发展作为重中之重，全力推进云南义务教育基本均衡发展，有以下若干举措。

第一，着力优化校点布局。云南省有多个民族聚居区，民族聚居区之间的地理、风俗文化、民族构成以及最为重要的经济水平各不相同。有的民族聚居区地势平坦，交通相对便利，经济水平相对较高，因此中小学校点布局规划的难度不大；而有的少数民族地区，山势崎岖，大大小小的河流密布，沟壑纵横，一个村寨到另一个村寨之间距离较远，村寨之内人口密度较小，给中小学校点布局规划出了一个难题。学校布局不能过于分散，过于分散会造成每个校点内的学生过少，学生来源不足，浪费有限的办学资源；但又不能过于集中，过于集中会导致学生就近入学难，不利于教育的普及。因此，在执行布局调整政策时，需要结合当地的实际情况来调整，面对两难的问题该如何平衡，这就依赖于基层的政策执行者的智慧。优化后的学校布局和学校规模，要整合教学资源，优化教学资源配置，以便集中管理，使学生享受到更强的师资力量、更优的学习条件。

第二，加大教育经费投入，巩固"两基"水平，改善薄弱学校的基本办学条件。云南省在改善薄弱学校基本办学条件的投入上，实行中央、省政府、州政府、县政府 4 级分担机制，中央和地方各承担一半，然后各级州市县分为 4 个档次，明确每个档次的承担比例。2014—2016 年，全省投入"全面改薄"专项资金一共有 133.45 亿元，其中，中央资金占总资金的 49.83%，约为 66.5 亿元，地方配套资金占总资金的 50.17%，约为 66.95 亿元。云南省办学条件逐渐得到改善，各种教育资源严重匮乏的状况得到了极大的好转，师生的教学、学习环境明显好转，基础教学设施较以往得到了极大提升。

在过去的几年之中，中央以及云南省政府逐年加大"两免一补"的教育经

费投入。从2016年春季学期开始，中央对全云南省的城乡义务教育学校生均公用经费进行了统一，普通小学每个学生每年的公用经费为600元，普通初中每个学生每年的公用经费为800元，寄宿制小学每个学生每年的公用经费为800元，寄宿制中学每个学生每年的公用经费为1000元。2017年春季学期开始，统一全省城乡义务教育寄宿生的生活补助经费，小学每个学生每年的补助标准为1000元，初中每个学生每年的补助标准为1250元。

第三，加强农村和民族地区的教师队伍建设，推动城乡教师资源均衡配置。云南省从2006年起便在县镇及以下农村学校实施"特岗计划"，且师范类大中专应届毕业生的毕业分配向民族地区倾斜，一方面确保农村学校师资力量的充足，另一方面不断优化农村学校教师的学历、学科、年龄结构。经过10年的不断积累，截至2016年年底，全省义务教育阶段的专任老师共有35.35万，其中小学专任教师22.7万人，与上年相比，增加0.22万人，中学专任教师12.65万人，与2015年相比，增加0.27万人。且云南省下放权力到县级教育行政部门，让各个县级教育行政部门，拥有对各个区域内的教师管理的统筹权，推进县域内各个义务教育阶段学校的优秀校长和优秀教师的交流轮岗，强化城乡学校之间的对口支援，强化优质学校与基础薄弱学校之间的对口帮扶。中央和省政府每年投入上亿资金用于在职教师培训计划，提高在职教师的综合素质和教学能力，教育财政资金及职称评定资源向民族地区学校倾斜，进一步稳定了民族地区的教师队伍。

第四，加强推进民族民间文化走进校园。21世纪初以来，党和人民对民族文化事业的发展越来越重视，并从制度层面对传承和发扬民族文化提出了科学化和规范化的目标要求。云南省教育厅及各级地方教育部门在这一政策上积极响应国家号召，云南省本身情况又比较特殊。云南省有诸多少数民族，中国有55个少数民族，有25个广泛分布于云南省各区域，各级地方教育部门在省教育厅制定的总方针指导下，要根据各个区域内的实际情况做出相应的政策措施，各个学校要根据所在民族地区的民族文化特色、特长，开展对应的特色班，比如说有的民族擅长跳舞，便在该民族地区的学校内开设民族舞蹈班；有的民族擅长演奏乐器，便在该民族地区的学校内开设民族声乐班。并且这种特长班，少数民族的学生都很喜欢、乐于学习，办学效果也非常不错。多民族地区的学校应该创建属于自己的民族特色品牌，借此走出一条民族特色品牌学校之路，这对于社会、学校、学生来说是一个三赢的局面。

（二）吸引和留住高素质教师

虽然屡次依靠政策倾斜来使国家财政资源投向教育落后地区，却始终没有从根本上改变不均衡乃至不公平的现状，这其中涉及多方面的原因，但最大的难点始终在人的因素上。本次调查也显示，要想补强云南民族地区的教育现状，物力和财力方面的问题相对容易解决，人才的问题则往往面临难以发力且见效缓慢的问题。

如果要实现教育均衡，对于那些在师资、教学基础设施等方面存在问题的学校，就必须大力支持。这些支持不能仅仅停留在机械的执行政策层面，而是要因地制宜地想办法、找对策，千方百计将人才留住。边疆民族地区的学校，尤其是条件艰苦的山区学校，要如何吸引和留住人才，这是云南民族地区教育均衡发展面临的一大难题，也是一个重点。要做到吸引和留住人才，光靠学校是无法实现的，这个问题必须学校、家长、社会、政府一起出力才能得到有效的解决，而只有具备一定的师资力量，边疆地区的教育问题才能有解决的基础。上文中所提到边疆地区的学校难以吸引优秀人才的原因中，工资待遇低和地处贫困山区、生活不便两项明显要比其他选项的比例高，而后面一项原因就明显不是教育政策倾斜能够解决的，必须有地方政府和领导的支持，拿出符合地方实际的办法。

在调查中，各个乡村学校，尤其是位于山区的教师都在想方设法调到县城，而在县城的教师在职意向则相对稳定，希望向更大城市调动的意愿并不强烈。可见，教师对于生活条件和待遇的追求并非越高越好，而是希望达到一个基本满意的限度即可，可是一旦低于这一限度，其离职意愿便极为强烈，连薪资待遇都会被放到次要位置。这在偏僻的民族地区表现非常明显，使得主要通过特岗的方式招聘来的教师大多不稳定，一旦有条件他们就会离开工作地，前往县城或自己家乡寻找新的就业机会，跳槽现象频频上演，在今后的工作中，不应该只看重在岗教师数量是否满编，更应该关注这些教师在岗的稳定程度，通过对其日常生活与工作方面的关心，鼓励他们扎根边疆，为提升民族地区教育水平多做贡献。

（三）教师队伍的结构均衡问题

教师的性别构成对教师在岗的稳定程度也有很大影响。通过本次的统计可以看出，边疆地区男女教师的比例十分不均衡，男性教师数量显著偏少，虽然这几乎是我国基础教育界的通病，但缺乏骨干男教师的问题在越偏僻边远的地区越明显。这主要与教师待遇不佳有关，而且同样不完全是薪资待遇的问题。由于基层教师的收入水平和社会地位都不高，尤其是因为职称结构问题，导致基层小学的男性青年教师离职率极高。社会对男性从业者较高的期望也对此起了推波助澜的作用，男性传统上需要承担养家的责任，而且教师的工作繁杂，中小学教师的工作除了日常的备课、教研、听课、改作业、教学反思等，还需要对学生的学习情况进行监督，帮助差生学习等，因为师资匮乏，教师所要做的工作远比想象的多。因此教师这一职业对男性的吸引力较小，如果不能迅速得到薪资待遇提升或者行政岗位的晋升，几乎多数男性教师都会考虑调动。基于这些原因，边远地区学校教师男女比例普遍严重失调，也成了该地区教育的发展的障碍。不仅男教师离职倾向显著，女教师也因为单位男女比例差异大而受到压力。

其次，在学历构成上，民族地区教师群体也存在不足。从纸面上看教师学历已经较10年前有了很大提升，本科学历占到大多数，但在边远地区的学校仍有很大一部分教师仅有大专甚至中专学历。即便在已经获得本科学历的教师中，也有很大一部分是在工作之后通过短期继续教育的方式获得学历，在含金量上存在不足。师资质量也存在同样的问题，即优秀的教师资源少，而且极易流失，教学能力稍强的教师往往被条件更好的单位或者地区挖走。因此，如果要保证教师资源的均衡，在政策上应该向教学能力薄弱的学校倾斜，例如，资金上的支援、加大对边疆地区教师的政策优待，增加其对教师的吸引力；注重对教师教学素质的培养，增加边远地区教师得到继续教育的机会，提升教师的教学水平和教学管理能力，同时也需要提升基层学校领导的管理能力。

（四）教师的专业发展问题

通过上文中对职业期望的分析可知，教师的职业期望与教师的教学态度成正相关，因此，如果能改善教师职业发展的多样性，为教师提供更多的发展平台，对教师的教学态度的改善将会有重要意义。相关的措施包括：改善高级教师和正高级职称教师的评定标准，加大对各级各类学校教师的优待力度，对教育能力突出、成绩卓著的教师适当提拔、授予荣誉称号等。

教师作为学校人力资源的最主要也是必不可少的组成部分，是学校提升教学质量的最重要资源，如何提高教师的教学能力，调动教师教学的学习、工作积极性，促进教师的专业能力的成长，是学校管理教师最重要的目的。教师的流失不仅是因为待遇的问题，更有教师对于职业发展方向不明确、前途不乐观的心理预期在起作用。这些问题都需要学校领导层予以化解，所以在对教师进行管理时，管理者的水平也是影响教师流失的原因之一。如何稳定边疆地区教学能力薄弱学校的教师队伍，是教学薄弱学校需要解决的重要问题之一，而这些问题的解决需要学校管理阶层提高认识，实行民主、合作、信任的学校管理制度，让教师能够安心工作、学习。另外，基层领导要通过各种措施，提高教师的教学热情和学习积极性，通过提升学校的文化水平，减少教师的流失，从而稳定教师队伍。教师队伍的建设除了注重教学质量以外，教师的各方面能力的发展也是十分重要的，学校要经常举办教师才艺展示，鼓励教师发展业余爱好，建立良好的教师工作氛围，为稳定教师队伍铺路。

要提升学校的文化水平，首先要确立学校核心价值观，建立正确的、积极的、符合当前实际情况的价值观念，并使这些价值观深入教师的思想层面，得到教师的认可和遵守。越是偏远的学校越不可安居一隅，而是应该多与其他学校进行文化交流，探索并生成最适合本学校特色的学校文化。要做到这一点，需要在对本学校的现有文化进行总结的基础上，进行改革和发扬，充分发挥榜样的作用，对学校现有的优秀代表人物，如优秀教师、骨干教师、先进集体等，以及他们的先进事迹进行宣传和表扬，带动更多的师生践行，从而彰显学校的文化引领。

（五）教育资源的合理分配问题

由于云南省各地区的教育发展水平严重不均，教育资源的分配也应该按照各地的教育发展水平进行适当的倾斜分配，切不可简单按照生均标准进行平均分配，否则只会加大不均衡程度。要做到这一点，需要特别注重加大对贫困偏远地区学校的基础设施建设，保障师生的生活水平；加大对贫困偏远地区的教师的优待力度，以高福利、高待遇来吸引人才进入贫困偏远地区教学。关注贫困偏远地区的经济建设，也是为教育均衡问题的解决提供基础。

教育均衡不仅仅体现在求学机会上，上学过程中的条件均衡同样是教育均衡实现不可缺少的一部分。要让每个学生在学校教学过程中得到均等的教学资源，主要体现在两方面：一方面，教师在教育过程中给予各方面条件不一样的学生以公平的待遇；另一方面是学校教育的人力物力投入要注重公平，包括师资力量与学校的各种物资设施不可集中到少数人身上。学校的硬件设施分配公平是实现教育均衡的前提，也是实现教育公平的基础，减小处于义务教育阶段的学校之间的硬件实施的差别，让每个学生得到公平的求学条件，是教育均衡发展最明显的表征之一。积极推进边疆地区中小学的科学化、标准化、规范化，改善教学条件，提高办学水平，是实现教育现代化的首要步骤。其次，教育经费拨款问题应有更加合理的方案。由于历史与地区经济差异，云南省各个地区的教育发展水平差距较大，边疆民族地区尤甚。通过建立公平合理的各区域教育财政投入机制，可以更有效地保障教育过程的均衡程度，促进区域内的义务教育均衡发展。具体实施中，必须摒弃以前在财政拨款上向重点学校、示范学校倾斜的陋习，扶持薄弱学校的发展，通过改革财政拨款制度，来规范办学风气，让每一个学生都能享受到公平而有质量的教育。在学校内，需要坚决取消边疆民族地区的重点学校和择校制度，恢复公平的教育环境，补偿面临较多困难的薄弱学校，为所有学校搭建发展平台，使每个学校能够公平、合理地竞争，从而促进学校的优质发展。在义务教育阶段，对学校内自行选拔"重点班""实验班"等导致教育资源不公的潜在做法，要坚决给予取缔，同时杜绝义务教育阶段的学校争夺优质学生的行为。这些行为对学生的发展并无益处，只会导致不同学校、不同班级的学生质量参差不齐，进而加剧教育的不均衡现象。

（六）关于教师工作和生活环境改善的建议

要解决云南民族地区的教师问题，需要对和教师有关的环境问题进行全方面的改善。除了学校的基础建设方面的改善以外，教师数量的相应增加，在编教师教学水平的提高，均衡地区教师的数量，以及缩小不同区域教师教学能力的差距，都应该作为教育问题中的一部分增加至教育政策中。

此外，教师的工作环境的改善不仅包括对教学设备的增加和修缮，例如，普及多媒体教学工具等，也应该包括教师关心的生活环境等条件的改善。除了看得见的环境改善投入，更应该注意"软"性的文化环境提升，例如，加大宣传力度，对教师的社会地位给予肯定，避免教师的工作受到诸如读书无用、读书不如打工社会论调的干扰。此类思想不仅妨碍教师当前的教学工作，也降低了当地学生从事教育行业的意愿，对增加教师的新鲜血液十分不利。因为以上诸多现实条件以及文化因素的制约，使得本地籍的师资力量相对更为可靠，培养尊师重教的社会文化氛围势在必行。

此外，民族地区教师在应对工作中的文化冲突，以及自我防范意识、自我保护能力方面也有待提高。由于云南边疆地区民族种类众多，受少数民族文化习俗的影响以及当地社会发展水平的制约，民众的教育意识相对滞后，对教师的工作有时候不认同、不配合。教师在教学过程中，可能会遇到来自文化冲突的困扰，面临学生家长乃至社会环境的抵触，该问题在对金平县教师的调查中反映较为明显。教师普遍反映当地社会文化中缺乏尊师重教意识，家长和社会对教师的不支持，这也成为教师在教育过程中难以贯彻合理教学方法的一个原因。例如，在问题28教师的思考和建议中，有很多教师在师资、教学设施基础等问题之外，还提到了关于建立和完善保护教师的法律法规，应该保障教师和学生不受到来自社会的伤害，并举出若干负面案例。其中包括家长强行从学校带走学生，强迫学生在义务教育阶段即辍学结婚，把上面劝说的教育工作者拒之门外，甚至辱骂追打等恶劣行为时有发生①。这些现实都对当地教师的工作环境造成威胁，而且因为涉及地方民族文化差异等因素，需要相关部门协调，共同应对解决。

（七）教育均衡发展可能的多重困境

在实现教育均衡发展问题上，由于教育本身的复杂性，应该努力尝试确保多种角度的教育公正都得到实现，不能仅仅关注某一方面的教育均衡而矫枉过正。在教育均衡政策制定和实施过程中，要结合不同地域实施教育均衡的发展条件、文化特征的实际，考虑到各类教育参与者的需求和期望。在实施过程中，必须认真考虑每个教育均衡发展相关者的合理期望，防止正确的政策举措得不到正确认识和执行，从而导致良策难行的困境。例如，对于贫困地区的教育帮扶问题，虽然政府经常给予各种帮助照顾，对贫困地区教育事业进行优先经费投入，这对贫困地区的教育发展确实非常必要，但是在没有充分考虑到对贫困地区的资助到底应该具备何种实效、满足其何种需求的情况下，一股脑将一些对贫困山区教育均衡问题的改善没有实质性帮助的东西，额外"支援"给贫困山区，可能会事倍功半。例如，某些地区修筑了现代化的校园和教室，配备了现代教学设备，却由于学生流失，没有足够的教师甚至学生，造成资源浪费，而城市的"大班额"之拥挤却由于经费投入限制不能及时解决。一些地方推进的城乡师资定期轮岗制度，由于政策设计的非人本性和不考虑教育复杂性，被交流的教师很多不适应频繁的岗位调动。对新交流的学校"水土不服"，导致学

---

① 作者注：金平县某些民族地区早婚现象属全国之最，已经对当地"普九"工作造成很大干扰。该问题因2015年一位13岁初中辍学女生被家长安排回家结婚的新闻而受到国内媒体关注，但其实此类事件在当地并不少见，部分情况可见：仁青卓玛. 辍学早婚反映义务教育"盲点"[J]. 教育，2015（1）：6；曾泓霖，唐丽. 略论云南金平县者米乡早婚现象[J]. 滇西科技师范学院学报，2015（4）：8–10.

校文化"支离破碎",原有优质学校不再优质,而薄弱学校也没有变得优质。

可见,教育均衡是一个尚在探讨中的概念,其多角度发展的具体方向,以及应该采取何种具体措施,目前还缺少明确的定义与理论,但是单一理解的教育均衡发展观念在现实中必然会遭遇到一些困境,如果对其视而不见,则很可能会解决某个教育均衡的发展问题,但同时又会产生新的教育不均衡问题。例如,给少数民族中考、高考加分的政策,虽然有正当性,但可能伤害同样在民族地区就学的汉族学生的平等权益。又譬如微观层面对贫困学生的资助政策问题,往往也存在两难困境。国家为了帮助贫困学生获得尽可能公平的教育资源与发展,为了让他们不因为家庭条件困难而辍学,设立了助学金、减免学费、勤工俭学等一系列资助手段。这些资助对家庭困难的学生来说,确实在很大程度上帮助了他们能够获得更多的与他人平等的教育发展机会。但是,部分学校在执行过程中,为防止一部分学生弄虚作假,经常会采用提交各种证明、全班公开讨论、张榜公示等办法以示公平。对已经获得资助的学生,学校则对其消费行为严加控制,规定如果已获得资助的贫困生做出诸如请客吃饭、购买较贵的生活用具等行为,那么学校就会不再继续资助,乃至追回已经发放的资助等。这种举措引发了新的问题和争议,例如,学生正常社交活动以及人格尊严是否受到影响,高消费的认定标准如何。例如,目前手机和电脑已经成为生活必需品,之前以电脑或者智能手机作为高消费标准的规定就会引起冲突。而公开贫困学生个人信息的做法,虽然看似保障了公平,但又将一部分不愿意将个人困难情况公开的学生挡在门外。所以,考虑教育均衡的政策,要充分考量各种举措本身存在的矛盾,在能够解决一种不公正的前提下,尽可能避免新的不公正的产生。既要避免矫枉过正,也要防止裹足不前。这种难题的解决只能依赖阿马蒂亚·森的比较正义、马克思实践正义等理念,目标指向明显的、公认的不合理不公正现象,渐进地解决,而不可能一蹴而就。

## 第五节　本章小结

教育均衡发展是实现教育公平理想的基本路径,也是近年来教育界讨论的一个热点问题,而教育公平的实现对社会公平的实现具有重要意义。实现教育公平的方法或有很多,义务教育均衡发展是教育公平的基石。然而基于现实状况的制约，目前我们只能尽量追求区域内的义务教育均衡发展。由于长久以来的历史、地理、经济、文化等诸多因素，云南民族地区推进教育均衡发展存在诸多困难和问题，表现在诸多方面的滞后：地区教育质量低，半文盲多，学生辍学率较高；教育经费投入少，不能满足基本需求；一些地方投入很多，但存在不能充分利用甚至浪费现象，利用效率很低；师资力量差，很多教师不安心民族地区的教育工作；管理理念和方式有待改进等。造成困难的原因很多，在根本上制约其教育发展的社会环境是云南民族地区自然地理状况相对恶劣，大多是山区，交通条件落后，经济发展水平不高，对教育需求不强烈。这样的背景下，云南省的教育一直处于全国相对落后的位置，云南省内少数民族聚居地区的义务教育更是处于相对滞后的困境。

近年来，国家和省政府逐年加大云南民族地区的教育投入，逐年建设完善满足基本办学条件的硬件设施，出台一系列教育政策，为云南省民族地区的教育托底。虽然云南省在基本达成义务教育机会的均衡后，正在逐步追求义务教育质量的均衡，但是云南民族地区的教育积弱已久，要达到义务教育质量的均衡仍有很长的一段路要走。并且，当学校教学资源以及办学条件达到一定程度后，学校的硬性教学资源不再是影响学校教学质量的主要因素，主要因素变为了教育文化、学校氛围、师资素质、社会支持、管理体制、评价理念等软性资源。从理论视角来看，为促进云南民族地区教育达到优质均衡，或许我们更应该从多元正义尤其是关系正义的角度去探讨教育均衡发展，而不是单一配置正义的角度，我们需要变革理论视域，从而为更好实现民族地区教育均衡找到合适之路、恰当之策。我们以理性和务实的眼光来看待的话，如同希腊神话《追乌龟》那样，在很长一段时间内，我们需要承认，云南民族地区教育依然追不上经济发达地区的教育水平，依然会障碍性因素较多，发展难度较大，但我们可以尽力缩小差距，在缩小这一差距的过程中，诸多对民族地区教育事业怀着极高热忱的人在摸索中前进，在前进中不断克服困难，寻求变革与进步，最终会追上那只乌龟——实现民族地区优质均衡的理想教育。

# 第五章

## 理论深化：教育均衡发展的双重正义研究视域与实现路径

本章作为课题研究讨论与对策部分，重点阐述了在相关正义理论指导下，如何实现云南民族地区的教育均衡发展。首先是关于理论层面的创新思考，即教育均衡发展的正义理论资源问题。研究认为，教育均衡发展是实现教育正义的基本途径，其实现过程不仅需要凭借原有的分配正义理念，在坚持权利和机会平等的基础上，对最不利者持续增加资源倾斜和帮扶，而且需要借鉴关系正义的基本主张，减少和消除各种意义上的对最不利者的歧视、羞辱、边缘化、贬低、排斥等新"压迫"现象，使每个学校和每个学生都能实现基于自身实际和需要的最佳发展，走向教育的实质均衡发展。所以，为了实现民族地区的教育均衡发展，不仅需要凭借罗尔斯配置正义的理念，更应借鉴关系正义的理念，找到适合民族地区实际教育的存在方式。

其次，在教育均衡发展实现方式上，需要基于阿马蒂亚·森的比较正义视角，教育均衡发展应该充分考量现实复杂性，扬弃罗尔斯平等加补偿的普适正义实现路径，坚持比较正义的进路。比较正义进路的教育优质均衡发展着眼于现实具体的教育不均衡，在宽泛理性的基础上，以提升教育主体的可行能力为基础、强调保障教育主体的实质自由。

再次，本研究在关系正义的理念下对如何实现民族地区教育均衡发展做了深入思考，并提出了一些可能的努力方向和应有作为，然后对民族地区的薄弱学校如何改进做了详细分析，在可行能力视角下进行探讨，以便使民族地区薄弱学校都成为优质学校这个问题有新的突破，从而实现学校层面之间的教育均衡。

最后，是关于民族地区两个微观层面的教育均衡实现问题，第一个是遍布云南民族地区的小微学校如何走出发展困境问题，第二个是城镇化背景下县镇学校学生不断集中，导致大班额问题。在大班教学中，多数学生由于"不好不坏、表现平平"而成为边缘学生，如何改变他们遭受的教育不公正，使其免遭边缘命运，本研究给出了一些对策思考，以求在微观层面——作为个体的学生之间实现均衡发展。

# 第一节　配置正义与关系正义双重正义视域中的教育均衡发展理路①

近些年教育均衡发展是基础教育的热点问题，政府做了极大努力，对薄弱学校的资源投入和教师配置等方面非常重视，薄弱学校的办学条件改善成效显著。接下来的问题是，物质投入均衡实现后需要逐步实现高水平的实质均衡，这就需要借鉴多元正义背景下关系正义的一些理论主张。基于当下现实，分配正义与关系正义都对教育均衡发展的实现起着不可替代的作用，双重正义理论引领中的教育才可能走向理想的高水平实质均衡发展。基于此，需要对教育均衡发展的内涵与意蕴在双重正义的视域中给予新的解读与分析。

## 一、教育均衡发展的新境遇：成就与局限

当前，县域内教育均衡发展经过政府的多年努力，在全国大部分地方已经基本实现，教育经费投入、师资分配和补充以及相关教学资源投入等方面日趋均衡，传统的薄弱学校和乡村学校的基本面貌大多焕然一新，保障教育教学正常进行的物质条件有了较大改善，区域、城乡、校际之间的办学条件的差距正在逐渐缩小。作为促进教育均衡发展的一项改革，貌似使命已经基本完成。

但实际尚存的问题是，各个学校本已存在的教学质量的差距实际改变不大，一些地方优质学校过于集中的面貌并未改变，很多家长费尽心思想要进入当地所谓名校，在竞争中有钱有势的阶层子女往往能够如愿以偿，普通百姓的子女一般只能接受划片招生的命运。这就是困扰多年的"择校"顽疾，至今尚未有实质性的解决。其根本原因已经不是学校办学条件和物质资源之间的差异，而是教育质量和办学水平的差距②。另外，旨在改进薄弱学校教育均衡发展的政策效果也有待全面评估，一些调查反映的情况还不乐观。例如，由于缺少社会条件的支持，在城市化的浪潮下，乡村学校继续衰败的趋势没有明显改变，边远地区、民族地区、山区、牧区等地区教育状况依然让人揪心。多年的政府强力推进只是在物质资源配置方面有了较大成就，"有学上""不让一个孩子失

---

① 杨建朝. 教育均衡发展的双重正义视域：重释与新析［J］. 教育研究与实验，2017（5）：34-39.

② 姚永强. 新时期下我国义务教育均衡发展方式的转变［M］. 北京：中国社会科学出版社，2016：172.

学"的矛盾在全国范围内基本实现，一些条件不利地区的学校物质资源获得极大改善，孩子上学的条件保障不再成为突出问题，但理想的每个孩子都能"上好学"的愿景却远未实现，人人享受高质量的教育还任重而道远。这种现象反映出物质资源的分配容易实现均衡，深层次的人人满意的实质均衡却远未实现。

校舍、多媒体、书本、桌椅、电脑等物质资源仅仅是促进教育质量提高的辅助条件。很多研究者认识到师资水平和能力才是教育质量提高的核心，因而在实践中推行了教师定期流动、强校兼并弱校、教育集团化、名师引领等措施，这些措施在现实中对薄弱学校有一定的促进作用，很多薄弱学校因此走上了均衡发展之路。但大部分薄弱学校依然没有明显改变，特别是地理位置不佳的农村、山区、民族、边疆等地区的薄弱学校变革困难重重，即使水平和能力很高的教师来学校任教，也往往限于各种内外的障碍因素，没有能力带动学校的实质变革，反而只能无奈地抱着服务期限一满赶紧离开的想法。即使想真正帮助薄弱学校的优秀教师，也囿于多种限制性条件，例如当地不佳的经济、文化、交通状况、学校管理理念的落后、教师团队的能力、当地薄弱的教育基础、家长不支持等导致教师无法施展抱负。另外，据课题组调查，尽管教育中经常对弱势地区的弱势群体进行各种照顾和帮助，但并未获得理想效果。这体现在很多地方大力实施的支教帮扶、教师交流、物质捐赠等活动中，由于这些措施大多未能考虑受援师生的实际需要，实质上并未改变学校现状反而干扰了原有的教学生活，甚至被贴上弱势、贫困，不配合、懒惰等标签，受帮助的一些师生对此常有难言之隐。另外，城市中一些来自农民工、贫困家庭、单亲家庭等的子女"有学上"的问题虽然基本解决了，但经常容易被边缘化，受到制度情景中的羞辱歧视，学习成效相对较低。这些问题有的还没有被广泛关注，缺少相关的深入思考讨论。

以此看，教育均衡发展的实质性实现，也就是薄弱学校的教育如要真正有内涵提升，办出切合地方需要的高质量的教育，真正促进每个孩子的全面自由发展，让以家长为基础的整体社会都比较满意，这种理想的教育实现并非指日可待。作为理论工作者，我们要反思的是，教育均衡发展的实质是什么？是不是所有学校按照一个标准投入，建设成标准化学校？如何能实现教育的实质均衡发展理想？对这个问题的应答是转变发展理念，从物质资源的配置均衡走向人人满意的实质均衡。实质均衡重视但并不满足于教育权利的平等享有和教育物质资源的平等配置，而是追求以人为本，希望每个学生都能在教育中获得符合自身需求的发展，符合人性期待和现实需要的教育是理想的教育，学生在学校体系中的充分、全面、自由、和谐发展是教育的终极目的，也是本节所提的教育实质均衡的指归。这需要反思已有的理论资源，超越罗尔斯的"作为公平的正义"，平等加补偿的原有思维。

### 二、教育均衡发展的理论基础：分配正义与关系正义的不同主张

为了实现教育均衡发展，近年来政府的思路主要是依靠分配正义（配置正义）的逻辑，特别是罗尔斯的教育分配正义原则，即权利平等和弱势补偿的思路，对本地区所有学校给予同等的对待，按照同样的标准拨付办学经费和教学资源，公平配置师资，等等。同时，对于农村或弱势学校，给予了大量补偿，使其达到学校标准化的要求，对在边远、乡村工作的教师给予了特殊照顾。但正如上面的分析，我们依然看到这种分配正义模式的不足，即每个学校的物质条件有很大改进，满足正常教育教学工作的开展研究不是问题，但很多薄弱学校的教育教学质量依旧堪忧，弱势的学校依然薄弱，乡村学校的优秀教师仍然难以留住，城市择校的冲动依然强烈。面对此种境况，需要转变均衡发展的思路，引入关系正义的理论观念，在初步物质均衡的基础上，进一步努力实现人人享有高质量教育、每个学校皆得其所、处于良性发展中的实质教育均衡。

首先需要阐明的是，为何教育均衡发展需要借鉴关系正义，关系正义与原来的配置正义有何区别，它关注的教育焦点在哪里？冯建军认为，教育分配正义实际上主要是可以在社会群体中予以分配的物质资源，不能满足于完整的教育正义诉求，分配正义"只诉诸宏观的社会制度，无法关照微观教育活动中的社会—心理影响"[1]。其提出在实现基本分配均衡后，应从分配正义转向承认正义，实现尊严被普遍承认的教育。笔者认为，关注承认，避免教育微观层面的被羞辱和歧视是非常重要的。除此之外，还需关注教育中各个不同组成单元之间关系的正义实现，所谓组成单元，在学校里可以是不同性别、不同阶层、不同族群、不同民族、不同文化的拥有者，甚至普通儿童与特殊儿童等有差异的可互相区分的群体。在社会这个大群落中，人及其所属群体往往存在难以同一化的诸多差异：性别差异、民族差异、阶层差异、地缘差异、贫富差异、偏好差异、品质差异、人格差异等。关注教育中各个有差异的单元（群体、阶层）关系状况的正义就是下面要探讨的艾丽斯·马瑞恩·杨的关系正义，它不同于分配正义，而是主张消除针对各种被边缘化的弱势群体的"支配"和"压迫"的正义观。

---

[1]　冯建军. 后均衡化时代的教育正义：从关注"分配"到关注"承认" [J]. 教育研究，2016（5）.

### 三、当代教育正义的理论之争：分配正义与关系正义

#### （一）以罗尔斯为代表的分配正义（配置正义）

分配正义是正义理论的传统，20世纪的政治哲学基本都是探讨如何把社会的各种"善品"进行合理的分配。代表人物有柏拉图、亚里士多德等人的城邦式的等级正义；边沁和密尔为代表的功利主义，其根据苦乐原理，以最大多数人的最大幸福为价值标准；罗尔斯、德沃金的自由平等主义；诺齐克、哈耶克等人的自由至上主义以及沃尔泽、尼尔森等人的平等至上主义等。下面对当代政治哲学领域最著名的罗尔斯分配正义理论及其遭受的批评进行重点阐述，基于其在教育公平、正义、均衡发展等研究中的深刻影响，非常有必要厘清其正义观的实质和局限，以便为教育均衡发展的新思路找到理论依据。

罗尔斯在《正义论》中指出，正义的主题是"社会的基本结构"①。其关心的是社会各种"善"或利益或人人欲得的物品在社会中如何分配。罗尔斯论证其正义理论时采用了"原初状态"和"无知之幕"的概念，"无知"是指每个参与"基本善品"选择和分配的人对自己的身份、背景、历史、天然禀赋、比较优势等一无所知，只是带着理性的头脑和自私冷漠的心灵，来参与讨论社会"基本善品"的分配规则。基于这样简单化了的头脑假设，罗尔斯演绎出"作为公平的正义"的一整套分析框架，罗尔斯的正义论是一种关于分配正义的理论，关注的是如何通过一种制度安排使各种资源达到公平的分配。罗尔斯构建了一种"作为公平的正义"的观念："所有社会价值——自由和机会、收入和财富、自尊的社会基础——都要平等地分配，除非对其中一种价值或所有价值的一种不平等分配合乎每一个人的利益。"② 其苦心构建的"正义大厦"的核心即为选择过程中各方所共同认可的正义原则："每一个人对于一种完全适当的平等的基本自由体系都拥有相同的不可剥夺的权利，而这种体系与适于所有人的同样的自由体系是相容的。社会与经济的不平等应该满足两个条件：第一，它们所从属的职务和地位应该在机会均等条件下对所有人开放；第二，它们应该有利于社会之最小受惠者的最大利益（差异原则）。"③ 第一个原则即每个人都享有平等的获得各种利益的权利，第二个原则即机会面前人人平等和对弱势的合理补

---

① 约翰·罗尔斯. 正义论 [M]. 何怀宏，等，译. 北京：中国社会科学出版社，1988：5.

② 约翰·罗尔斯. 正义论（修订版）[M]. 何怀宏，等，译. 北京：中国社会科学出版社，2009：48.

③ 罗尔斯. 作为公平的正义——正义新论 [M]. 姚大志，译. 上海：三联书店，2003：70.

偿。罗尔斯认为，第一个原则比第二个原则优先，同时机会平等先于弱势补偿。

与罗尔斯的正义观比较接近的是加拿大哲学家 K.尼尔森，其对基于自由主义立场的罗尔斯提出了批评，把自己的正义观建立在激进平等主义的基础上，但主要还是要求平等的各项权利，"力图阐明社会主义正义观的基本形式"①。

### （二）以罗尔斯为代表的分配正义的实质与不足

罗尔斯的正义原则应用非常广泛，当前的教育公平、教育均衡发展、教育公正、教育正义的相关研究基本是在分配正义的范畴下开展的②。教育相关研究大多以罗尔斯等人的正义理论为视角，以至于有论者称之为"罗尔斯教育公正理论情结"③，但随着在各个领域对罗尔斯的应用和评述越来越多，很多学者渐渐发现其正义模式的局限性和理想化色彩，不认同其分析正义问题的思路和提出的分配正义原则。这些批评是在不同层面上展开的。首先是自由主义体系下，同样持有分配正义观的一些学者，例如诺齐克、德沃金、尼尔森等。其次是社群主义对自由主义分配正义观念的批评，例如麦金太尔的德性正义观，最后一种批评是对分配正义的修正甚至颠覆，即多元正义视域中对正义重新阐释，尤其是强调作为多元正义重要组成部分的关系正义。

例如，很多人质疑罗尔斯正义原则的前提，即"无知之幕"的过度理想化：在现实中的人都是具体地知道自己所处情景的人，而不可能对自己的背景一无所知地来参与分配。德沃金分析了个体处于弱势地位的三种原因：一是来自天然或遗传方面的不平等；二是社会经济条件的差异导致的不平等；三是本来拥有同样的资源，却由于自己的管理不善或肆意挥霍导致的不平等。前两者导致的弱势或边缘化需要给予补偿，第三种情形就是咎由自取，无须补偿。另外，尽管"减少人们在基本社会产品或生活资料方面的不平等"能够取得一致，但激进平等主义者尼尔森"要求社会经济条件的平等"④，而罗尔斯只是试图通过补偿和照顾"最不利者"来减少社会中的不平等，而不是消灭不平等。

每个分属不同理论流派的学者对正义的分析总是存在各种差异，这也导致了他们在如何实现正义这个问题上的不同观点。诺齐克在正义如何实现方面，反对剥夺强者回馈弱者，是持有的正义观，强调自由至上，正当的持有不可剥

---

① 袁久红. 正义与历史实践 [M]. 南京：东南大学出版社，2002：289.

② 吕寿伟. 分配，还是承认——一种复合的教育正义观 [J]. 教育学报，2014（2）：27-33.

③ 刘同舫. 罗尔斯教育公正理论情结及方法论原则批判 [J]. 教育研究，2012（1）：40-45.

④ 文长春. 正义：政治哲学的视界 [M]. 哈尔滨：黑龙江大学出版社，2010：204.

夺，希望最弱意义的国家，即国家不能强制分配"基本善品"，而只应该确保公民充分自由和各项权利的不可剥夺。德沃金主张起点一致的资源平等，要求认真对待人的自由选择权利，其建议是市场经济和代议民主制，辅以保险制度。尼尔森是绝对平等主义者，在利益获得上强调多多益善，在资源、自由、权利、尊重、负担等方面要平等配置。麦金太尔等社群主义者坚持德性的正义观。这些正义理论始终都属于分配正义的范畴。他们的区别主要是如何把物质资源合理地分配给每个社会成员，差别只是分配的原则和理论依据不同。

### （三）从分配正义走向关系正义

基于以罗尔斯为代表的分配正义观的局限，很多学者提出了对正义问题的更多思考，例如，沃尔泽提出"复合平等"的正义观；弗雷泽的一元三维正义观，即正义可以分为经济、文化和政治三个维度，在经济上是合理再分配，文化方面是相互承认，政治方面是平等的代表权。与三个正义尺度相对应的，是三个不同程度存在的非正义形式：分配不公、错误承认、错误代表权①；戴维·米勒提出多元正义理论，挑战了自由主义正义观中各种单一正义原则②；霍耐特的"承认正义理论"主张以承认为基础构建规范一元论，用承认的方式涵盖再分配等。这些正义一般都对分配正义的概念进行了扩展，可以归纳为多元正义的范畴。其中关系正义的理论主张尤其值得注意，并可应用到教育均衡发展的相关理论中。艾丽斯·M.杨分析了基于物质资源的分配正义的局限，提出了超越分配正义的关系正义主张，分析了各种社会关系中的普遍存在的"压迫与支配"，提出了包容性的沟通型民主的理念③。

她批评分配正义的观念主要关注的是物质产品或各种利益的分配，没有重视各种物品在分配时所处的制度情景或文化习俗的影响，对非物质资源的分配实际上也牵强附会，难以解释清楚，例如关于权利、荣誉、尊严的分配就难以自圆其说。关系正义论从社会关系的角度考虑正义的内涵，特别指出差异政治和容纳民主这样的概念，重视在分配正义中往往被忽略的社会制度情景，提倡尊重和承认社会各种不同处境的群体其不符合主流价值观的多种声音或要求，并分析了在分配正义的框架内被忽略的压迫和支配问题，包括"剥削、边缘化、

① 凯文·奥尔森. 伤害+侮辱——争论中的再分配、承认和代表权［M］. 高静宇，译. 上海：上海人民出版社，2009：276.
② 王桂艳. 多元正义理论的当代阐述——戴维·米勒多元正义理论述评［J］. 国外社会科学，2014（3）：142-147.
③ 彭斌. 包容与民主［J］. 读书，2014（10）：62.

无权、文化帝国主义和暴力"五种形式的不正义①。

其实现正义的理论出发点在于注重社会中各种群体之间明显的不平等，充分考量各种边缘化群体遭遇的不能被分配的领域囊括的不正义，例如由于其理念和生活方式的特殊性，经常被贬低、被羞辱、缺失自尊，贡献和付出不被尊重，被边缘化等，关系正义旨在为他们如何获得公正对待和体面生活而努力，目的在于"消解个体自我发展和自我决定的制度化限制"②。其考虑问题会更加深入和周全，如社会在决策制定程序、劳动的划分和背后的文化观念等方面进行协商或决定时，是否能够使在尊严、形象、声誉、生活方式等方面的每个群体都获得正义对待。

关系正义的学者质疑分配正义概念没有充分证据的扩展。例如关系正义的学者认为："若只关注分配，逻辑上的必然结果会造成把分配以外的问题强行纳入分配的框架，例如将一些权利、机会、自尊等非物质性的资源也列入分配的范围，使得原本属于社会关系和社会过程作用之结果却在无形中被作为固定的东西来进行分配，从而使社会关系和制度规则具体化，忽视或模糊其中的社会过程。许多理论家公开地把分配正义的范围扩展到一些非物质性的产品上。"③权利分配、机会分配如何平等受到了质疑，尤其是涉及自尊，它没有办法进行拆分、衡量、数字化表达，因而不属于分配范畴，关系正义更强调主体间的认同，涉及文化意义上的承认，"缺失对背景制度正义性的追问将很难确保人们可以公正地获取自尊的条件"④。

群体的差异是现代社会难以消解的客观存在，杨主张"为受到压迫和处境不利的群体实施'特殊代表权'"。杨的主张当然也遭遇到了很多批评，例如，以群体为基础的差异政治可能摧毁社会群体间的公共善，使对话无法进行；差异政治会削弱民族认同；差异政治是利己主义的声音，会导致分裂，有碍于普遍的人类解放等⑤。但其主张对超越分配正义的局限，启发人们对正义的多元

---

① 马晓燕. 多元时代的正义寻求——I. M. 杨的政治哲学研究 [M]. 北京：光明日报出版社，2012：65.

② 马晓燕. 多元时代的正义寻求——I. M. 杨的政治哲学研究 [M]. 北京：光明日报出版社，2012：184.

③ 马晓燕. 多元时代的正义寻求——I. M. 杨的政治哲学研究 [M]. 北京：光明日报出版社，2012：68.

④ 马晓燕. 多元时代的正义寻求——I. M. 杨的政治哲学研究 [M]. 北京：光明日报出版社，2012：70.

⑤ 马晓燕. 多元时代的正义寻求——I. M. 杨的政治哲学研究 [M]. 北京：光明日报出版社，2012：173.

思考起了重要作用。

由以上分析可知，关系正义的理论主张扩大了关于正义讨论的范畴，它不是把目光投射在物质资源如何分配的视域中，而是更多涉及文化、身份、尊严、资格等不可分配的问题。作为多元正义的组成部分，关系正义还受到各种正义观念的冲突和碰撞，但确实为我们理解教育均衡发展问题提供了新的思路。这是因为关系正义的理论是从现实问题的思考开始展开，而没有着眼于对既有理论的思辨和先验正义原则的建构。杨在其《包容与民主》中运用批判理论的研究方法，即不是从有关道德、人性或良善生活的哲学假设进行逻辑推理得出相关的原则和理念，而是从实然的前提发出，反思进入研究者视野的现实的社会关系、过程与结构，分析它们之间的相互关系，提出规范性判断和结论①。具体而言，杨主要从"压迫和支配"这两种非正义的反思批判中构建其包容民主的关系正义理论。

### 四、教育均衡发展的双重正义视域：一种可能的尝试

"传统的教育正义研究范式是罗尔斯正义理论在教育领域的套用，本质上是一种'分配正义'。"②罗尔斯的正义观对解决教育均衡发展的问题提供了思想资源，保障平等权利，重视对最不利者进行补偿，从而促进教育中的各个组成单元和谐发展是当前教育均衡发展的思路。但其局限也是明确的，多元正义特别是关系正义的主张，其核心取向就是消除业已存在的各种教育关系中的歧视、羞辱、不尊重、无权、压迫和支配等，这些现象存在于城市学校对农村学校、优质学校对薄弱学校、重点班级对普通班级、权势阶层对贫弱阶层、城市群体对农民工群体等教育关系中，尽管这些"压迫和支配"不是刻意为之，但难以否认这是对后者的羞辱和不尊重。当下中国正在构建社会主义核心价值观，把自由、平等、公正、法制的理念融入社会的发展理念。教育如何能够实现这些价值观就是核心价值观在教育中的贯彻与融入问题。关系正义的理念给我们如何实现核心价值观要求的公正理想提供了思想素材，而教育均衡发展的实现恰恰需要这些核心价值观的引领。关系正义的提出对教育实质均衡发展的实现具有重要启发。

#### （一）在教育均衡发展中构建双重正义理论的引领

从两种正义观念来看，正义的范畴应有合适的扩展，其不仅包括常见的物

---

① 艾丽斯·M. 杨. 包容与民主 [M]. 彭斌，刘明，译. 南京：江苏人民出版社，2013：2.
② 孙霄兵，谷昆鹏. 论教育正义的研究范式 [J]. 国家教育行政学院学报，2015（2）：19-24.

质利益和资源的分配，还包括资格、尊严、荣誉、人格、身份等方面的平等以及参与社会公共事务、发表声音、提出主张等各个不同方面。这些方面可能不再是分配的范畴，而是多元正义，特别是关系正义讨论的范畴，其对于教育均衡发展的实践来说，却是必须要考虑的，试图找到普遍适用的正义原则来涵盖之，是为柏拉图的正义理想做注脚，终难实现。因而采用双重正义的理论视角来解析和引领教育均衡是有比较优势的良策。

分配正义和关系正义考虑的出发点是不一样的，一个重在物质利益、权利与义务、机会和荣誉等的合理配置，另一个重在群体文化的相互承认和尊重方面，强调消除各种压迫、支配。因为支配和压迫致使弱势群体被边缘化，被剥夺参与讨论和决策的权利，是外界基于其想当然的立场馈赠的，这与弱势群体的愿望往往并不一致。这种立场为我们提供了一种观察教育均衡发展状况的分析框架。在教育实现均衡发展的过程中，恰恰可以发现正义的理想在教育各个层面的实现程度。初步的教育均衡发展已经实现，实质均衡的实现就不再是各种教育资源的分配问题，而是对学校之间、城乡之间、地区之间各种差距的重新审视问题，是少数学校被贴落后、薄弱标签的文化合理性问题。例如，当前的教育均衡发展思路特别强调对农村学校、薄弱学校的扶持和帮助，但发现很多举措没有显著改善其薄弱境况。而且，原来的发展思路忽视了薄弱学校的内在发展能力，没有激发其内在发展动机，反而是一些学校领导养成了不思进取、不求发展、只求平稳的"等、靠、要"等观念，因而这些学校的办学状况多数不理想，教育质量多年没有实质进步，与教育实质均衡发展的理想背道而驰。

因而，借鉴关系正义的理论，首先需要消除文化上的标签效应，改变社会广泛存在的"刻板印象"和等级评价思维，激发每个学校的内生发展动力①，促进其能够基于自身实际的良性发展。另外就是关系正义强调的"特殊代表权"，要让农村地区的学校和发展处境不利的学校在相关教育政策的制定和实施中具有"特殊代表权"，尊重这些学校的现状并给予这些学校急切期待的帮扶，而不是由于外界的强制而被迫遵循划一的标准，防止注重形式而无实效。同时，在学校内部的教育不正义方面，对弱势群体、贫困群体或边缘群体的帮扶，不仅要给予物质倾斜，也要给予政策讨论和制定中的特殊代表权，防止其被贴上不好、弱势、贫穷、落后、差劲的标签。由此，"通过重建理论基础、重构从正义到教育正义的演绎路径，新的教育正义研究范式得以确立。新范式以'关系

---

① 姚永强，范先佐. 内生发展：薄弱学校改造路径选择［J］. 中国教育学刊，2013（4）：37-40.

正义'为逻辑起点，以系统论为逻辑中介，凸显教育的特殊性"①。双重正义理念的核心取向，在于关注教育均衡发展中正义的不同层面和角度，深化我们对教育均衡发展问题的多元化理论反思。

（二）考量教育均衡政策设计过程的正义性，抵制各种形式的排斥

杨在著作《包容与民主》中，非常注重从现实的不正义开始考虑正义的实现问题，而不是寻求普遍的正义原则，其独创一种"特殊代表权"的概念试图为弱势群体寻找参与讨论，影响决策的途径，后来提出"差异性团结"的理想，以便被排斥、被边缘化、无权化的群体积极进入各种政治团体，参与各种有关自身利益的决策。教育均衡发展的政策也需要倾听社会上各种类型的弱势群体、缺失话语权群体的声音。

在教育的决策讨论中，政府站在何种立场，采用何种阶层或群体的建议方案，代表何种阶层的利益，是考量教育政策正义性的核心所在。"某项民主决策所具有的规范意义上的正当性取决于那些受其影响的人在多大程度上被包容进决策制定过程，并且拥有影响其结果的机会。"② 按照杨的区分，决策制定中的排斥分为外部排斥和内部排斥。前者是指"各种本来应当被包括进来的群体和个人被有意无意地排除在讨论与决策制定的论坛之外"，后者是指"即使人们有机会参与决策制定的程序与讨论会，他们也缺乏有效的机会去影响其他人的思想"③。现实中，一些弱势群体，例如农民工、下岗者、小商小贩等体制外群体，就往往遭受了外部排斥和内部排斥的双重挤压。不仅对一些教育行政部门的教育决策过程缺少影响力，反而受到地方保护主义的影响，成为这些政策实施中的"最不利者"，其子女尽管大多已经能进入当地公立学校读书，但大多数都是进入了当地薄弱学校，而且在学校中这些弱势群体子女受到多种歧视对待。这种遭遇不符合教育均衡发展的基本要求，也不利于教育公平和正义的实现。

教育均衡发展需要考虑正义观念的复杂性，防止某种正义原则或观念"一统天下""一竿子插到底"，也即不适当的僭越，而必须考虑多元群体的多样化诉求，倡导差异性团结的理念，"反对那些排斥与隔离由某些人组成的群体或范

---

① 孙霄兵，谷昆鹏. 论教育正义的研究范式［J］. 国家教育行政学院学报，2015（2）：19 -24.

② 艾丽斯·M. 杨. 包容与民主［M］. 彭斌，刘明，译. 南京：江苏人民出版社，2013：7.

③ 艾丽斯·M. 杨. 包容与民主［M］. 彭斌，刘明，译. 南京：江苏人民出版社，2013：66，68.

畴的行动结构"①。通过充分持续的协商，在资格、机会、过程、结果等方面力争减少教育中已经人人感受到的不正义，并且尽量不引发新的带来某种形式不均衡的不正义，"教育正义之实现必须转向以人为中心，以人的发展为中心"②。以此为标准，某种行动或举措是否符合正义，并非很难判断。要警惕的是，以"为学生好"做借口的各种非正义教育行动。例如，学生写错字罚抄一百遍，考试成绩低和行为表现差的学生被要求佩戴绿领巾、穿红校服，在要求每天做一件好事的口号下，学生找不到"做好事"机会被迫造假等，就是不符合"人的发展"标准的假正义，这种现象也反映了师生关系中的非正义，即关系正义揭示了学生在有关自身的教育决策中缺失"话语权""被排斥""被压迫""无权化"等。

（三）双重正义视域中教育实质均衡的渐进实现

双重正义倡导的理念能够帮助我们渐进地改变教育中明显的不均衡，逐渐接近理想的实质均衡。教育均衡的实现绝非易事，由于每个阶层、群体正义观念的迥异，因此正义的原则很难获得统一，正义的实现从来都是不易解决的难题，没有哪个时代敢于宣称实现了正义的理想。这是因为，"不论上帝（如果上帝存在的话）或自然，都不能使公正得以在人世间自然地实行。一方面，如上所说，公正并不是自然选择的结果，自然也绝不可能为言行公正的个人乃至阶级、阶层和社会集团，提供适于生存的优惠。另一方面，人性也从来都不完美"③。但对正义的追求从来都是社会中每个人的期待和理想。其都希望生活在正义的社会或国度里，得其应得，付出与补偿相对应。

正义概念及其实现的复杂性提示我们教育实质均衡理想的实现必须吸纳这个社会的多种声音，尤其是农民工、少数族裔、贫困山区、失地农民、流浪者、单亲家庭等难以表达自身诉求的群体，让更多的人发出声音，参与决策，并且平等协商，深刻探讨，谨慎决策才是正确的道路。教育均衡发展作为时代强音，需要充分照顾各种群体的合理诉求，以教育正义的实现为指归，努力实现实质均衡。杨主张以扩展的交往概念来表达更具开放性的政治交流背景，容纳包括公民不服从在内的异质多元的政治形式和交往概念，容纳差异群体和个体的经

---

① 艾丽斯·M.杨. 包容与民主 [M]. 彭斌，刘明，译. 南京：江苏人民出版社，2013：272-273.

② 高伟. 从追求绝对正义到反对非正义——教育正义论的范式转换 [J]. 教育研究，2016（8）.

③ 姜涌. 哲学与政治：当代中国政治哲学研究 [M]. 济南：山东大学出版社，2007：127.

验及表达方式①。这是一种民主协商的道路，最终有利于建立各种不同群体都能充分认同和自觉维护的决策模式，从而为包括教育正义在内的社会正义实现提供良好基础。教育的实质均衡发展正是奠基于这种渐进的、协商的、谨慎的、公开的讨论中获得的共识。

## 第二节　教育优质均衡发展的比较正义进路②

### 一、问题的提出：教育从基本均衡走向优质均衡

当前，教育均衡发展作为政府在基础教育层面的核心政策，正在全国获得深入推进，大部分县市已经通过教育部组织的基本均衡发展评估，已经取得预期成效③。在教育均衡发展的推进中，全国各级政府和教育管理部门尽心竭力，因地制宜推出了很多符合当地实际的具体举措，例如学校标准化建设、危房改造、全面改薄等专项政府工程以及教育集团化、学区化，设置特岗教师、免费师范生，新聘教师优先补充农村学校，教师定期交流轮岗等政策。基于此，全国很多乡村学校、老少边穷地区的学校、城镇薄弱学校的办学条件和师资状况已经有了较大改善，生均拥有的教学资源、经费投入、师生比等指标日趋均衡，实现县域内基本均衡发展的政策目标指日可待。据教育部公开数据显示，截至2016年年底，已有1824个县（市、区）通过了教育部的教育基本均衡发展督导评估，今年有500个左右的县（市、区）接受国家督导评估认定，合计总数将达到2300个左右，占全国总数的80%。基于此，教育部今年5月适时发布了《县域义务教育优质均衡发展督导评估办法》，引领这些已实现基本教育均衡目标的地区走向教育优质均衡。

尽管教育基本均衡已取得重大进展，但亟待破解的难题尚有随着城镇化的快速推进，农村教育仍然揪心，"农村逐步空心化，部分农村校舍被闲置，农村教育资源无形中被浪费。2014年，全国有46%的乡村小学班级人数在25人及以

---

① 马晓燕. 多元时代的正义寻求——I. M. 杨的政治哲学研究 [M]. 北京：光明日报出版社，2012：119.
② 杨建朝. 教育优质均衡发展的比较正义进路 [J]. 教育学报，2017（5）：64-70.
③ 教育部教育督导局负责人就《县域义务教育优质均衡发展督导评估办法》答记者问 [EB/OL]. 中华人民共和国教育部，2017-05-23.

下"。而且，区域间、城乡间、不同学校之间教育质量差距甚大①。全面教育均衡发展的实现还任重而道远。另外，现实中老百姓对教育仍然不够满意，各种形式的择校——就读所谓"好"学校的竞争仍然非常激烈。办学质量差距在城乡教师定期交流、名校带领弱校的集团化办学等政策推进下，尽管一些地方有所缩小，但显然还存在诸多不和谐之处，对于传统所言的重点或优质学校的竞争并未明显减弱。另外，一些质量较好、办学特色鲜明的优质学校在某些不尽合理的教育政策冲击下，面临质量滑坡、特色丧失的风险。这些反映了教育的物质资源配备、经费投入、师资配置容易做到平等，但反映教育根本目的和人民期待的教育质量却很难均衡，乡村学校持续困难的局面没有根本改变，薄弱学校依然薄弱的困局还尚待破解。正因为如此，才非常有必要在多数县域实现教育基本均衡后，考虑如何进一步推进基于优质均衡发展。这需要反思原有推进教育均衡发展所依凭的教育正义观念的理论局限性，探寻新的有助于实现教育优质均衡的正义理论基础。

若以优质教育均衡愿景观察，即"以促进公平和提高质量为重点的内涵式发展"②作为分析视角，"义务教育优质均衡是底线均衡基础上的差异均衡，其发展是注重质量提升的内涵发展"③。理想中的教育优质均衡发展，其应然状态就是在教育基本平等的基础上探索教育正义的实现方式，就是以育人为本，实现教育质量的持续提升，其期待是每个学校都基于自身实际良好发展，处于学校中的每个学生都能全面发展，从而办出切合人性需要、人民群众高度满意的高质量教育。其最终归宿应该是马克思所期待的每个人的自由全面发展，即学生自由个性在教育体系中的普遍生成。马克思非常关注现实问题而不是宏大理论建构，其"不是从人的权利而是从现实中的人的生存与发展角度谈论正义，关心的重点是怎样促进受教育者的身心健康发展，这样，就把尊重人的尊严、保障人的发展作为教育目的，这应成为评判教育正义的基本原则"④。"人的发展，本质上是'人的自由而全面发展'，包含了比权利、物质生存条件更多的内容。"⑤以这种人本化教育的理念来关照当前教育均衡发展的理论基础和新的现实问题，利于探寻教育均衡发展向更深层次或更高水平展开的可能进路。

①　朱德全，李鹏宋，宋乃庆. 中国义务教育均衡发展报告——基于《教育规划纲要》第三方评估的证据 [J]. 华东师范大学学报（教育科学版），2017（1）：63-77.

②　冯建军. 义务教育均衡发展必须实现重心转移 [J]. 教育发展研究，2013（12）：1.

③　冯建军. 义务教育优质均衡发展的理论研究 [J]. 全球教育展望，2013（1）：84-94.

④　舒志定. 马克思正义批判语境中的教育正义 [J]. 教育研究，2015（7）：4-10.

⑤　李佃来. 马克思正义思想的三重意蕴 [J]. 中国社会科学，2014（3）：5-16.

## 二、以罗尔斯为代表的正义观推进教育均衡发展的优势与局限

罗尔斯以作为公平的正义为分析视角，提出了著名的正义原则，即平等的自由权利、机会开放和对最不利者的合理补偿。其采用"无知之幕"的理论预设，排除了个人既得利益的干扰和各种任性的意愿，推演出其正义的实现原则。"每一个人对于一种完全适当的平等的基本自由体系都拥有相同的不可剥夺的权利，而这种体系与适合于所有人的同样的自由体系是相容的。社会与经济的不平等应该满足两个条件：第一，它们所从属的职务和地位应该在机会均等条件下对所有人开放；第二，它们应该有利于社会之最小受惠者的最大利益（差异原则）。"① 第一个原则即平等的自由权利，第二个原则即机会均等和承认差异。罗尔斯认为，第一个原则比第二个原则优先，同时机会均等原则优于差异原则。罗尔斯对正义的探索就在于为社会正义问题的实现找到普适、彻底的原则。

罗尔斯的正义原则在近些年的教育研究领域获得了许多学者的广泛重视，以往推进教育公平和均衡发展的各项举措，主要是以罗尔斯正义理念为主要理论依据，在保障每个学校或学生基本权利的同时，向最不利的弱势群体给予各种形式的补偿和照顾。当前教育平等、均衡发展、教育公平等问题的相关研究很多是在罗尔斯、诺齐克等分配正义原则指导下开展的。教育公平正义研究大多以罗尔斯等人的正义理论为视角，以至于有论者称之为"罗尔斯教育公正理论情结"②。

当前，教育均衡发展作为国家基础教育的核心政策，正在全国深入推进。在教育均衡发展推进的政策方面，回顾分析已有举措，主要是在上述罗尔斯作为公平的正义观的理论指导下，看重教育物质资源的合理化分配，对农村、边远、民族聚居地区等相对不利地区的学校和城镇薄弱学校进行各种经费和物质资源的补偿，实施学校标准化建设以及名校带弱校的教育集团化，取得了巨大成绩，使得教育均衡政策在基础教育领域已经获得了较好成绩。但物质资源和办学条件的达标只是实现教育均衡发展的基本条件，并非充分条件。尤其是物质资源的均等配置远远不是教育的终极目标，教育均衡发展的初级目标在于每个学生都能享有不可剥夺的教育权利，使每个学生能够不受歧视或差别对待地享有合格的学校教育。基本教育权利满足后希望追求的优质均衡发展其意蕴就

---

① 罗尔斯. 作为公平的正义——正义新论［M］. 姚大志，译. 上海：三联书店，2003：70.
② 刘同舫. 罗尔斯教育公正理论情结及方法论原则批判［J］. 教育研究，2012（1）：40-45.

相对更为丰富：个体接受教育的核心诉求显然不止于此，而是获得自身需要的理想的发展，享有优质、尊严而公平的教育生活。权利、尊严、身份等非物质的东西，显然并不是可以配置的范畴，例如关系正义的理论批评罗尔斯的正义观时，指出对权利、机会、自尊等非物质性资源进行分配会存在僭越和很多无法理解的问题。"使得原本属于社会关系和社会过程作用之结果却在无形中被作为固定的东西来进行分配，忽视或模糊其中的社会过程。"①

罗尔斯研究正义问题的思路属于探寻普适的理想正义，是一种注重逻辑分析的哲学思辨式研究，但是对于现实中谁有权利进行分配，什么是最不利者应得的额外补偿，获得额外补偿需要的条件，如何对平等的权利进行确认……这些问题罗尔斯没有给出非常明确的结论，大约也是由于现实中各类问题的不确定性、复杂性，因此只能给出一种抽象而简明的原则体系。另外，很多人质疑罗尔斯正义原则的前提，即"无知之幕"的过度理想化：在现实中的人都是具体地知道自己所处情景的人，而不可能对自己的背景一无所知地来参与分配，因而不可能排除既得利益对判断的干扰。"针对排除所有特殊信息是否会导致无法把握原初状态的质疑，罗尔斯的辩护理由是，这种对特殊知识的限制是基本的，否则，要么论述将无法在一般意义上展开，要么将无比复杂。无知将使各方具有达成共同契约的必要性和可能。假定其他情况相同，一种正义观建立在更简明的基础之上，它就比其他正义观更可取。"② 对于各类社会现实问题来说，问题的关键是需要理论来改变现实，也即马克思所言的以往的哲学家都注重解释世界，而问题的根本在于改变世界。罗尔斯的正义论尽管非常注重正义原则的系统和严密，但由于他对现实中存在的各种明显不正义问题存在一定的忽略，致使其在解决现实不正义方面的说服力比较薄弱。总的来说，以罗尔斯为代表的正义观只关注制度层面的正义，而忽视了社会的复杂性，他未能考虑不同观念和诉求之间的交流、碰撞和互动，往往在如何可能正义的核心问题上难以取得一致意见，在理论的现实可行性方面有局限性。

有研究者认为，以罗尔斯等人为代表的正义观属于分配正义，这种分配正义的局限在于："第一，分配正义范式期望通过构建一种全面、普适的分配原则来实现教育正义。然而，这种方式却至少存在三方面困难。其一，是否存在普遍适用于所有社会物品的分配原则仍然值得商榷。其二，正义原则的提出应基

---

① 马晓燕. 多元时代的正义寻求——I. M. 杨的政治哲学研究 [M]. 北京：光明日报出版社，2012：68.

② 徐丹丹. 从无知之幕到分配正义——罗尔斯正义论的"哲学—历史"逻辑演进 [J]. 南京社会科学，2012 (8)：69-73.

于应然的前提（对于公平的设想）还是实然的前提（现实状况）存在较大争论。其三，在所确定的原则本身上存在分歧，不同原则都有其合理存在的理由，但基于不同原则所得出的结果却存在较大差异。"①

实际上，作为现实而具体的教育理想追求，教育实现优质均衡发展涉及家长、学生、教师、学校、教育部门等多个维度的利益主体，在如何实现高质量教育均衡方面存在诸多不同声音，多种具体举措之间必然存在冲突与矛盾。例如，作为核心举措之一，强制推进的教师定期交流制度，很难得到"被流动"教师的内心认同和自觉行动，大多是不得已而为之，因为其是社会中的具体人，必然会由于工作岗位的变动而产生诸多不适应，给其带来家庭责任、生活便利、岗位适应方面的诸多困难。而对于教师需要持续"交流"的学校，由于教师的频繁流动，使其更加难以形成对学校的归属感和荣誉感，无法持久地凝心聚力，形成学校的发展特色，甚至由于强制的教师频繁流动影响学校的原有教育秩序和生态，教育教学质量受损，优质学校可能被迫成为新的薄弱学校。而对于受援助的学校，也要考虑流动教师的生活问题、适应新岗位的问题，导致学校增加工作压力和管理难度。另外，以往在罗尔斯的正义逻辑下，由于可投入的经费总量相对稳定，大量教育经费向薄弱学校、农村学校倾斜，可能会给正常的学校发展秩序带来负面影响。例如，随着城镇化中学生的流动，学生数额增加导致需要增加经费的城镇学校难以获得充分的经费支持，而在教育均衡的政策下，大量的经费投入一些农村学校后，很多现代化教学设备、用具闲置，一些农村学校由于教师不会或不愿用多媒体，导致投入的电脑、电子黑板等无法发挥作用，经济效用低。这些情况表明教育政策尽管出发点都是良好的，但具体实施中要考虑实际情况的复杂性和可能的矛盾冲突，需要从教育具体情况出发，采取渐进的思路、比较的思维、谨慎的推进，这需要扬弃以罗尔斯为代表的普适正义观，借鉴阿马蒂亚·森的比较正义范式。

---

① 吴煌. 教育正义：走向多元综合的范式［J］. 湖南师范大学教育科学学报，2017（2）：83-88.

### 三、阿马蒂亚·森比较正义视域中的教育优质均衡发展意蕴

#### （一）阿马蒂亚·森比较正义范式的分析理路

阿马蒂亚·森认为对正义理论的思考可以划分为两大类，即着眼于制度安排的"先验制度主义"正义和着眼于改进现实"明显不正义"的比较正义。前者试图寻找完美的正义法则，即探寻"终极的社会正义的特征"，主要关注制度本身的合理性，而不是"直接关注现实存在的社会"。也即先验制度主义的正义观——"致力于探寻终极的社会正义以及正义的本质。它假定社会按照某种虚拟的契约运作，而且社会中所有个体的行为都必须遵循同一种理想模式，人的行为完全符合先验正义以及先验社会结构的基本要求。"① 后者则着眼于现实的比较来努力促进正义实现程度，即采用"比较的方法来关注各种社会现实"，而非"寻找绝对公正的社会"，试图"消灭所见到的这个世界上的明显的不公正"②。"这种研究进路，允许人们关注制度层面的不正义和行为层面的不正义，并且依据充分但绝非完备的信息来制定出相对而言的正义原则或积极政策，以便消除那些明显的不正义。"③ 阿马蒂亚·森认为罗尔斯的正义原则是在于构建"绝对公正的制度"，属于先验制度主义正义观的阵营，而自己则属于比较正义的阵营。

阿马蒂亚·森的正义观也被其自称为社会选择理论，它作为一种对正义的分析框架，认识到现实情况的复杂性和不确定性，知道无法避免各种相互矛盾的、难以取得一致的可能选择。关注现实各种可能选择的比较，而不是瞄准最合理、最正确的方案。这种理论允许并期望多种形式的反思，是受到阿罗不可能定理的制约，即最初看上去最合理的一般性原则，最后也必然会出现问题，因为最合理的各种原则之间存在难以调和的冲突④。另外，社会选择理论允许非完整排序，以及诠释与输入的多样性，强调精准的关联与推理⑤。这种理论

---

① 高伟. 从追求绝对正义到反对非正义——教育正义论的范式转换［J］. 教育研究, 2016
（8）：13-22.

② 阿马蒂亚·森. 正义的理念［M］. 王磊, 李航, 译. 北京：中国人民大学出版社, 2012：5-6.

③ 秦子忠. 以可行能力看待不正义：论阿马蒂亚·森的正义理论［J］. 上海交通大学学报（哲学社会科学版）, 2016（3）：16-27.

④ 阿马蒂亚·森. 正义的理念［M］. 王磊, 李航, 译. 北京：中国人民大学出版社, 2012：95.

⑤ 阿马蒂亚·森. 正义的理念［M］. 王磊, 李航, 译. 北京：中国人民大学出版社, 2012：96-98.

范式对如何实现教育优质均衡发展有着理论思维变革的重要启示，兹述如下。

（二）推进教育优质均衡的基础在于树立宽泛的理性观

阿马蒂亚·森是一个不同于原有配置正义思维的学者，其持有一种非严格逻辑的宽泛的理性观，在解决不正义问题时，他注重寻求各类群体不同声音的共识，不关注严格的系统的抽象论证。其原因：第一，此种理性观反对"选择的内在一致性"，不寻求罗尔斯坚持的"完备排序"；第二，反对"自利最大化"和"一般最大化"，所以相对而言并非严格的理性，而是属于宽泛的理性形式。① 从而摒弃先验制度主义分析正义问题的形而上学逻辑，注重分析现实而具体的不正义问题。

这种理性形式要求我们在试图解决关涉教育均衡发展的各种问题时，要充分认识到教育优质均衡的理想不可能一蹴而就，它与试图实现理想的社会所处的具体情境和发展水平及文化处境等是密切联系的。不同文化、不同处境、不同阶层中的人们对于优质教育的看法显然不可能一致，在进行不同层面的教育决策时，必须注重现实的每个学校的境况，吸纳教育相关主体的多元声音，尽管每个人的立场不一，很多诉求只是感性抒发而远离理性诉求，有的固执而幼稚、有的深刻而偏激，但拥有多种声音，会使我们的教育均衡问题的解决方案更加接近正义。以宽泛的理性来观察教育优质均衡，就应该致力于明显的教育不合理问题的解决，而不可能用普适的正义原则一劳永逸地解决。应该注重社会大众的集体智慧和充分讨论，寻求民意的最大公约数，而不是拥有权力的管理者独自决定并要求强制执行。这种理念需要体现在微观层面的中小学布局调整、划片招生的范围、小微学校的撤并整合等方面，更需要体现在国家教育事业发展的宏观方面，广泛倾听群众呼声是教育实现的最佳发展途径。譬如，广受诟病的高考招生名额划分，北京、上海考生和河南、山东考生的录取机会存在严重不均衡，同样的分数能够入读的大学档次差距极大，导致中小学应试教育压力极大，对分数的攀比加剧竞争，严重妨碍教育优质均衡的实现，这并不需要形而上学地进行逻辑论证，而是需要在各方相互妥协的实践中渐进地实现相对公正。

（三）教育优质均衡发展的出发点在于提升每个主体的可行能力

在构建正义基本原则的基础上，罗尔斯把权利、自尊、财富、收入、自由、

---

① 张宝强. 重建人类正义理想：阿马蒂亚·森正义理论综评［J］. 河南师范大学学报（哲学社会科学版），2017（2）.

机会、名利、荣誉等所谓人人欲得或必需的要素作为社会中的人的"基本善"。其通过一系列的逻辑推演，将研究的最终结果归结为著名的两个正义原则。

阿马蒂亚·森对这种正义观持批判态度，扬弃罗尔斯正义观的基本善基础，认为其注重宏大的社会建构，而忽略了现实中处处可见的生活中的不正义问题的解决。相比于基本善，其把可行能力看作观察正义的视角。"可行能力方法关注的是人的生活，而不只是人所占有的资源，即以所有或使用的方式所占用的可供使用的实物。"① 因为占有的实物或物质财富并非越多越好，真正的生活品质才是最值得考虑的，幸福的生活是我们的价值追求，财富与物质的占有仅仅是实现幸福生活的手段，不可或缺，但绝不是越多越幸福。阿马蒂亚·森强调，财富本身并没有多少实际价值，也很难总是真实地反映我们所能享受的生活品质。其次，一个人实际可能享有的生活是最值得关注的，所谓财富、收入、权利、机会等不应该是抽象的概念，这些东西的配置无论如何都不可能让每个人获得满意，何况诸如机会、权利的平等分配在现实中并不具有可操作性。一个人能够得到的自由不能只看他拥有的财富的多少，而应该看他能够在多大程度上实现自由，应该将关注的焦点"由生存手段转向人所具有的实际机会"。最后，人的实际生活环境比简单的自由、权利更具有实际意义。有钱但无法消费、有抱负但无法提供机会现实的困境典型地反映了社会整体环境对人的实际权利和自由的影响，因而简单地关注人的收入和财富没有多少实际意义。"不同的人将收入和其他基本品转化为优质的生活和有价值的自由的机会是不同的。因此，资源与贫困之间的关系并非一成不变，它很大程度上取决于具体的人与其所处的环境——自然和社会环境。"② 阿马蒂亚·森批评道："尽管基本品最多不过是实现人类生活有价值的目的的手段，但在罗尔斯的正义原则中，它们却是判断分配公正与否的核心问题。"③ 其可行能力的方法是通过对一个人做他有理由珍视的事情的可行能力来评价正义的实现程度④。可行能力的方法对教育的启发在于，要明晰作为资源的教育物质条件和作为目的的教育教学质量，前者是初步均衡需要着力解决的，后者是教育优质均衡要给予回应的。前者作为政府

---

① 阿马蒂亚·森. 正义的理念 [M]. 王磊，李航，译. 北京：中国人民大学出版社，2012：237.

② 阿马蒂亚·森. 正义的理念 [M]. 王磊，李航，译. 北京：中国人民大学出版社，2012：238.

③ 阿马蒂亚·森. 正义的理念 [M]. 王磊，李航，译. 北京：中国人民大学出版社，2012：216.

④ 阿马蒂亚·森. 正义的理念 [M]. 王磊，李航，译. 北京：中国人民大学出版社，2012：214.

的责任，只要尽责，并不难以实现；后者更关注师生的实际状态，强调自我珍视的美好教育在多大程度能够保障或实现。关于可行能力视角下的薄弱学校如何改进，是一个有待深入研究的问题。

另外，有研究者批评纯粹简单地从可分配的物质资源和承担的相应义务来分析正义问题，往往会导致很多无法分配的东西进入分配的领域，致使正义的解决不得不中断。关系正义论从关系的角度去定位正义，由于特别强调差异政治和容纳民主，因此它能够看到一些在分配的视野中没有考虑到或者忽视了的问题，照顾到社会不同群体的多样化诉求和需要，并分析了分配正义的框架内被忽略的压迫和支配问题①。这种立场提示我们实现教育优质均衡的物质条件并非根本，所有师生的需要都能够被正视，所有师生的声音都能被倾听，所有师生的尊严都能获得承认，免除各种没有正当理由的歧视、羞辱、区别对待，或许对教育优质均衡的发展起着根本的作用。

（四）教育优质均衡需保障实质自由

阿马蒂亚·森从现实中诸多明显的不正义，例如大饥荒、人为灾害、歧视妇女等的分析入手，提出了现实或比较的正义观，以反对罗尔斯为代表的严格理性推演出的正义观。阿马蒂亚·森正义观的核心是以现实的可行能力作为评估依据的实质自由，反对抽象的高居一切价值之首的形式自由。

其认为每个人最重要的是"我"实际享有的生活和按照自己的理想可能选择的生活的实现程度，这比所谓的自由更有实际意义。自由作为一种公民权利，对每个人的社会生活来说不可或缺，以至于洛克把它当作三大权利中的重要一种，但其同时也特别指出了财产权的重要性。在资本主义社会，每个人都享有所谓各种自由权利，但正是由于自由得一无所有，工人只能出卖劳动力来勉强维持生存，其生活的悲惨反映出的不正义实质是马克思最深恶痛绝的，因而不惜通过暴力革命来改变这种状况。由此可看出观察正义的出发点应该在于社会每个具体的人享有的实际生活，以及其合理诉求有无可能实现，而不能在各种法律文本中、在宣传口号中获得证据。总之，在阿马蒂亚·森看来，根据社会的实际情况，确保社会正义的基本途径就是致力于每个人的实际选择能力的保障，从而实现自我珍视的价值的实质自由，是其正义观念的核心。教育优质均衡也需要考虑教育自由的意蕴，把所有努力的归宿落到真正以人为本、保障学校师生员工"实质自由"中。只有拥有实质自由才能解放师生的智慧，开创切

---

① 马晓燕. 多元时代的正义寻求——I. M. 杨的政治哲学研究［M］. 北京：光明日报出版社，2012：65.

合自身需要的美好教育生活，实现自由个性的普遍生成，而这正是教育优质均衡发展的实质要义。

### 四、比较正义进路视域下如何实现教育优质均衡发展

#### （一）教育走向优质均衡发展的障碍性因素

在当前推进教育均衡发展的举措中，都是以各级政府为主导，县区级政府为主要责任主体，为县域内的教育均衡发展做了大量努力，成效也比较显著。义务教育阶段学校的标准化建设取得理想成绩，教育物质资源短缺的矛盾基本解决，但由于忽视了教育均衡发展问题的现实复杂性，导致了一些新的障碍性因素的产生。例如优质学校在教师定期交流政策、合并薄弱学校的集团化政策、只给农村或薄弱学校提升薪酬的倾斜政策中有可能被人为地破坏学校生态，变成新的薄弱学校。而薄弱学校由于未能考虑多种帮扶因素的恰当性，也可能产生没有实现预期目标的新问题。

据笔者调查，尽管教育中经常对农村或薄弱学校的弱势群体进行各种照顾和帮助，但有时并未获得理想效果。这体现在很多地方大力实施的支教帮扶、教师交流、物质捐赠等活动中，由于这些措施大多未能考虑受援师生的实际需要，而且往往带有附加条件，并未实质改进学校现状，反而干扰了原有教学的秩序，破坏学校正常的发展生态，甚至被贴上弱势、贫困、不配合、懒惰等标签，受帮助的一些师生对此常有难言之隐。另外，一些推进均衡的政策在现实中不断出现新问题，例如免费师范生、特岗教师由于无法适应农村学校教师的岗位而经常毁约，从而违背为乡村招聘优秀教师的政策初衷，在现实中异变为这些政策对象无可奈何的最后选择。这表明，在教育基本均衡阶段，采纳罗尔斯为代表的正义观，对教育体系中的最不利者提供额外补偿是合适的，但物质资源基本均衡实现后，继续推进以质量公平为中心的优质均衡，问题就会更加复杂，改革就会进入布满矛盾冲突的"深水区"，就需要考虑更为适当的理论基础。

#### （二）教育走向优质均衡的比较正义进路

教育优质均衡若要尽快实现，应该基于阿马蒂亚·森的正义观念，借鉴从不同角度出发的多元正义的分析思维，从原有的高度抽象的形式逻辑出发、注重一揽子解决的先验制度主义正义的路径，改变为充分考量教育现实问题中各种可能应对策略的比较正义进路。在薄弱学校或农村学校的改进方面，尤其要注重学校自身的可行能力建设。由于以往的教育均衡发展对策只看重政府的教

育资源均衡投入，没有侧重于学校的可行能力建设和学生实质自由的提升，没有注重激发学校内部的各种"正能量"，因此薄弱学校依然薄弱的局面没有根本改观，学生难以获得较高质量的学业成就的基本面貌还没有变革。这需要反思已有措施的理论视域局限。高伟以阿马蒂亚·森的正义观为理论基础，指出教育正义论的本质维度是生活指标的建立，内容维度是实质自由的确立，目的维度则是提升人的可行能力。教育正义之实现必须转向以人为中心，以人的发展为中心。① 基于阿马蒂亚·森可行能力的理论，秉持比较正义的立场，"比较的正义着眼于现实而不太关注未来，强调实践的成效而不太关注制度和规则的完善，注重一个又一个容易解决的小问题而非关注难以解决的大问题"②。

（三）教育优质均衡理想的现实应对

在原有教育基本均衡已经实现后的教育优质均衡发展阶段，应该充分考量教育使人成"人"的本真意蕴和实践问题的复杂性，怀揣优质均衡理想，着眼于明显的教育不公正、不均衡问题的解决，而不是均衡发展问题的所谓彻底实现。应该着眼于每个学校的实际处境和每个学生的发展需求，着力提升自我变革的可行能力，扩展各类教育主体的实质自由，而不是政府一刀切式的强制推进。政府只需在教育正义的理念下，保障每个学校平等的经费投入和资源配置，保障每个师生的权利均衡和每个学校的资源均衡。而作为优质均衡发展核心的教育质量，只能由学校在自主自觉的氛围中构造和谐发展生态，由师生在解决每个具体问题基础上渐进实现。尤其是对贫困地区、边疆地区、山区、牧区、革命老区、少数民族聚居区等，更不可能以城市的标准，按照城市的模式，一步到位实现所谓的优质均衡。而是应该结合这些地方学校的实际状况和所处环境，以提升处于不同困境中的学校的可行能力为基础，找准其薄弱的核心，探寻可能的应对，充分挖掘各种发展资源，从而扩展其变革自我的实质自由能力，使其能够聚焦于学校教育质量的持续提高。

总之，罗尔斯的平等加补偿的配置正义观在解决教育物质条件基本均衡方面是恰当的，但随着优质均衡发展时代的到来，亟待应对的教育问题会更为复杂多变，各种教育矛盾相互交错，罗尔斯的先验制度主义的正义观就逐渐显现其局限，需要依凭更为包容、谨慎、协商、渐进的比较正义观念，倾听教育相关主体的多元声音，保障相关群体的"特殊代表权"，在各方相互协商、利益相

---

① 高伟. 从追求绝对正义到反对非正义——教育正义论的范式转换［J］. 教育研究，2016（8）：13-22.

② 丁雪枫. 阿马蒂亚·森的比较正义再解构［J］. 重庆社会科学，2017（3）：121-127.

互妥协的基础上绘制教育优质均衡的图景。

## 第三节　民族地区教育均衡发展实现的关系正义视角

民族地区教育均衡发展是当前教育均衡发展研究中被忽视的问题。除了继续在配置正义视角下给予各种政策支持，加大帮扶力度外，应该基于关系正义的理论视角，在资源合理配置、课程与教学体系的民族化重构等方面消解民族地区教育发展的障碍性因素，提升民族教育自我发展的能力，追求异质化的民族地区教育均衡发展。

### 一、民族地区教育均衡发展的困境

近年来，教育均衡发展问题是全社会的关注热点，也是基础教育研究者的研究聚焦所在。各级政府在此方面花费了大量的人力、物力、财力，全力推进教育均衡发展，效果显著，全国大部分地区教育基本均衡已经实现，一些发达地区正在走向高水平优质均衡。

但是，放眼全国，占据全国土地面积近一半的民族地区的教育状况由于受到地理位置偏远、交通条件不便、生产力水平不高、文化传统薄弱等因素的影响，总体情况还不容乐观，相对城市或县城教育来说，"民族地区的农村不仅教育发展明显落后，而且不平等程度更高"[1]。尽管通过若干年的以政府为主导的各方力量的努力，民族地区的教育物质资源投入有了较大改善，"有学上"的问题基本得到解决，但"上好学"的矛盾却日益突出，很多孩子在学校里面不能跟上课程进度和教学要求。以多民族聚居的云南为例，云南总督学廖晓珊在《强化教育督导确保如期实现义务教育均衡发展年度目标》中指出："云南省义务教育发展整体水平还比较低，尤其是在推进均衡发展方面差距巨大，要达到国家要求，形势异常严峻，目前，工作处于全国末位。"[2]"全省还有60%的县未通过国家义务教育基本均衡评估认定。城镇中小学大班额、超大班额现象突出，全省初中班额达标率仅为41.37%，义务教育信息技术、音体美、英语等学

---

[1] 何立华，成艾华. 民族地区的教育发展与教育平等——基于最近三次人口普查资料的实证研究 [J]. 民族研究，2015 (4)：11-21.

[2] 廖晓珊. 强化教育督导确保如期实现义务教育均衡发展年度目标 [J]. 云南教育（视界时政版），2015 (8).

科教师短缺。农村学校教师'招不来、留不住'现象突出。"① 据云南省教育科学研究院组织专家对云南边境民族贫困地区基础教育发展状况的大规模调查，认为："云南省边境民族贫困地区的教学质量依旧相对较差。"教师教学任务繁重，但各学科及格率较低②。而据本人主持的课题组调查，云南省红河州、文山州民族地区初中阶段的教学质量多年来都不甚理想，尤其英语、数学、地理、语文等在民族地区的教学状况更不乐观，一些学生平时听不懂，考试不理想，无法跟上课业要求，学生学不会，教师很无奈。表 5-1 为课题组调研的 2015—2016 学年末文山州广南县某乡镇初中七年级学生的平均成绩。

表 5-1　2015—2016 学年末文山州广南县某乡镇初中七年级学生平均成绩表

| 班级 | 语文 | 数学 | 英语 | 思品 | 历史 | 地理 | 生物 | 七科总分 |
|------|------|------|------|------|------|------|------|----------|
| 1 | 58.55 | 45.49 | 47.82 | 58.47 | 52.35 | 42.45 | 53.00 | 358.13 |
| 2 | 62.65 | 44.71 | 51.31 | 62.73 | 55.48 | 48.19 | 66.06 | 391.13 |
| 3 | 62.89 | 51.55 | 48.36 | 65.00 | 63.13 | 49.30 | 62.68 | 402.91 |
| 4 | 62.27 | 38.22 | 46.49 | 57.80 | 58.10 | 41.41 | 64.84 | 369.13 |
| 5 | 54.30 | 45.85 | 42.11 | 63.17 | 45.72 | 39.26 | 68.57 | 358.98 |
| 6 | 56.35 | 42.86 | 48.84 | 58.06 | 58.27 | 43.04 | 61.04 | 368.46 |
| 7 | 61.74 | 42.26 | 50.23 | 60.38 | 66.55 | 44.36 | 59.30 | 384.82 |
| 8 | 56.06 | 49.45 | 50.14 | 59.35 | 55.04 | 48.10 | 59.96 | 378.10 |
| 9 | 58.96 | 46.48 | 56.56 | 60.10 | 47.71 | 54.27 | 57.19 | 381.27 |
| 10 | 61.26 | 42.52 | 46.20 | 59.30 | 50.04 | 40.35 | 63.78 | 363.45 |
| 全年级 | 59.50 | 44.93 | 48.84 | 60.40 | 55.27 | 45.10 | 61.59 | 375.63 |

由此看来，民族地区教育基本均衡发展的诉求还远未实现。若以内涵式或优质教育均衡愿景观察，即"以促进公平和提高质量为重点的内涵式发展"③作为分析视角，则与中东部的差距更大。当然，并不是所有民族地区的教育都很落后，与汉族很接近的民族或居住在城镇地域的民族往往教育水平也相对较好，例如云南民族中的白族、回族、纳西族等教育状况由于历史上长期与汉族

---

① 周荣. 勇于担当奋发有为努力办好云南各族群众满意的教育——2017 年全省教育工作会议工作报告 [J]. 云南教育：视界, 2017 (2).

② 李慧勤. 云南边境民族贫困地区基础教育发展研究 [M]. 昆明：云南人民出版社, 2014: 2.

③ 冯建军. 义务教育均衡发展必须实现重心转移 [J]. 教育发展研究, 2013 (12): 1.

接触，生活在平地或坝子等地区，教育底蕴较好，教育发展水平也比较高。但大部分地处山区峡谷的乡村民族地区教育质量都不高，教育发展不均衡的状况相对明显。

从实地调查情况来看，依靠物质刺激和补偿，给予民族地区教育各种政策和经费特殊支持的思路在民族教育均衡中占据主导。这种理念主导的民族地区教育均衡发展其成效明显，基本实现了教育正常运转所需的物质条件，即使是偏僻的边疆或深山中的民族地区，尽管经济、文化、交通、基础设施等依然落后，但学生接受义务教育已基本无悬念，免除学费的基础上政府还给予一定的生活补贴、住宿补贴，学生上学的后顾之忧已基本不存在，家长也支持其子女接受义务教育。

据实地教师说，新出现的主要困境有小学阶段学生由于年龄小，加上政策利好，都能坚持读完，只是由于近些年的撤点并校政策影响，部分孩子上学路途遥远，增加了其上学成本；而寄宿制学生由于年龄过小离开父母，产生一些情感缺失及学校适应问题。从小学到初中阶段，较多难题不断产生，主要是随着学生年龄的增长，外界的诱惑增大，所学知识难度增加，以及学校教育中存在的经费不足、学生知识基础较差、教师教学方式落后等，使得难以跟上教学进度的学生日益增加，混日子的学生越来越多，厌学逃学的现象逐渐增加，最后少数学生由于无法跟上教师的教学进度而放任自己，选择辍学。不仅如此，民族地区部分家长认为学生在学校"养懒了，什么也不会干"，即使最后上了大学也找不到合适工作，还不如直接回家帮助家庭干农副业，譬如种香蕉、橡胶树、搞养殖等，也就是新的"读书无用论"影响越来越大。还有少数学生父母外出打工，无人照顾，就不得不在此种境遇中选择辍学跟着外出打工，以及受民族文化影响，少数学生初中没毕业就回家结婚等。基于以上困难，民族地区初中学生流失率居高不下，在云南民族地区很突出①，"政策有了保障后，学生群体中的辍学、厌学、失学、弃学现象仍然普遍"②。这些民族地区的教育善之差、学生学习状况之不理想由此可见一斑。

显然，解决民族地区教育均衡发展的思路需要转换，往常认为拨付民族地区更多经费，给予更多物质投入，搞学校标准化建设，进行危房改造，配齐现代化教学设备等，民族地区的教育就会实现又好又快的发展，就会实现民族地

---

① 马丽娟，伍琼华. 基础教育阶段：云南民族教育的发展变迁 [M]. 北京：中国社会科学出版社，2012：172-178.

② 李孝川. 云南边境地区民族教育的发展困境与出路——非传统安全的视角 [D]. 上海：华东师范大学，2014：209.

区的教育均衡发展。通过课题组的实地调查来看，民族地区教育相对落后，大量资源投入对改善民族地区的教育发展起到了极大的推进作用。以云南省为例，作为地处边疆、多民族聚居、境内多山、交通不便的集中之地，教育均衡发展面临很多特殊困难。面临教育均衡发展的压力，云南各级政府做了极大努力，提出各种具体工作方案①。政府的强力推进确实极大改善了民族地区义务教育的物质条件，各种现代化教学设施和教学大楼不断增加，严重资源短缺导致正常教学难以开展的现象基本不复存在。学生在各种政策支持下，也基本没有再出现因贫失学的现象。在调查中，发现所有民族地区的学生都能够吃上营养餐，保证营养的问题基本解决，甚至由于一些学校一直未改变具体食品种类，始终是面包和牛奶，导致一些营养餐被学生随意丢弃的现象出现。一些地区基于条件限制，直接给学生发钱，让学生自己购买营养餐，尽管提高了学生的自主性，却由于学生的不成熟，少数学生用来玩网络游戏、赌博等。民族地区还存在师资失衡、学习基础差、流失率高、地方教材缺失等亟待解决的问题②，但大多数地区教育资源严重短缺导致的因贫失学、正常教学活动无法开展等问题已基本解决。

所以，教育物质资源或条件实现基本均衡后如何实现质量均衡，即一些学者倡导的"内涵式均衡""优质均衡""高位均衡"却在很多民族地区远未实现。也即，学校的物质条件，教学设备、生均经费等在民族地区也基本能够满足需求，但从学生的实际教育质量来看，近年来没有提升，需要深入地思考探讨。即以配置正义为理论引导，通过政府连年的各种大力度帮助措施，民族地区教育所需的物质条件已经得到极大改善，物质均衡的愿望已不是根本困境，接下来要考虑的是，原来制约教育普及和提高的教育物质条件实现满足后，该如何切实提高民族地区的教育教学质量？已有的解决民族地区教育均衡发展的思路，能不能让民族地区的教育质量有较好的提升？我们应该如何绘制理想的民族地区教育均衡发展图景，切实提升民族地区师生的教育幸福感，找到适合民族地区文化和生活特点的民族教育均衡之路？通俗来说，如何让民族地区学生能够跟上学校教育的要求，从而学得会，跟得上，有发展？这个难题需要应答。

---

① 详见云南省教育厅网站关于教育均衡发展的领导讲话、政策、文件等。

② 马丽娟，伍琼华. 基础教育阶段：云南民族教育的发展变迁［M］. 北京：中国社会科学出版社，2012：193-223.

## 二、制约民族地区教育均衡发展的障碍性因素

首先，研究者们比较一致的看法是，导致民族地区教育质量不理想的主要原因是民族文化差异问题。民族地区的教育由于学校地理位置偏僻，受到民族特有文化的强烈影响，学生上学前受到的是与生活融为一体的民族家庭教育和民族村寨教育，当地的学校教育也侵染在学生所属的民族文化中。他们来到学校，接受的是核心城市的专家所编的适合中东部地区使用的现代化教材，很多民族学生接受起来非常困难，缺乏与书本内容相关的生活经验，例如超市、银行、地铁等这些现代化的东西，偏远的边疆农村地区对此还很陌生。这些教材显然没有办法考虑到各地存有差异的民族文化，特有的民族文化也就难以在学校体系中获得反映。在民族地区的调研中，尽管一些学校有双语教学，但实际受应试教育的影响，民族文化的课程或相关活动只是点缀；尽管一些政策要求民族地区要开展双语教学，要开发关涉民族文化的地方课程，但学校实际上并不热心。此类活动尽管学生喜欢，但由于受各种考评规则的影响，学校对此有难言之隐，他们认为多搞这些活动反而会占用不少学习时间，影响学生的考试成绩，进而也影响到家长对学校的评判。很多家长尽管都是少数民族，但在当前现代化的背景下，少数家长甚至认为民族文化不必要传承，因为孩子的将来生活中不再用到民族文化。这种困境实际上反映了民族文化到底应该如何看待？在学生习得的各种文化中民族文化应该处于什么位置？

其次，多数研究者认为民族地区的师资水平不高，导致了民族地区教学质量较差，因而师资状况是制约教育质量提高的根本障碍性因素。所以大多数研究者提出了相应对策，例如，加大民族师资培养力度，对民族地区和边疆地区工作的教师给予特殊补贴，优先评定职称，实行城乡结对帮扶，城乡教师定期流动等。笔者对此深表认同，并认为这是实现民族地区教育均衡的基础性对策。针对很多民族地区教师素养偏低、教学能力不强的问题，确实需要考虑如何切实提升民族地区教师的全面素养。调查中很多教师反映，教师参与的各类培训非常多，培训也很有收获，但回学校后无法实践，因为民族地区的教师发展受到各种因素制约，例如对教师的管理方面，教育局仍然把学生统一考试的平均成绩作为最重要甚至唯一的评价依据。这使得很多教师沿用应试教育的模式强迫学生学习，导致一些学生厌学、逃学，无法跟上课程进度。这样的情形下教师就无法专心考虑学生的全面发展，更谈不上思考民族学生的健全发展问题，分数把学生和教师都"捆绑"起来，难以根据自身需求真正个性化地发展。对此，笔者建议及时授予教师的教育自由权，建立适合民族地区特色的教师考评制度，促

进教师的专业化发展。教师个人发展的自主自觉意识是教师能否成为专业型教师的根本因素，职业倦怠已经成为困扰很多民族地区教师发展的主要因素，他们辛勤奉献，但却常常无可奈何，再加上民族地区经济条件相对落后，生活不便，很多教师不安心在边疆民族地区工作，希望有机会到城里去①。另外，民族地区的学生家长也是制约民族教育发展的社会因素，民族地区的家长基于历史的原因受到的教育很少，教育观念偏狭，对教师的要求很苛刻，一些家长把学生在学校出现的问题基本归结为教师的原因，甚至有教师反映，教师批评不做作业的学生却被家长殴打，学生考分太低家长辱骂教师等现象。常见的情形是，如果教师所教班级的成绩很不理想，往往会导致学生家长的批评甚至指责，使得教师难于应对这种来自家长的压力，职业幸福感和满意度下降。

最后，导致民族地区教育质量难以提高的因素是学生基础薄弱。由于民族学生大多是在山区和农村，距与现代化的城市和文化等较远，文化资源与其他地区存在较大差距，加上交通不便、信息闭塞，导致学生学习的文化基础非常薄弱。课程目标所要求的水平与学生的现实差距较大，导致学生无法跟上学习进度，这是制约民族地区教育质量提升的另一根本因素。对此，要明确民族地区学生的发展定位。应该通过学校教育传承现代化的国家知识，使学生成为一个现代人，适应现代社会生活，但同时还要增加其民族味，让其带有民族特色。现实中，一些学校把教育理解为完成上面规定的教学任务，而不顾及学生本来的学习基础、学习愿望和期待的教学方式等，导致部分学校教学质量不理想。民族教育的定位应该是培养为当地经济、文化、社会发展服务的建设者，希望受教育的学生获得作为一个社会建设者应该具备的基本素质，不应该把注重筛选的精英培养机制强加给民族地区的基础教育中，从而使大部分学生在学业竞争阶梯中"落伍"。当然，此种问题的形成还跟传统的教育管理体制有关，过于频繁的各类考评使得学校很难把精力真正投入教学，而是花费了大量时间来进行迎接检查，应付考评，提升升学率等。

### 三、民族地区义务教育均衡发展的关系正义视角

实现民族地区教育均衡发展，尤其是基本物质资源均衡后的质量均衡问题，需要特别重视学校自身的发展能力，注重发展中的结构性失衡问题，消除各种限制发展的障碍性因素。对此，需要借鉴艾丽斯·杨的关系正义理论，她批评分配

---

① 李孝川. 云南边境地区民族教育的发展困境与出路——非传统安全的视角 [D]. 上海：华东师范大学，2014：96.

正义仅着眼于物质产品和社会位置的分配，忽视了决定位置分配的制度背景，而且无法处理非物质品和资源的问题，因此提出关系正义理论。杨指出，正义不仅关乎分配，而且在于为个人能力发展与运用以及集体交往与合作提供必要的制度背景，即对各种社会关系的调整与规定。关系正义论从关系的角度去定位正义，由于特别强调差异政治和容纳民主，能够看到一些在分配的视野没有考虑到或者忽视了的问题，照顾到社会不同群体的多样化诉求和需要，并分析了分配正义的框架内被忽略的"剥削、边缘化、无权、文化帝国主义和暴力"等五种形式的不正义①。已有研究者揭示了教育领域中关系正义缺失的具体表现②：

表5-2 教育领域中关系正义缺失的具体表现

| "剥削" | 优势群体对弱势群体的剥削（如男性对女性的剥削，重点校对弱势校的剥削，老教师对新教师的剥削，优秀生、条件优越生对弱势生、条件差的学生的剥削等） |
|---|---|
| "边缘化" | 弱势群体（少数民族、身体缺陷、能力不足、成绩不好的学生）被剥夺发展机会，处于边缘地位 |
| "无权" | 部分父母在子女教育方面无作为；弱势学生、学校、地区丧失话语权无权参与决策内部事务，只能被动地执行优势群体的命令 |
| "文化帝国主义" | 重视上层阶级（阶层）、城市学校（城乡）、优质学校（校际）的文化，作为主流文化进行推广，成为教育的主要内容；忽视下层人民、农村学校、薄弱学校的声音，其文化被贴上不正常或次要的标签 |
| "暴力" | 显性暴力、打架斗殴事件多发，常以弱势群体学生（如女生、少数民族等）为针对对象；隐形暴力、教师、学生等对弱势群体忽视、瞧不起甚至是侮辱等 |

实现正义的理论出发点在于注重矫正社会群体中的结构性不平等，为弱势和边缘化群体如何消解被压迫、被忽视的命运，如何获得公正对待而努力，目的在于"消解个体自我发展和自我决定的制度化限制"③。

我们以关系正义的理论视角来分析民族地区的教育均衡问题，探寻提升民

---

① 马晓燕. 多元时代的正义寻求——I. M. 杨的政治哲学研究［M］. 北京：光明日报出版社，2012：65.

② 吴煌. 教育正义：走向多元综合的范式［J］. 湖南师范大学教育科学学报，2017（2）：83-88.

③ 马晓燕. 多元时代的正义寻求——I. M. 杨的政治哲学研究［M］. 北京：光明日报出版社，2012：184.

族地区高水平教育均衡的路径，会看到原来以物质资源倾斜和照顾为核心的配置正义的不足。经过近几年的努力，绝大部分民族地区的教育已经具备良好的物质条件，学校发展的主要障碍性因素已经不是教育中物质资源的短缺，很多学校已经有了现代化的教学设备、漂亮的教学大楼，但实际的教育教学质量仍然处于较低或落后状态，学生厌学、辍学、失学等现象不断反弹，教学效果长期低效，教师和家长都颇觉无奈，民族地区的教育该如何迈进理想的境地？

由此，应该切实想办法通过寻求新的理论支持，来找到适合民族地区教育均衡发展的新思路。核心理念是，教育作为文化传承的工作，一个地区的教育只有与当地生活方式、文化状况相适应，才可能是和谐的教育。民族地区的学校教育应该与当地生活结合，凸显民族特色，如果仍然以发达地区或城市重点学校为样本，那么民族地区的教育由于多种条件限制，会遭受关系正义理念中批评的被"贬低"，被"压迫"，贴上"落后""传统"等标签，处于被边缘化、被排斥的弱者境地，而且把民族地区的教育办得和城市学校一样好的均衡思路，是不切实际的追求。如何对一个地区的文化和教育状况进行评价，是研究者乃至全社会都需要思考的。办好民族教育事业，核心在于尊重民族传统、文化习俗和生活方式，切合民族地区经济、文化、社会的实际需要，应该强调关系正义视域中的异质性和多样化。"均衡发展并非平均发展，而是内在地包含了个体的差异性发展，以及民族或地域的特色性发展。因此，民族地区基础教育的均衡发展实际上就内在地包含了其教育的民族特色性发展。"[1] 民族地区的学校应该有民族特色，满足民族学生对本民族知识文化了解的渴望，民族文化建设应该扎扎实实地反映在学校教育的全过程中。当前很多学校已经无法体现民族特色，学生学习到的教育内容与自身在家庭或社区习得的文化不一样，因而常常难以理解学习内容，导致学生学习困难。"目前学校的课程设置和教育理念很少涉及少数民族的文化，而少数民族文化却是民族认同的载体。……学生对本民族的历史文化了解并不多。"[2] 民族教育应该是适合民族地区文化和社会发展需要的教育，因而学校教育不仅要反映主流文化，也要容纳不同的民族文化，采纳多元文化教育理念是正确的思路。"必须从多元文化并存的现实和民族发展的实际出发，以激发源动力、提高子系统的自主性为逻辑起点，多元文化教

---

① 陈荟，孙振东. 民族地区基础教育均衡发展中的几个问题 [J]. 教育学报，2015（4）：11.

② 李孝川. 云南边境地区民族教育的发展困境与出路——非传统安全的视角 [D]. 上海：华东师范大学，2014：83.

师培养正是这样一种基于底层的文化建构。"① 并且，要从关系正义的视角，充分考虑到差异承认与简单多元文化的区别，目标要指向"结构性不平等"②。

这就需要给民族地区的教育参与者更多自主权，让教师、学生、学校领导、教育行政部门、家长、研究者等的所有主体都能够表达自己的声音，让他们在有关民族教育困难的解决中能够参与讨论和决策，不应以"一刀切"的城市化的标准来要求民族地区的教育，否则容易造成剥夺和歧视。杨指出，非正义指向两种形式的去能力化约束：一是压迫（oppression），二是控制（domination）。与此相反，正义是在社会关系领域对这两种约束的解除与努力，一方面力求将个体从压迫中解放，使其能自我发展；另一方面着力将个体从控制中解救，使其自我决定③。控制作为不正义，杨指出其主要存在于这样的制度情境——它阻止人们参与决定他们的行动或行动条件；相对而言，正义则在于坚持哈贝马斯所言之沟通理性与沟通伦理，实现社会与政治的民主，让每个人都有权利和机会参与民主决定的讨论与过程。当代社会中必然难以消除各种群体间存在的差异，杨主张"为受到压迫和处境不利的群体实施'特殊代表权'，要求与地区性或政党性的代表机构一起发挥作用"④。基于此，在关涉民族地区教育问题上，我们应该让处于弱势地位的民族地区的教育参与者基于当地的实际境况发出自己的声音，激发其自身的发展动力，综合考量现实的各种因素，推进民族教育质量的持续提高，逐步实现民族地区教育均衡。

### 四、关系正义视角下民族地区教育均衡的实现路径

基于当前民族地区教育中存在的诸多困境，除了继续原有的帮扶、倾斜和照顾举措外，迫切要求我们在关系正义的理论视域中重新审视民族地区教育均衡发展的路径，应在以下三个方面持续努力。

首先，相关部门不仅应秉持配置正义理念继续加大倾斜力度，扶持民族地区教育，还应在民族教育政策制定中借鉴关系正义的理论主张。在以往的涉及

---

① 倪胜利. 民族地区基础教育均衡发展与多元文化教师培养 [J]. 民族教育研究，2014（3）：124.

② 马晓燕. 多元时代的正义寻求——I. M. 杨的政治哲学研究 [M]. 北京：光明日报出版社，2012：184.

③ 马晓燕. 多元时代的正义寻求——I. M. 杨的政治哲学研究 [M]. 北京：光明日报出版社，2012：173.

④ 马晓燕. 多元时代的正义寻求——I. M. 杨的政治哲学研究 [M]. 北京：光明日报出版社，2012：172.

民族地区教育政策的文本中，各级政府给予了民族地区教育各种照顾和倾斜政策，对民族地区教育给予了最大可能的关心和照顾。在各种研究民族地区教育如何发展的文献资料中，无不提及要对其加大经费投入，进行各种帮扶措施，例如，设置民族地区专项经费，给予民族地区工作人员额外补贴，派优秀教师到民族地区支教，鼓励大学生到民族地区"三支一扶"等。这是一种合理的补偿，历史上出于多种原因，少数民族大多生活在山区、牧区、荒漠地带，位置偏僻，给其发展带来先天的困难，因而应该按照罗尔斯著名的正义原则：平等的自由和权利，对最不利群体进行补偿①。对这些少数民族群体进行特殊照顾和补偿是正确的，但显然还需要更多思考。

从最新的调查来看，民族地区的教育资源配置已经获得极大改变，保证教学正常运转，物质资源短缺已经不是主要障碍。新的问题是，一些教育资源配置到学校后，很少教师能够使用或者不愿意使用，例如很多现代化的教学设备，调查中很多老师反映不会使用，少数老师说"还是传统的教学方式习惯了，用新的方式还得去学习"，或者埋怨"新的方式费时费力，学生成绩也不好，不如不用"。资源如何能够被充分利用，避免成为摆设，其解决涉及学校的教育理念、教师的素质。需要思考的是，这些资源给予配置时是否充分考虑到民族教育者的需求，能否倾听到他们自己的声音，有没有基于实地的大量调研，有关少数民族地区教育的参与者是否都能充分参与讨论，他们真正需要什么？需要的东西希望以何种方式获得解决？这些重要的因素需要在决策讨论和资源配置中采纳关系正义诉求的审议民主的决策过程之优点："通过理性、开放、审慎的对话、交流、论辩的过程来确保决策之正当性"② 和关注到"审议实践的文化特殊性"，从而走向差异和容纳式民主。"所有受问题和解决方案影响的人都能参与和发言。"③决策时考虑到这些因素，可以尽量避免政策实施中的无效或失真，避免公共资源的无效配置，尽可能使投入民族地区学校中的各种资源发挥最大效用。

其次，在关系正义理论导向下，构建符合民族地区实际和需求的课程体系。落实新课程改革提倡的三级课程管理制度，应该"关注少数民族教育的文化特

① 约翰·罗尔斯. 正义论 ［M］何怀宏，等，译. 北京：中国社会科学出版社，1988：302 -303.

② 马晓燕. 多元时代的正义寻求——I. M. 杨的政治哲学研究 ［M］. 北京：光明日报出版社，2012：100.

③ 马晓燕. 多元时代的正义寻求——I. M. 杨的政治哲学研究 ［M］. 北京：光明日报出版社，2012：184.

殊性"①，增加地方性的民族文化课程，适度开发双语课程。在这个方面，据实地调研发现，很多工作举步维艰，表现在民族课程建设的经费不足，相关教师开发能力不足，即使开发了，由于中考、高考不考试，不进入学校"正式"课程体系，很多学校基于考试的压力不愿在此方面"浪费时间"，致使教师不愿意尽力教，而是让学生"自学"，处于放任的状态。"民族文化在当地课程中的出现也只是从主流文化照章翻译过来而已，只是形式上的过渡，并没有民族文化自己的内容和实质。"② 基于关系正义理念，这反映出地方民族课程在文化中心视域中"被边缘化"，遭受价值贬低的现象。民族地区的课程体系如何完善，还需要深入研究。首先需要努力的就是建设民族地区的地方课程和校本课程。应该根据民族地区的实际状况，组织当地水平较高的教师，倡导当地的高校、政府积极进行帮扶，政府部门通过立项给予一定数量的经费支持，组织民族地区的专家编写适合民族地区实际情况的地方课程或校本课程。其次需要在教学实践中采取课程实施的调适取向，减少课程中对民族学生难度过大的部分内容，适当在课程体系中增加民族地区的"样本"或"元素"就是理想的应对策略，例如，山区民族学生可能没见过书本所言的超市、银行、地铁等，在教学中可以用学生生活中常见的"元素"进行相应替代。

再次，建议改变相关的评价体系，用统一的考试方式对各类民族地区的教育进行评价，必然会导致地方课程、校本课程没有应有的"地位"，遭遇文化剥夺，处于"无权"的被动状态。在民族地区，应该关注教育的根本价值，应该建构生活化的课程体系，教会学生如何面对生活，过适合的生活，追求幸福的人生。以学生生活的当下和未来的幸福为追求核心，必然会对当前民族地区的实际课程体系引发深入思考，改进其中不尽合理的因素，真正实现国家课程、地方课程和校本课程的三重"协奏"。让师生通过课程的介质，能够与民族地区的生活方式相适应，促进其教育生活的幸福程度。

最后，持续变革教学理念和方式，建构基于学生生活实际和未来发展的教学，需要考虑民族文化特质，倾听不同文化持有者的声音，深入研究已有的双语教学模式，提出双语教学实施效果提升的相关对策。在关系正义视域中，学习民族语言并非一种民族学生汉语水平不高、因而采纳的临时的迫不得已的过渡措施，而是通过民族语言习得，理解民族文化内核，成为一种主流文化和民

---

① 苏德，等. 民族教育政策：质性研究与案例分析［M］. 北京：教育科学出版社，2014：440

② 王慧霞. 民族文化在学校教育境遇的研究［J］. 天津市教科院学报，2015（4）.

族文化都受到尊重和承认的教育理念。教学的核心在于学生的健全发展，如何适应学生的实际，改进教学的效果，在民族地区的教育中就显得特别重要。近些年理论界研究颇多的"有效教学"，无论其样式如何，核心都应该指向学生发展了什么，如何得到了真实的发展。之所以反对应试教育，其根本在于学生死记硬背，获得真实发展的东西非常之少。当前民族地区的课堂教学中，突出困境就是教师教得辛苦，学生学得累。民族地区的学生由于出生以来的民族文化浸染，进入小学前的实际知识基础非常薄弱。进入学校后所学的课程是没有考虑民族实际的全国统一版本教材，给他们的学习带来极大困扰，难以形成持久的学习兴趣，导致大部分孩子小学时学习基础不够扎实，初中时"混日子"的越来越多。这种状况的根本变革，当然需要民族地区的教育管理部门能够把关系正义理论主张的"文化承认与自主发展"的理念贯彻到管理中，切实减少对教师名目繁多的硬性考评，充分解放其教学智慧，消除其专业发展中的"压迫性"障碍，改进管理中的各种不和谐因素，用关系正义理论引导教育管理部门探寻民族地区学生的发展特点，并结合学生已有的学习基础和愿望，开展合适而恰切的教学，使学生能够生发学习兴趣，从而促进学习效果的持续提高，渐进地实现民族地区教育质量的持续提升，实现高质量均衡发展。

## 第四节　教育均衡发展视域下薄弱学校变革的可行能力视角

　　义务教育均衡发展是当前基础教育政策的核心，其若要真正实现，关键是要对相对优质学校而言的薄弱学校的改进，通过努力使其成为教育质量高、大众满意的学校。这个问题已有很多相关研究，提出了很多薄弱学校改进的举措。但现实中大量的薄弱学校仍然薄弱①，甚至某些地方两级分化趋势仍在加重，实质性实现薄弱学校成功变革的学校还是很少，区域之间、城乡之间不同学校教育质量差距甚大②。薄弱学校的改进，根本在于扬弃罗尔斯正义观的局限，借鉴阿马蒂亚·森的正义理念，提升薄弱学校内在的"可行能力"，促进学校的

---

①　姚永强. 新时期下我国义务教育均衡发展方式的转变［M］. 北京：中国社会科学出版社，2016：107.

②　朱德全，李鹏宋，宋乃庆. 中国义务教育均衡发展报告——基于《教育规划纲要》第三方评估的证据［J］. 华东师范大学学报（教育科学版），2017（1）：63-77.

优质化发展。

### 一、薄弱学校的典型特征与归因

在教育均衡发展视域中，薄弱学校是与优质学校、重点学校相对应的概念。"薄弱学校是指那些没有达到基本办学标准的学校，它主要表现在：办学条件差、领导班子差、教师素质差、生源质量差、教学质量低，社会声誉不佳。"①薄弱学校在不同地域和层次上的表现是多方面的，其形成也是多种原因造成的。宏观来看，是中华人民共和国成立后很长时期实施的重点建设战略，在使得所谓重点学校越来越强大的基础上造成很多相对不重点的薄弱学校，而农村学校相对城镇学校越来越薄弱的宏观原因是当前城镇化浪潮下，资源、人才、信息、公共设施等都向城镇集中的结果。具体来说，薄弱学校的薄弱表现及其可能原因一般可归纳为下列特征。

首先，学校所在地大多位置不佳，教育的社会支持薄弱。例如，很多薄弱学校处于交通不便的农村或山区，信息相对闭塞，孩子在日常生活中较少接触现代化的东西，例如银行、超市、现代化商业、图书馆、博物馆等设施，学生家长由于自身受教育程度低，无法有效辅导学生学习等。这些都反映教育的社会支持薄弱，即使学校获得外界极大支持，办学条件非常优越，但教育能力及其质量的提高仍然有限。更深层次的问题是，学校所处环境的文化、经济、社区状况没有办法改变，学校发展与所处环境的障碍之间的矛盾尖锐，这些总体状况的落后严重制约了学校所能获得的社会支持程度，甚至一些直接与学校发展相悖的不良影响，学校也无能为力，例如一些乡镇学校周围存在的网吧、KTV、游戏厅等，对学生身心发展带来不利影响。薄弱的社会支持极易导致薄弱的学校，除非社会综合发力，否则难以改变。

其次，管理理念未能与时俱进。薄弱学校的一些领导管理理念滞后，存在为管理而管理的现象，即为了把每个教师都束缚住而制定种种规章制度，缺乏人性化，在具体管理方面容易苛刻死板。一些薄弱学校的领导抱着"学校发展不具备相应条件，谁也改变不了""好学校把好学生、优质师资都挖走了，所以不可能发展好""政府不重视我们，所有没办法"等观念，甚至一些学校领导抱着"我的地盘我做主"的心态，处处要求维护自己的绝对权威，对于有主见和能力，想改变现状从而不能完全屈服领导意志的教师，肆意压制和打击。这种境况中的师

---

① 郭清扬. 义务教育均衡发展与农村薄弱学校建设 [J]. 华中师范大学学报，2013（1）：161-168.

生容易陷入习得性无助感，不思进取，甚至不敢进取，导致学校每况愈下。

再次，师资队伍建设困境。由于受到社会支持非常薄弱的影响，薄弱学校的师资队伍建设始终难有大的起色。往往招聘不到优秀师资，即使招聘到素质较高的教师，大多工作一段时间后其很快又会想办法调出，流失率相对较高。流失的主要原因是薄弱学校教师的工作辛苦却成效不高，幸福感、满意度下降，或者由于地处农村，当地的生活条件比较差，城市化水平不够，教师实际生活质量差、为自己子女的教育和未来担忧，所以即使学校本身条件不错，给予的工资待遇比城市高，一般教师也会选择到城市生活，也就是我们常说的"宁要城市一张床，不要农村一套房"。何况，农村教师在农村一般无房可住，大多居住在城区，来回奔波，生活极其不便。这样，大多数农村学校师资状况就一直处于恶性循环中。另外，一些薄弱学校还存在不团结、钩心斗角，内部分配不公、工作拖沓散漫、缺失积极的精气神等问题。

最后，学生学习基础薄弱。经常有教师反映学生原有学习基础很差，应该具备的知识和能力都比较欠缺，无法跟上教学进度，使"上面"规定的教学任务往往难以完成，而且由于学生对学习无兴趣甚至逆反，经常有学生逃学、旷课或课堂捣乱，教师对此很无奈，在"不能体罚学生"的政策逻辑下，大多听之任之或者叫家长"管教"，但限于家长观念、条件或能力，很难见到成效。而且，随着城市化的政策推进，有条件的农村学生不断选择到城市学校读书，农村学校空心化越来越严重，"部分农村校舍被闲置，农村教育资源无形中被浪费。2014年，全国有46%的乡村小学班级人数在25人及以下"[①]。剩下的孩子多数家庭条件不佳，留守儿童较多，隔代或单亲抚养造成情感缺失，对子女教育的支持也非常缺乏。

另外，根据相关调查，经费投入不足已不是当前制约薄弱学校发展的主要瓶颈。政府投入不够导致学校发展艰难是以往薄弱学校难以改变的一大原因，其尽管在一些西部农村或老少边穷地区还存在，以至于影响了学校的正常教育教学活动的开展，但对于中东部一般薄弱学校，由于政府近几年在教育均衡发展、全面改薄、危房改造等政策下的大量补偿性投入，这个已经不是主要问题。由于教育经费投入不足导致学校教育质量不好的说法已经过时，教育经费的紧缺状况已经获得了极大改变，很多中东部农村和偏远地区的教育经费已经基本能够满足需求。所以，将薄弱学校没有成为优质学校归因于政府投入不够，发

---

①　朱德全，李鹏宋，宋乃庆. 中国义务教育均衡发展报告——基于《教育规划纲要》第三方评估的证据［J］. 华东师范大学学报（教育科学版），2017（1）：63-77.

展的物质条件缺乏，在经济社会发展较好的地区已经缺乏现实证据。但薄弱学校改造收效不佳的部分原因在于讲求升学率的功利主义教育背景下，政府投入不足，有限投入又在于"保重点"，不断加强所谓示范性学校建设①。在中国目前这种政府部门拥有不受制约的权力，对教育存在超强控制的体制下②，政府考评的绩效主义导向理所当然地造就了大量不受欢迎的薄弱学校，因而"解铃系铃"，在改造薄弱学校中要求政府扭转这种取向。

### 二、薄弱学校的变革困境与理论基础反思

如何改变薄弱学校各方面不佳的状况，各级政府（教育行政部门）已经有很多应对策略。常见举措是"学校捆绑发展、集团化办学、学区化管理、名校办分校、学校联盟、对口帮扶等形式，以及区域内校长、教师流动，还有将优质普通高中招生名额合理分配到区域内初中等"③。对地处农村、偏远地区等的农村学校和城市中相对薄弱的学校投入大量经费和物质资源，让其建设漂亮校舍和硬件设施。另外，给其分配优秀教师，实施城乡教师定期交流政策，对农村教师给予专项补贴、优先评定职称，实行强校合并弱校的集团化发展等。

具体分析这些举措可知，这主要是以罗尔斯正义理念为主要理论依据，在保障每个学校基本办学条件的同时，对最不利的弱势学校给予各种形式的补偿和照顾。基于此，全国很多乡村学校、薄弱学校的办学条件已经有了较大改善。但教育均衡发展全面实现还需努力，进一步的优质均衡发展更是任重而道远。现实中老百姓仍然不够满意，各种形式的择校——就读所谓好学校的竞争仍然非常激烈。办学质量差距在城乡教师定期交流、名校带领弱校的集团化办学、特岗教师等政策推进下，尽管一些地方有所减少，但显然还存在诸多不满意之处，如传统所言的重点或优质学校的竞争并未减弱。经过这么多年的努力，尽管一些薄弱学校有了很大进展，但很多薄弱学校依然薄弱，教育质量不高的问题没有明显解决，很多学生学习基础薄弱，学业状况不佳，教师教得辛苦，学生学得吃力，师生对学校发展缺失信心，期待"逃离"进入优质学校，从而使得择校的竞争日趋激烈。正因为如此，我们才非常有必要反思原有推进教育均衡发展所依凭的教育正义观念的理论局限性，以探寻新的有助于实现教育优质均衡的正义理论基础。

罗尔斯提出的作为公平的正义原则已经被很多研究者熟知，即平等的自由

---

① 吴遵民，等. 基础教育公平论：中国基础教育公平与均衡发展的政策研究［M］. 上海：上海教育出版社，2014：50.

② 吴康宁. 教育改革的"中国问题"［M］. 南京：南京师范大学出版社，2015：30-38.

③ 杨志刚. 薄弱学校改造的实质及多样化策略［J］. 教育科学研究，2016（1）：34.

权利，机会开放和对最不利者的合理补偿。其采用"无知之幕"的理论预设，排除了个人既得利益的干扰和各种任性的意愿，推演出其正义的实现原则。"无知将使各方具有达成共同契约的必要性和可能。假定其他情况相同，一种正义观建立在更简明的基础之上，它就比其他正义观更可取。"① 这个立场反映了其先验制度主义的取向，目的在于为社会各种关涉正义问题的解决找到普适原则。教育公正问题研究大多以罗尔斯等人的正义理论为视角，以至于有论者称之为"罗尔斯教育公正理论情结"②。

在教育均衡发展推进的政策方面，也主要是在罗尔斯作为公平的正义观的理论指导下进行推进的，看重教育物质资源的合理化分配，对农村、边远、民族聚居地区等相对不利地区学校和城镇薄弱学校进行各种经费和物质资源的补偿，实施学校标准化建设，取得了巨大成绩，使得教育均衡政策在基础教育领域已经获得了较好成绩。但物质资源和办学条件的达标只是实现教育均衡发展的基本条件，并非充分条件。尤其是物质资源的均等配置远远不是教育的终极目标，教育均衡发展的初级目标在于每个学生都能享有不可剥夺的教育权利，能够不受歧视或差别对待地享有完整教育。但个体接受教育的核心诉求显然不止于此，而是在学校中获得自身需要的理想的发展，享有优质、尊严而公平的教育生活，为终身良好发展奠定核心素养。这就要求每个学校都不同凡响、卓越而优质化地发展，而单纯借鉴罗尔斯正义观已经勉为其难了。

罗尔斯研究正义问题的思路显然属于探寻普适的理想正义，是一种注重逻辑分析的哲学思辨式研究，但是对于现实中谁有权利进行分配、什么是最不利者应得的额外补偿，如何对平等的权利进行确认等，罗尔斯却没有给出非常明确的结论，大约也是由于现实中的复杂性，他只能给出一种抽象而简明的原则体系。另外，很多人质疑罗尔斯正义原则的前提，即"无知之幕"的过度理想化：在现实中的人都是具体地知道自己所处情景的人，而不可能对自己的背景一无所知地来参与分配，因而不可能排除既得利益对判断的干扰。在社会政策实施中，既得利益者总会想方设法维护自己的利益，这可以解释为什么现实中很多教育均衡政策推进阻力较大，致使薄弱学校变革成效不够显明。譬如，作为推进教育均衡的核心举措，教师交流政策中优质师资由于其对优质学校的不可或缺，在利益格局中不会被强制流动，从而在执行中"遭遇目标变异、过程

---

① 徐丹丹. 从无知之幕到分配正义——罗尔斯正义论的"哲学—历史"逻辑演进 [J]. 南京社会科学，2012（8）：69-73.

② 刘同舫. 罗尔斯教育公正理论情结及方法论原则批判 [J]. 教育研究，2012（1）：40-45.

变异和效果变异"①。而且，强制教师流动对学校原有发展生态会造成破坏性影响，侵犯教师合理的选择权利，减弱教师的奉献热情，甚至学校原有的骨干教师会流失，从而致使学校由"强"变"弱"，而原来的薄弱学校也未变"强"。

### 三、可行能力：薄弱学校改进的理论基础

处于竞争弱势和发展困难中的薄弱学校，如何能够成为有特色的优质学校，是一个已经有研究但显然还不够深入的关键问题。薄弱学校如何能够摆脱不利因素的束缚，在教育均衡发展政策的助推下，凝心聚力，成功变革，这是一个非常受关注的问题。那么，需要首先明晰的是，薄弱学校是怎么薄弱的，什么因素影响了其内涵发展？学校境况和教育质量迟迟没有明显提升的原因何在？在诸多因素中，从现实的境况来看，外部的支持、倾斜、帮助是发展的辅助性因素，在学校的发展中一般不会成为起核心作用的根本性因素，而学校内在的自主发展能力缺乏应该是根本制约因素。学校自身如何走出发展困境，做自觉自为的渐进式改进，是薄弱学校成为优质学校的根本。对此，我们需要从阿马蒂亚·森正义理念中的可行能力理论入手，不仅为薄弱学校继续提供外界的多种帮扶，更要赋予其能够决定自身如何发展的主体地位，应用"能力方法"，赋予其实质自由，促进其自主变革能力的提升，着力推动薄弱学校自觉的内涵发展。

阿马蒂亚·森是坚持平等主义的正义论学者，但其关注的平等却不是罗尔斯等人重视的"基本善"的分配，其强调"可行能力"。"尽管基本品最多不过是实现人类生活有价值的目的的手段，但在罗尔斯的正义原则中，它们却是判断分配公正与否的核心问题。"② 阿马蒂亚·森指出："对发展的分析以个人自由为基本要素"，正义与否应当用一个人所拥有的"享受自己有理由珍视的那种生活的实质自由"来评判，"根本的问题要求我们按照人们能够实际享有的生活和他们实实在在拥有的自由来理解贫困和剥夺"③，也即"可行能力"来判断。阿马蒂亚·森认为应该以自由能力看待发展，扩展人的实质自由是发展的首要

---

①　王正惠. 教师交流政策目标悬置分析——基于国家试验区的调查研究 [J]. 教育发展研究，2015（18）：27-34.

②　阿马蒂亚·森. 正义的理念 [M]. 王磊，李航，译. 北京：中国人民大学出版社，2012：216.

③　阿马蒂亚·森. 以自由看待发展 [M]. 任赜，于真，译. 北京：中国人民大学出版社，2002：89.

目的。"发展可以看作是扩展人们享有的真实自由的一个过程。"① 真实自由是否拥有，在于一个人是否拥有选择有理由珍视的生活的"可行能力"？其希望享有的生活是否可能具备相关条件，有无能力去实现？"一个人的'可行能力'指的是此人有可能实现的、各种可能的功能性活动的组合。"② 他没有模仿罗尔斯那种模式去创建先验的普世的正义论原则，反而是采用"现实比较"的进路，揭示实际生活中各种显而易见的不正义，凝聚最大可能的意见一致，并试图渐进地有所变革，促进正义的实现程度，至少不增加不正义的程度和范围。

他期待，社会的发展程度不应只是注重物质财富的增加，用 GDP 或平均工资这样的指标来衡量社会发展程度是远远不够的，真正重要的是人的发展能力在多大程度上有所提高。每个人追求的自己希望过的生活有没有实现的条件是非常重要的，说一个人有各种权利，但从未给予其机会实现，是对其无情的嘲讽，是制度羞辱人的表现。人们追求美好生活，需要有基本的知识和能力、需要对影响自身生活的各种规则制定或修改有发言权和决策权，需要在政治讨论和决策中有机会充分表达和民主协商、自己珍爱的生活方式需要被承认和尊重等。拥有了这些决定我们追求美好生活可能性的"可行能力"，才是体现一个人真实自由的"可行能力"的获得过程。这种用可行能力来观察社会正义的方法是一种不同于传统正义理论的新方式。在这种框架内，"功能""能力"和用能力来定义的"自由"（freedom）是最基本的概念。能力（实质的机会）和选择过程的结合就是一种自由，是通过选择各种可能的功能组合来实现有价值的生活的"实质自由"（substantive freedom）。这种自由既关涉个人拥有的"机会"（opportunies），又涉及个人选择的"过程"（processes）③。

### 四、赋权增能：薄弱学校的可行能力提升

阿马蒂亚·森"可行能力"理论的发展观认为，促进个体或组织得到发展的最有效途径是帮助其获得自我发展的能力。由此推演到当前我们对薄弱学校改造的尝试上，可以看到，薄弱学校改造的关键不在于教育经费投入的多寡，不在于教育行政部门的改薄、达标、标准化、危房改造、信息化、教师专项补

---

① 阿马蒂亚·森. 以自由看待发展 [M]. 任赜，于真，译. 北京：中国人民大学出版社，2002：52.
② 阿马蒂亚·森. 以自由看待发展 [M]. 任赜，于真，译. 北京：中国人民大学出版社，2002：43.
③ 汪毅霖. 阿马蒂亚·森的正义观——对罗尔斯的批判及其公共政策含义 [J]. 学术月刊，2011（6）：55-62.

贴等"工程"，也不在于办学条件如何现代化，而在于如何使外在的教育投入及设施设备发挥应有的效用，如何使外在拉动成为学校活动主体的自觉行动、提高薄弱学校的自我发展意愿和能力①。也就是真正做到赋权增能，赋予其自主行使发展学校的各项权利，赋予其变革自我的实质自由，依靠学校发展的多元化主体、凝聚内在动力，促进薄弱学校变革成功。兹提出如下建议：

（一）可行能力提升：薄弱学校改进的核心追求

薄弱学校的最薄弱之处一般体现在寻求改进的可行能力不够，教师职业倦怠严重，专业发展停滞，教育教学质量长期低下，学生学习意愿低落，家长、教师和学生都不认可等方面。如何从经费拨付、硬件改善、资源扩张等粗放发展模式变革为能力提升、素质培育、特色生成、理念重塑等内涵提升，以可行能力提升为抓手，是薄弱学校改进的核心，也是基础教育均衡发展的根本。使薄弱学校的学生享受高质量的教育是所有教育均衡政策的根本目标，它反映了国家、社会、家长、教师、学生等教育参与者对基础教育的诉求。如何进行发展信心重塑，可行能力提升，不仅需要政府和社会的帮扶，更需要学校内部师生员工的理念变革、动机激发、全员学习、能力培育。

（二）可行能力保障：政府的角色转变与应有担当

由于举办义务教育是地方政府的法定责任，因此，这一责任在当地政府在推进薄弱学校可行能力建设，实现均衡发展上起着根本保障作用。政府首先要根据教育法律法规，基于罗尔斯的正义原则，给予薄弱学校同等的经费、物质资源的保障，不能歧视任何弱势学校，更不能只顾对原有优质学校进行锦上添花，却对薄弱学校的各种困难视而不见。对在薄弱学校工作的教师应该继续给予专项补偿，以便能够留住优秀师资，并吸引更多高水平教师加盟。专项补偿多少的确定，要以让在薄弱学校的教师有明显满足感为宜，以补偿其无法在城市生活的机会成本。更为重要的是，政府需要真正赋权，"承认"学校的主体角色，不应管得过多过死，不应频繁要求学校师生迎接各类评比检查，如做动员、造材料，甚至被逼造假，让教师身心俱疲。学校的薄弱有时就是在这种被动应付和实际无所作为中逐渐造成。

期待政府做的是，建立一个最低的符合当地实际情况的教育质量标准，标准底线是，每个学校只要按照法律和政策要求，正常开展教育活动就是达标。

---

① 姚永强，范先佐. 内生发展：薄弱学校改造路径选择［J］. 中国教育学刊，2013（4）：37-40.

以此解放教师的时间和精力，给学校管理者和教师充分的自主权，同时用因地制宜、多元化的教育质量标准引导学校的健全发展，使其在保障基本质量的前提下有可能形成办学特色。而且，对学校的发展状况评价，建议可以用第三方专业机构，而不是作为上级的政府部门，上级评价下级，会给学校带来极大压力，由于非常担心遭受"不好"的评价，从而学校领导被问责，教师被批评。重重压力之下，材料造假，假话连篇，报喜不报忧就不断出炉，这样造假盛行、德性迷失的学校，何以能获得优质发展？究其原因，可能还是在于管理体制变革。薄弱学校变革的希望只能首先需要政府的管理角色变更，管理、办学、评价有效分离，政府是基础教育的举办者和管理者，就应该主动放弃评价者角色，让社会有公信力且有资质的机构来评价。

另外，要消除对薄弱学校的污名化、贴标签的现象，用等级思维对学校进行区别化对待会导致薄弱学校更弱，要改变潜意识中把薄弱学校理解为生源差、质量差、师资差的观念，从而有意无意歧视性对待，"还要让薄弱学校在相关政策的制定中具有平等参与的机会和话语权"①。在对有关薄弱学校自身发展的决策讨论和实施中保持充分的权利，严禁对基础教育学校进行等级区分是政府的基础责任。

（三）可行能力主体：吸引优秀人才进入薄弱学校从教是关键

教师是"办好人民满意的教育"的决定性力量，教师素养的状况直接决定了教育质量，决定了群众对教育的满意度。学校作为可行能力的载体，如何吸引各级各类优秀人才进入中小学从事教师工作，特别是农村学校或城镇薄弱学校，奉献于教育事业，促进学校综合可行能力提升，是解决薄弱学校教育质量不高、实现教育均衡发展的根本途径。

当前，由于一些中小学教师工作压力较大、工资收入普遍不高，社会地位有待提升，职业发展前景受限，教师权利难以保障等问题，致使很多优秀人才不愿到中小学工作，更不愿意到农村中小学或城市薄弱学校工作，而是选择经济社会地位高的行业施展自己的抱负。这尤其体现在很多男性身上，中小学男性教师普遍缺乏，性别比例失衡，影响学生正确性别角色的形成。

为了吸引社会上更多的优秀人才进入农村或薄弱学校做教师，提供以下一些建议供参考。

1. 提高薄弱学校尤其是农村学校教师的地位，尤其是经济地位，落实教师

---

① 胡友志. 多维正义观视角下的教育政策正义性反思：兼及教育正义的三重维度和两种进路 [J]. 基础教育，2015（1）：40-47.

收入不低于公务员工资收入的承诺（据调研反映的问题是，教师工资表面上不比公务员差，但公务员的各种名目繁多的补贴、奖金却明显高于教师，而教师可怜的绩效工资还存在分配不公平等问题）。很多优秀人才不愿从教，根本还是待遇低，甚至很多年轻中小学教师反映当前收入无法养家，经济条件捉襟见肘，致使一些学生受其影响，坚定了将来不做教师的想法。国家应该给予薄弱学校教师特别的岗位津贴，吸引优秀人才进入这些中小学工作。另外，需要创设条件，"提高乡村教师职业认同感"①，给予乡村教师多样化的事业发展机会或平台，使其感觉自己的根能够扎在农村。

2. 提高教师准入门槛，严格教师资格制度，实行教师全员聘任制，根据岗位职责和贡献，公正分配各种利益。

3. 更新薄弱学校的教师管理理念，完善各种规则。实现人性化管理，减轻教师额外工作负担。

4. 设立教师荣誉制度，向对教育做出突出贡献，或者在农村工作满一定年限的教师，授予特殊荣誉。

5. 特别重视薄弱学校教师专业发展，当前各种培训很多，学校和相关教师疲于应对，但培训效果大多不佳，教师怨言颇多。个中原因在于大多培训行政化思维明显，未能切实倾听教师声音，满足教师实际需要。

长远看，应该借鉴国外的一些做法，把农村教师纳入公务员系统，明确农村教师的教育公务员身份，享受公务员的相关待遇，为他们提供充分的职业上升通道，提供良好的终身社会保障，成为社会普遍羡慕的职业，是确保优秀人才不断进入薄弱学校，提升学校可行能力的根本。

（四）可行能力造就：薄弱学校的自主变革"能力"提升

一个薄弱学校的改变，学校自身如何作为是关键。诸多薄弱学校长期没有改进，根本上已经不是师资不行、经费不够、硬件短缺等条件缺失造成的，主要是管理者和教师对学校的优质发展失去信心，得过且过的心态比较严重，丧失了变革的源动力。"由于信心和信任缺失，农村薄弱学校发展日益孤岛化，社会支持严重不足，学校内部氛围充满怀疑和指责。"② 薄弱学校的可行能力造就，首先需要有改革魄力和智慧的领导团队，有壮士断腕的决心和勇气，能够带领普通教师走出信心"低谷"，深度剖析学校问题的症结，采取坚定的行动渐

---

① 王鉴，苏杭. 略论乡村教师队伍建设中的"标本兼治"政策 [J]. 教师教育研究，2017（1）：29-34.

② 鲍传友. 农村薄弱学校的信心缺失与信任重建 [J]. 中国教育学刊，2017（3）：50-53.

进式解决。改革方向要基于学校的实际情况，善于综合利用各种资源，走合格加特色的发展路径，创办引领学生全面发展加个性化发展的多样化平台，除了使学生掌握国家规定的课程知识外，在办学理念、课程设置、校园文化等方面应凝聚学校特色，使学生喜欢，教师愿意积极作为，凝聚学校研究和行动的自觉性，坚持不懈，持之以恒，直至见到理想成为现实。

### 五、结论

从以上分析来看，薄弱学校要彻底改变薄弱的现状，需要认真分析学校的现状及其形成的原因，诊断其存在的问题，探寻可能的改革路径，转变一些陈旧的教育理念，提出具体的改革路径，着力于提升教育教学质量，努力办出学校的特色，做到错位发展、差异发展。实现的方式可以通过引进外援、集体研讨、凝聚团队等。薄弱学校实现优质发展的关键在于，借鉴阿马蒂亚·森的"可行能力和实质自由"的理论，提升管理者和教师的可行能力，重振发展信心，促进其自觉变革的愿望和动机，找准改变薄弱现状的抓手，最终改变学校的薄弱困境，实现学校的优质化发展，从而实现区域内基础教育的优质均衡发展。

总而言之，薄弱学校的改进是实现教育均衡发展的基本要求，改进不佳的现状在于过度强调外界的扶持和帮助，偏重于学校的物质资源投入，而忽视了薄弱学校的内生发展能力。薄弱学校的改进，根本在于扬弃罗尔斯基于"基本善"的分配正义观，借鉴阿马蒂亚·森的正义理念，综合提升薄弱学校基于实质自由的"可行能力"。

## 第五节　教育均衡发展视域中民族地区小微学校建设①

实现民族地区教育均衡发展，必须重视民族地区大量存在的小微学校发展问题，由于历史与现实条件的制约，这些小微学校的发展问题日益突出，其存在教师队伍不稳定、学生学习基础薄弱、规模效应缺失、办学条件不佳、教育质量低等问题。充分认识小微学校建设对民族文化传承、地方经济建设、国家文化安全的重要性，给予小微学校全方位支持和政策优待是渐进地实现民族地

---

① 杨建朝. 教育均衡发展视域中民族地区小微学校：问题与应对 [J]. 红河学院学报，2018（5）：113-117.

区教育均衡发展的重要方式。

## 一、教育均衡发展视域下小微学校问题的提出与内涵

义务教育均衡发展是当前政府在基础教育方面的重点工作，各地政府为此都做了极大努力，成效非常显著，全国大部分地区已经基本实现了义务教育的初步均衡。然而，目前民族地区教育仍然是我国教育的薄弱环节，在教育发展方面也与其他地区差距较大，实现教育均衡发展面临很多挑战。本节关注的即是教育均衡发展背景下一些民族地区由于人口稀疏、居住分散且不断外流导致的教育均衡发展难以实现的问题，着眼点是师生规模都很小的小微学校的发展。其主要分布在交通不便和基础设施不完善的少数民族聚居地区（这些地区一般属于远离城市的乡村）。在城镇化的浪潮席卷下，"农村逐步空心化，部分农村校舍被闲置，农村教育资源无形中被浪费。2014 年，全国有 46%的乡村小学班级人数在 25 人及以下"①。

以云南民族地区教育为例，云南是一个境内多山的少数民族集中的省份，境内 94%都是山区，少数的盆地（云南称为坝子）集中了较多的人口，交通条件较好，逐渐成为现在发展程度较高的现代化市镇，而大多数少数民族集中的地区山高路远、河谷纵深，交通极其不便，经济发展水平低，一些民族还处于自给自足的农业时代。在这些地方由于地理位置、民族历史、现实条件、经济发展水平等多种因素的限制，教育发展面临非常复杂的现实困难和自然障碍，如何实现这些地方的基础教育均衡发展，难度极大，这也是在全国大部分地区已经基本实现县域教育均衡发展的背景下日益突出的短板。廖晓珊在《强化教育督导确保如期实现义务教育均衡发展年度目标》中指出："云南省义务教育发展整体水平还比较低，尤其是在推进均衡发展方面差距巨大，要达到国家要求，形势异常严峻，目前，工作处于全国末位。"② 例如，云南省在提交评估申请的49 个县中有 43 个县（截至 2016 年 12 月 30 日）基本通过义务教育均衡发展的评估标准，至今云南通过教育部组织的义务教育均衡发展评估的县（市、区）为 52 个，不到云南全省县市区的一半，并且虽然基本通过，但还存在较多薄弱环节和问题。例如评估督导报告中提到的学校面积不足、校舍不足，校额班额偏大，教育教学设施设备等物质资源配备短缺，学校管理水平、内涵发展方面

---

① 朱德全、李鹏宋、宋乃庆. 中国义务教育均衡发展报告——基于《教育规划纲要》第三方评估的证据 [J]. 华东师范大学学报（教育科学版），2017（1）：63—77.

② 廖晓珊. 强化教育督导确保如期实现义务教育均衡发展年度目标 [J]. 云南教育（视界时政版），2015（8）.

存在问题①。其实，近几年云南省在此方面已经结合实际省情，做了极大努力。在全国基础教育领域已经接近实现县域内教育均衡发展的时代背景下，如何能够在云南民族地区实现教育基本均衡发展，是一个亟须面对且值得深入研究的问题。这其中，民族地区的教育均衡发展是制约云南全省教育均衡发展水平的突出问题，而民族地区相对偏僻、师生数量极少的小微学校则更是问题中的问题。

本节所指的小微学校是指学校位置一般在远离城区或集镇的村寨中，交通条件不便利，大多在远离县城甚至集镇的山头上或半山坡，属于村级小学（区别于乡镇的中心小学），每个年级一般只有一个教学班，每个教学班人数很少，10~20人，学校总规模不超过100人。同时教师不超过10人，在特别偏僻或居住非常分散的村寨中，还存在只有一名教师和几个到几十个学生的"一师一校"教学点，考虑到交通条件的限制，多数情况是一、二年级的学生在这样的教学点上课，到三年级就集中安排到中心小学，部分中心小学则实施寄宿制，安排学生住宿，管理学生的吃住生活问题，但幼小就远离父母生活，非常容易带来影响学生健康成长的各种问题②。另外有些中心小学无法安排住宿，则只能由家长接送或陪伴孩子住在学校附近。这样的学校管理上一般由乡镇的中心小学代管，经费等也由中心小学配置。近年来出于撤点并校政策和地方政府的经济效益考虑，已经被撤并了一部分，另外一些则由于撤并后上学成本问题得不到解决，致使村民反对等因素而未能撤并，但确实出于多种原因，学校的教学质量低、特色不够、资源设备紧缺，大多只能勉强维持，师生对学校满意度低。这就是本节所言的小微学校其内涵和现状。

这样的学校在云南民族地区还非常多，典型的就是还广为存在的一师一校教学点，一般只有一两名教师和不超过30人的学生，在一些人口分布相对集中的村落，也有规模稍大的小微小学，例如笔者曾经去调研的蒙自市MJ镇某村级小学，学校一共有7名教师，每个年级一个班，共六个班级，每个班级10~20人，都是苗族子女，每个教师负责一个班级，剩下一名老师兼做校长，还要负责体育教学和办公室业务，每个老师都处于超负荷的工作状态，如果有教师生病或参加培训，则一般只能找村中曾做过代课教师的人来临时代课。教师生活

---

① 国家教育督导检查组对云南省49个县（市、区）义务教育均衡发展督导检查反馈意见[EB/OL]. 中华人民共和国教育部，2017-01-20.

② 黄启明，扈中平. 生活教育视域下的寄宿制学校生活管理——基于桂东山区寄宿制小学的调查 [J]. 教育研究与实验，2015（4）：42-46.

非常艰苦，基本是骑摩托车约一个小时到镇上购买生活必需品，然后一周都待在学校，自己做饭洗衣，周末时才能回家。此地网络不通，但电视能看，手机能用，这基本成为教师唯一的文化生活工具和信息来源。

## 二、教育均衡发展视域下民族地区小微学校面临的问题

教育均衡发展作为实现基础教育公平的核心工作，追求的是所有学校都能成为优质学校，所有学生都能全面而个性化地发展，这在民族地区的学校中还远未实现。小微学校由于规模很小、交通不便、很少受到社会关注，各级领导、研究者等大多限于交通条件，很少能够去到这些学校。小微学校一般面临着较多的困难和问题，处于整个学校体系的末端，勉力维持现状已经是不错的状态，还有一些学校由于学生流失严重、无老师上课等而处于很可能自然取消的境地。有研究者分析其"身份弱势、师资薄弱、教学质量低等问题。大多数农村'小微学校'仍然处于生存维持阶段，与城镇学校教育质量的差距在进一步扩大"①。笔者结合自己在云南民族地区的调研，认为突出的困难在于以下几个方面。

### （一）小微学校规模效应缺失，教育质量低

小微学校教师和学生数量都很少，一师一校还不同程度地存在着。村寨居住非常分散，如撤并这种小微学校，就会增加部分儿童上学的困难，有的地方要走几个小时的山路去上学，学校也没有住宿条件。而不撤并，确实又给这些学校里面的教师和学生发展带来极大困难。由于师生人数太少，因此基本办学条件就难以达标，办学效益低、很多规定的课程无法完全开设，很多资源配置容易出现浪费或维护成本过高，教育教学质量难以保证，学生发展受到影响。更严重的是，由于大部分学校没有条件联通网络，在信息社会，这些教师和学生却没有条件获得发展的信息或资源，学生能够接触的发展资源非常有限，而教师也很少有学习进修的机会，往往容易处于被遗忘和边缘化的角落，因而教学方法、手段、理念没有办法获得及时更新，教学方法陈旧，照本宣科的情形不同程度地存在着。云南边境民族地区学校中存在诸多问题，例如"学生辍学和流失现象形势严峻、稳定教师队伍困难重重、教学效率普遍不高、学校管理

---

① 曾水兵，万文涛. 农村"小微学校"面临的困境与出路 ［J］. 教育发展研究，2015（24）：24-29.

尚待加强、教育大环境亟待改善"①。再则就是，一些地方政府对小微学校的支持力度非常薄弱，小微学校由于人数少，经费投入就非常有限，学校缺少应有的体育设备、音乐教学设备、图书设备等，只有国家规定的课本供应，教学质量的保障、学生的全面发展几乎不可能实现。他们相对封闭，没有条件接触大山外面的现代化信息，课本的学习内容也颇感陌生，由于获得的教育条件支持非常有限，例如家庭中无法提供学习辅导，难以接触各种信息，教师知识更新也比较困难等，学生往往学习基础薄弱、成绩很差，厌学逃学多，家长不满意，教师也教得辛苦而无奈。

（二）教师队伍状况不乐观，流失严重

作为民族地区最重要的知识分子代表，教师的整体素质非常重要，在影响教育质量的各种因素中，是关键因素。乡村小微学校大多数教师都是通过特岗计划招聘的，毕业的学校基本都是地方本科院校或高职高专院校。如红河学院、玉溪师范学院、曲靖师范学院、昭通学院、文山学院、丽江师专等，这些院校的毕业生素质相对老牌大学较低，这些院校的毕业生考上特岗教师一般会分配到比较边远的民族地区乡村学校，交通不便、生活枯燥、学生原有基础差、教育质量不高。在此背景下，高素质教师难以招聘，已有教师群体中有条件者又会想方设法到县城、市区或自己家乡工作，途径一般是通过教师招聘考试、考公务员或事业单位、托关系调动等。由于小微学校的教师面临的工作和生活困难多，队伍很不稳定，每年都有教师流失，同时也有新分配来的大学生或者是临时聘用的代课教师来顶岗，导致很多小微学校的管理难度大，课程教学不能持续，教学质量无法保障。考虑到这些教师工作的实际，教师想方设法逃离、追求美好惬意的生活就不难理解了。一般人也就不会简单怪罪于这些教师的流失或跳槽行为，因为大多数小微学校的工作实在过于清苦，很多地方由于处于大山之中，信息不畅，一些地方连网络都不通，如果是生于斯，长于斯的本地教师可能还适应，毕竟有家庭的呵护，而对于外地来的年轻教师，则面对的是长久的枯燥乏味甚至是与世隔绝，每天面对的就是学生和大山，难以安心工作和生活。

（三）学生学习基础薄弱，且存在厌学辍学现象

民族地区小微学校的学生由于受到所处的社会文化环境的影响，其生活的

---

① 李慧勤. 边境民族贫困地区基础教育发展研究 [M]. 昆明：云南人民出版社，2014：前言2.

村寨大多远离城区，经济发展水平不高，现代化的景象还没有普遍展现于学生的生活面前，学生很少见到银行、超市、文化宫、青少年活动中心、博物馆等现代社会的基本元素，学生能够见到的一般是高山白云、树木森林、稻谷田地等农业社会的景象。而所学课本都是以城市为中心的全国统一教材，难以考虑到中国地大物博、各地实际情况差异较大的现实，这样学生对课程的学习就难以有实际生活经验的支撑。学生的学习基础一般比较薄弱，同时学生父母的受教育水平的程度较低，难以对学生进行有效的家庭辅导，导致学生学习基础差，在学校里面的学习质量难以得到保障。更为严重的问题是，一些家长由于看到学生所学的知识与本地生活实际差距较大，认为学了无用，从而不支持学校的相关工作，再加上近些年很多大学生毕业后没有找到合适工作，致使教育无用论的观念在民族地区的农村中非常流行。在采访中，大多数家长都认为孩子认得几个字就行了，没必要上什么大学，经常听到的是，某某某"上了大学，家里非常穷，现在毕业了，什么工作都找不到，还欠了债，还不如不上"。在此种环境影响下，民族地区学生更容易看轻学校学习的价值，更加反感程式固定、管理苛刻的学校生活，从而很多小微学校发生了很多厌学辍学现象，控辍保学工作较难推进。

### 三、加强民族地区小微学校建设的意义

民族地区小微学校作为国家整体教育的有机组成部分，有着重大的现实意义，它对民族地区乡村建设、经济和文化发展水平提升甚至国家的长治久安起着重要作用。而且，"对学生成长具有积极保障作用，对教师作用发挥具有明显促进作用，对家庭幸福和谐具有良好支持作用"[①]。除此之外，笔者认为小微学校的建设其意义还凸显在以下重要方面。

#### （一）对少数民族文化传承有不可或缺的作用

面对少数民族文化不断衰退的不争现实，如何保持民族特色，保留民族文化，在文化方面就需要学校教育的积极担当，但现实是，由于考评制度的统一化，民族文化并未受到足够重视，青少年一代对本民族相关文化的认知日益薄弱，云南少数民族青少年群体中，大多未受到民族文化方面的传承教育，除了家庭一些自然影响外，他们中已经有很多人缺少民族的全方位认知。"现行学校

---

① 苏德，袁梅，罗正鹏. 教育均衡发展背景下民族地区"小微学校"建设［J］. 教育研究，2016（11）：87-91.

课程一个重要内睿就是培养对城市、工业与现代生活的向往与羡慕。"① 这样的学校教育定位就容易与民族地区的生活、文化脱节，从而难以得到足够的民族地区社会力量的全方位支持。

（二）对确保国家非传统安全有重要意义

云南属于边疆地区，而民族地区的小微学校一部分在边境地区的高山密林中。在这样的边疆地区，小微学校有守土安边、保护国家文化安全的重要作用。如果教育质量持续低劣，家庭条件较好的学生就会持续流失，青年一代也大多选择外出打工，村寨只剩老弱病残等弱势群体，会进一步弱化边疆生机，人口不断外迁的结果是村寨破败衰落，会给国外敌对分子的文化侵略、宗教渗透、和平演变等以可乘之机，威胁我国的国家安全。例如，有的边疆地区，由于村寨学校的凋敝，村民不断外迁，致使邻国居民趁机来耕种我国边境一侧荒芜的土地，还有一些学生由于边境邻国一侧的生活更好、教育质量高而跑到邻国的学校去学习，习得的是邻国的文化价值观念和生活方式，对祖国的认同相对很弱。有的边疆民族地区处于国境线，两侧都是同种民族，易产生宗教渗透、文化侵略等②，这需要引起社会的关注。如何让民族地区的村寨增强文化气息和发展活力，增强这些群体的国家认同意识，非常迫切。

**四、民族地区小微学校发展路径思考**

显然，小微学校在民族地区的社会整体建设中的作用不可小觑，它承载着民族地区实现现代化的未来希望，是所在乡村文化生活的中心，尤其在当前党中央的精准扶贫工作中，作用日益凸显，以往忽视小微学校导致的问题应该引起足够重视。为了民族地区长远的经济、社会、文化建设，在教育均衡发展的时代背景下，小微学校的建设就必须引起足够重视。在以下几个方面，笔者试图提出浅陋的建议，供参考并恳请批评指正。

首先，在配置正义视域下，借鉴罗尔斯的机会平等和弱势补偿的正义原则，即"每一个人对于一种完全适当的平等的基本自由体系都拥有相同的不可剥夺的权利，而这种体系与适合于所有人的同样的自由体系是相容的。社会与经济的不平等应该满足两个条件：第一，它们所从属的职务和地位应该在机会均等条件下对所有人开放；第二，它们应该有利于社会之最小受惠者的最大利益

---

① 李书晶. 村落中的"国家"[M]. 杭州：浙江人民出版社，1999：105.
② 李孝川. 云南边境地区民族教育的发展困境与出路——非传统安全的视角 [D]. 上海：华东师范大学，2014.

（差异原则）"①。基于此，国家应给予小微学校平等的发展权利，继续加大对小微学校的倾斜性支持，扎实做好民族地区小微学校的标准化建设。不因其"小"而忽视甚至歧视，不因其"微"而对其另眼相看。已经被撤并的村寨中的小微学校，要根据当地实际情况，适当恢复建设，给予政策上的便利条件。对于一切小微学校，建议政府应该立法保护其合法权益，不能从所谓办学效益的立场，节约办学经费、方便集中管理等角度，强制小微学校合并到中心小学，因为合并会导致学生的上学交通和成本问题，由于路途过于遥远导致学生辍学的情况在民族地区屡有发生。例如，云南保山市施甸县摆榔乡没有充分论证，为了所谓方便管理，撤并摆榔民族中学，引发群众集体上访等矛盾。日前，教育部对这起事件进行了通报。同时，教育部要求严格学校撤并条件，对于确需撤并的学校和教学点，要"坚持实事求是和先建后撤的原则，妥善解决寄宿学生住宿、就餐和上下学交通等问题"②。由这个通报看出，之所以产生矛盾激化问题，完全是地方政府从经济效益，或者说减少教育财政支出的角度，强行进行撤并导致的。政府的教育责任之大，在学校布局调整中不可不慎。

其次，因地制宜，结合民族地方实际，开展形式多样的课程生活化活动，促进学生学习兴趣的提升。由于统一的课程远离学生的实际生活，缺乏本地民族文化的"元素"，使得学生难以对课堂学习发生兴趣，教师教学的有效性不高，教学质量难以提升。民族文化进课程，坚持课程形态的多样化是小微学校发展的基本诉求。例如，南涧县坚持课内与课外、校内与校外相结合，积极推进基础教育课程改革，组织编印了《家在南涧》《跳菜》等地方教材，因地制宜开设地方课程。重视艺术体育教育和民族团结教育，如开展"跳菜进校园"活动等。剑川县努力以教育信息化促进教育均衡发展，深挖民族文化元素，积极推进民族歌舞进校园等③。这些活动能够促进师生的教育投入，激发其兴趣，释放教育活力，提高教学质量，从而生发特色，激扬小微学校的魅力，走向有差异的特色均衡。

再次，小微学校的良性发展，关键是要有良好的师资队伍。要制定足够的倾向性支持政策，确保优秀毕业生愿意到民族地区小微学校工作，并能够留住现有教师。教师的频繁流失对小微学校的生存是毁灭性打击，本来学校教师队

---

① 罗尔斯. 作为公平的正义——正义新论 [M]. 姚大志，译. 上海：三联书店，2003：70.

② 云南一民族学校草率撤并被教育部通报 [EB/OL]. 人民网，2016-11-08.

③ 南涧县义务教育均衡发展取得明显成效；剑川县：以教育信息化促教育均衡发展 [EB/OL]. 云南教育，2016-12-22.

伍就很紧张，如不留住乡村仅有的教师人才队伍，乡村中的小微学校前景就会更加让人揪心。如何留住优秀教师，很多地方已经有了很多针对性策略，例如发放乡村教师岗位补贴、提前评定职称、工作满一定年限给予特殊荣誉等，一方面要深入研究这些政策的实施效果，看已有政策能否实现预设目标，另外还要探寻新的对策，例如农村教师的住房问题、孩子上学问题、生活便利问题等，也应一并考虑，给予全方位的倾斜政策和额外照顾。"可以通过市场与计划的有机结合，多渠道补充教师；班师比与师生比相结合，灵活教师编制配置；着力培养多科教师；大幅度提高教师待遇；完善教师教育及培训经费投入保障机制等措施加强师资队伍建设。"① 以此确保师资队伍的数量和质量，使民族地区小微学校的教师能够安心教学，坚定信念，从而在艰苦地区耕耘奉献，执着于这些小微学校教育质量的保障。

最后，最根本的是，鉴于小微学校的建设问题复杂，面临的问题较多，困难也较大，建议减少对其的各种硬性考评，不要使其为了满足各种规定而疲于应付，而难以保证教学质量。应该给予小微学校充分的自由权，"理顺管理体制，确立小微学校的独立办学身份"②。尤其是人事、经费、资源、教学等方面能够使小微学校具有自主权、成为独立责任主体非常重要，以往小微学校依附于乡镇中心小学，事无巨细都要打报告，反复申请，而中心小学往往基于自身利益，对小微学校的诉求不能公正对待，严重影响了小微学校的正常运转。

有了相对自主权后，小微学校就能够结合实际情况，有所为的同时也能够有所不为，使学校教育能够和学校所在的村寨充分融合，使学生所学的课程能够与学生的实际生活结合，不再让民族地区的学生由于对课程内容的完全陌生而自然掉队——无法跟上课业要求。基于此，一些研究者"开始从民族情感和民族认同的角度思考和抵制现代性，呼吁在学校教育中应该保留本民族文化特点"③。同时，如果能够解放教师，则教师就有条件对课程内容做充分的变通，不囿于上级部门规定的教学内容和进度，而是能够充分根据学生的实际情况，放慢课业进程，防止越来越多的学生无法跟上课程要求而成为后进生，进而厌学逃学，甚至是辍学现象的发生，辍学不仅包括厌学或完全无法跟上课程要求离开学校的现象，也包括人在学校却完全没有任何学业进步，只能"混日子"

---

① 林云. 民族地区农村小规模学校教师队伍建设：问题与对策［J］. 教育与经济，2016（5）：84-90.

② 曾水兵，万文涛. 农村"小微学校"面临的困境与出路［J］. 教育发展研究，2015（24）：24-29.

③ 哈经雄，等. 民族教育学通论［M］. 北京：教育科学出版社，2001：38.

的隐形辍学。教育均衡发展的核心追求"是要承认差异、尊重个性，让每个人的兴趣爱好得到关照、优势特长得以发挥"①。事无巨细的统一管理，会束缚学校的可能发展空间，湮灭学生的正当学习需求，与教育均衡发展的诉求背道而驰。

总之，民族地区小微学校尽管由于各种先天障碍因素的影响，面临较大的发展困难，在这些民族地区实现区域内教育均衡发展非常不易，但只要综合考虑各种因素，综合发力，精准扶持，不断缩小与城镇学校的发展差距，渐进式地实现教育均衡发展并非不可能。

## 第六节 教育均衡发展背景下的"边缘生"消解②

与全国很多地区类似，城镇化背景下民族地区很多城镇的中小学出现大量大班额班级，这种班级由于学生人数过多，教师限于精力和时间无暇全部顾及，因而出现一部分教师容易忽视的"边缘生"。"边缘生"现象的存在使得这些学生在学校中遭遇不公正，这不符合教育均衡发展的时代诉求。边缘生是由学校、家庭、个体等多方面因素共同促成的，其应对策略也需要从多方面共同努力。

### 一、教育均衡发展背景下大班额边缘生的产生

目前，教育均衡发展在宏观层面已经基本实现，教育资源配置趋向均衡，不同地区和城乡之间的学校办学条件差距日益缩小，但微观层面的学生及其归属的群体之间的教育差距仍然比较明显。追求以人为本，希望每个现实的学生都能在教育中获得符合自身需求的发展，符合人性期待和现实需要的教育是理想的教育，每个学生在学校教育体系中的充分、全面、自由、和谐发展是教育的终极目的，也是本节所言的微观层面教育均衡发展的指归。

随着近些年席卷全国的城镇化导向，由于城市（含县城）学校集中了当地比较优越的教育资源、师资队伍、便利交通和信息资源，很多农村及边远地区的学生纷纷到城市学校读书，其流动序列为边远农村学校、近郊农村学校、乡镇中心学校、县城薄弱中小学、县城优质中小学、城市优质中小学等，导致农

---

① 曾水兵，万文涛. 农村"小微学校"面临的困境与出路 [J]. 教育发展研究，2015（24）：24-29
② 杨建朝，蔡婉怡. 教育均衡视域下大班额"边缘生"：内涵、成因与应对 [J]. 信阳师范学院学报，2017（6）.

村学校和薄弱学校学生不断流失、课堂空心化越来越严重。显然，教育资源配置失衡和质量差距迫使有条件的农村学生逐渐向城市流动，同时资源薄弱学校的学生不断地流失，而有一定资源和师资优势的城镇学校生源富余，一部分已经超出了学校正常接收能力，导致城镇中小学大班教学现象较为广泛，教育资源富余和短缺同时并存的现象。据调查，民族地区很多县城及中小型城市中小学班级人数在 70 到 100 人，教室里坐得满满当当，学生课桌椅非常拥挤地以插秧方式摆放，教室的走道狭窄，学生在教室中几乎没有自由活动空间。这种现象在大城市中正在逐步解决，由于其经济实力雄厚，教育资源投入力度大，扩建教育校舍和增加师资对其压力不大，再加上其对农民工随迁子女的政策限制，所以大班额问题不明显或正在日益缓解，但是民族地区很多县级行政区域（包括县城、县级市）由于经济发展程度的限制，资源配置有限，大班额问题正在逐渐凸显。

大班教学不利于每个学生的个性发展，妨碍教育公正的实现。大班额的班级由于人数过多，教师无暇顾及每个学生，导致各类学生参与课堂的行为和机会分化，无形中造成了对学生的不平等，使得每个学生所受教育的质量参差不齐。其中，由于教师的精力局限和个人偏好，因此出现了缺少关注的边缘生。这些学生在课堂中由于表现平平，无甚特长，往往被教师遗忘或忽视，大多成为默默无闻的群体，其学习成绩大多不是很优秀，但一般也不是很差，优秀学生是备受关注的"骄子"，后进生大多是老师颇感头疼的"问题学生"，教师不得不关注，而边缘生就很容易被教师弃置在视界的边缘——忽视或遗忘。中小学大班额背景下"边缘生"现象的研究对微观层面教育均衡发展的实现有一定的现实意义。

### 二、边缘生的基本内涵和表现

一些研究认为，边缘生是指游离于教学活动的中心，处于课堂教学的边缘，没有得到良好发展的学生个体或群体①。课堂中的"边缘人"，是指在日常课堂教学情境中被教师和其他同学排斥或遗忘，或者因自身原因（生理、性格、身体状况等）拒绝参与教学，主动游离到教学活动边缘的学生个体或群体②。费孝通在《乡土中国》中提出了一个社会"差序格局"的概念，每个人都生活在

---

① 李森，杜尚荣. 论课堂教学中的"边缘人"及其转化策略［J］. 教育研究，2014（7）：115-122.
② 亓玉慧. 课堂教学中的"边缘人"现象研究［D］. 重庆：西南大学，2014：32.

特定的社会关系中，就像水中投入石子后产生的一圈圈水波，而圈子的大小和强弱与血缘、地缘、经济水平、政治地位、知识文化水平密切相关。由于"差序格局"的存在，那一圈圈推出去的波纹如果没有和其他的事物产生任何联系，就会被边缘化，这可以用来类比大班额背景下的"边缘生"。其除非明确要求，大多学生像不与任何事物发生关系的"水波"一样，不主动参加集体活动，缺乏人际交往能力，经常独来独往，似乎班级的各种活动都与其无关。

有学者将班级中学生的所属类别划分为"受欢迎者""受孤立者""受遗忘者""受争议者""受忽视者"，其中大部分学生处于"受忽视者"的地位，容易被边缘化①。边缘生可以分为表面边缘与实质边缘。前者表现较为明显，如目光游移、低头不语、做小动作、交头接耳，容易鉴别。但后者能表现出积极地参与，尽管实际上只是虚假的"参与"。这类似于现代犬儒主义者：一类对"人"失去了信心和希望的人群②。边缘生由于对现有教育制度、学校管理方式、教师对待自己的方式等都不满意，因此失去了信心，但又无力反抗，只能以虚假的不反抗的态度安坐到课堂中，接受既有的教学安排，并按部就班甚至以"当一天和尚，撞一天钟"的心态来完成自己的受教育过程。

从其表现来看，边缘生往往参与课堂活动的积极性较低，他们一般不主动地去参加课堂讨论，在小组合作学习活动中也较少发表个人见解。他们缺乏学习的主动性，对于教师的提问，或是不经过大脑思考的僵硬回答，或是默不作声、低头不语。他们很少参与班级的各项活动，班级话语权也基本放弃。长此以往，他们的学习积极性容易下降，游离在教学活动的中心之外。另外，边缘生上课容易发呆，在课堂讨论中不愿意与同学交流。他们大多人际交往能力较弱，喜欢安静独处，性格较为孤僻，个人想法和情绪较少外露。根据斯通奎斯特的边缘理论，"边缘人"由于长期处于多种社会的心理冲突中而产生"边缘人格"③。这种"边缘人格"是从心里就认定了自己是个边缘人，被所在的"世界"遗忘。这类边缘的学生很可能是缺乏自信和安全感，也或许是他们自身有过失败或遭受困苦磨难的经历，也许是曾经积极表现但未有回应，比较自卑，心灵不敞开，刻意逃避，从而主动选择或迫于无奈边缘化。

最后，边缘生往往表现得比较中规中矩，他们在学习及能力方面一般不是最优秀的，没有机会体验到评价机制带来的正面激励。当然，他们大多也不会

---

① 吴康宁. 教育社会学 [M]. 北京：人民教育出版社，1999：287.
② 徐贲. 当代犬儒主义的良心与希望 [J]. 读书，2014 (7)：29-37.
③ 张黎呐. 美国边缘人理论流变 [J]. 天中学刊，2010 (4)：64-67.

轻易触犯班级的纪律，老师也不会将惩罚施加于他们，因而就容易被忽视和遗忘，表面上各自相安无事，实际是由于被教师忽视，他们受到的教育影响偏少，提升自我能力和发展水平的机会就受到影响。在班级人数过多的前提下，这类学生便很有可能成为教师眼中的盲点。另外，在赫尔巴特看来，"兴趣就是主动性"，是指人内在的和明显地表露出来的活动力与积极性的总和①。边缘生对课堂教学大多缺少兴趣，各方面表现平淡，容易被人"遗忘"，处于无人关注的角落。久而久之，就成了学校中的边缘生。

### 三、边缘生遭遇的教育不公正

在大班额教学下，由于学生人数远远超出教师能够关注的范围，使得课堂中学生因各种性格、气质、学习基础、学习方式等的差异发生分化，少数学生享有天之骄子的特殊关照，一部分学生逐渐在学习的阶梯中"掉队"，成为各种问题学生，剩下来的学生则表现平平，逐渐不被关注，无奈被边缘化，由此而背离教育均衡发展的核心追求——"承认差异、尊重个性，让每个人的兴趣爱好得到关照、优势特长得以发挥。"② "为了每一个学生的全面发展"的教育口号事实上往往会成为一句空话。

首先，教学过程应该是在强调平等基础上的公正，是一个能够充分实现师生平等交流、多元互动、教学相长的过程。"在教学过程中，教师应当为全体同学提供和创造均等的课堂参与机会，但是在实际的教学过程中有些教师却实行选择性交流，使课堂参与机会分配失衡。"③ 特别是在大班额背景下，教师精力和时间有限，很难顾及全班学生，往往只是针对主流学生的水平和学习状况来开展课堂教学。这样的课堂远离了夸美纽斯的"泛智教育"理想，即把一切知识教给一切人类的全部艺术，教育对象的普及化，主张班级授课制中的人人平等。在课堂教学互动的具体方式上，对不同成就水平的学生，教师往往采取不同的互动方式。"在与成就水平高的学生互动时，教师更倾向于采取民主的、充分考虑学生个性的方式，并且表现出极大的耐心。而与成就水平低的学生互动时，教师更倾向于采取专制的、否定的、控制的方式，并且较少地给这些学生

---

① 赫尔巴特. 普通教育学·教育学讲授纲要 ［M］. 李其龙，译. 杭州：浙江教育出版社，2002：397.

② 苏德，袁梅，罗正鹏. 教育均衡发展背景下民族地区"小微学校"建设 ［J］. 教育研究，2016（11）：87-91.

③ 文晶. 教育公平的理论和实践 ［D］. 开封：河南大学，2003：24.

充分思考的时间和充分表达的机会。"① 这就迫使一部分学生的"向师性"逐渐减退，刻意躲避老师，不愿与教师产生更多交流，尽管成绩可能还保持一定水平，但却很容易成为边缘生。边缘生的根本问题体现为"在无人关注的角落中自生自灭"。

其次，大班额背景下，由于人数过多，难以做到因材施教、促进每个学生的个性化发展，难以受到公正对待。班级授课制前提下，作为教师，只能以一般学生的水平为讲课依据，采取统一的教学方法和教学进度，这样就无法充分考虑到每个学生的身心发展情况，无法把所有学生看成一个个有独特个性、有不同文化背景、有不同兴趣爱好的存在着差异的个人，因此无法做到孔子提倡的因材施教。班级人数过多而相应的师资力量配备不够，会使得教师没有充足的时间和空间来关照学生的各方面发展，没有时间为学生创造更大的学习空间和更多的学习机会，每个学生的个性化发展就会落空。另外，大班额由于大大增加了教师的实际工作量，使教师疲于应付，无暇顾及自己的专业发展，没有时间来研究教学，教学方式和手段大多一成不变，无法紧跟时代的脚步，导致教学质量难有实质性提升，贻误学生的可能发展程度和范围，公正对待每一个学生就只能是可望而不可即。

### 四、边缘生问题产生的成因

边缘生问题的产生除了大班额的客观因素影响外，一般不是一种因素的结果，而是多种因素共同影响下发生。笔者尝试从学校因素、家庭因素、个人因素方面来简要探讨边缘生大量存在的原因。

#### （一）学校教育的偏颇

由于学校班级人数较多，每一个学生都将自己充分展示在教师面前是不大可能的，教师也无法关注到每一个学生的学习和成长。教育者关注学生的视角与范围受其教育教学观念的影响，一般"着重关注基础好、能力强的学生，并督促提醒成绩落后、不守纪律的学生，从而维持班级整体学风和学业水平。在这个选择性关注的过程中，表现中等的学生容易淡出教师视野"②。因此，学校教育因素对边缘生的形成有很重要的影响。边缘生的产生显然是班级授课制背景下教师工作负担重、精力有限，无力应对每一个学生的结果，体现为一种消

---

① 吴康宁. 课堂教学社会学 [M]. 南京：南京师范大学出版社，1999：201.
② 陆韵. 教育公平视野下班级边缘人引导策略 [J]. 煤炭高等教育，2016（02）：103-106.

极的、教育微观层面的不公平。进一步而言，这反映教师的正义感有待建构并落实于行动，每个教师都容易受到个人品质、偏见、认知水平的影响，导致其对待学生的行为与态度上的不公正。表现在学生被提问、参与课堂活动的机会、课桌椅座位安排、课堂外的关照程度等。另外还受到学校管理方式影响，学校如果只看重学生成绩，则教师只会关注成绩优秀的学生，而冷落、边缘化甚至排斥成绩不佳的学生。一些诸如绿领巾、红校服，作业写错罚抄一百遍，体罚羞辱后进生等问题就会不断以"新面貌"出现。

在教师德性层面理解，"公正地关爱每一个学生"是教师德性的核心表征，边缘生现象的广泛存在很可能是教师刻意偏爱和无意漠视的双重结果。"爱"作为一种发自内心的奉献与给予，能确保教师教育职责的实现，教师只有具备博爱的精神，真正关心每一个学生的成长和发展，才可能使得每个学生成"人"。但如果教师没有公正之心，陷入偏爱，只关注某些人而忽视、歧视甚至羞辱另外一些人，则有违使每个学生全面发展的诉求。当然，公正却没有爱，对学生表面一视同仁，内心却冷漠无情，更会造就边缘生现象的严重化。

（二）家庭关怀的缺失

家庭的关怀对一个孩子的成长有非常大的意义，在内尔·诺丁斯看来，维系人与人关系的是关怀，"关怀是人类生活中的一个基本要素，不可视为可有可无的——确实所有的人都希望得到关怀"①。一些学生可能家庭出现变故，得不到父母的关怀，或者父母常年外出打工，成为留守学生，容易陷入自卑的情绪，这种情绪如果没有得到适当的调节，将会一直在学生心中留存，导致他们变得不愿与同学交往甚至日益自闭孤僻。另外，在大班额的背景下，城镇中很多学生来自不同的地区，可能农村来的随迁子女与城市中长大的孩子由于生活条件不同，城乡固有的经济、文化差异，导致两类学生的诸多差异，随迁子女由于习惯、观念、见识的劣势而更容易被边缘化，成为边缘生。

（三）个人性格因素

每个人从出生开始就是独立的个体，都有自己的性格，每个人的生活习惯以及各方面的思维理解都是不一样的。性格作为稳定的心理反应机制，是很难改变的。如果班级人数过多，老师就无法了解每个学生的性格特征，往往那些在教学过程中表现平淡、性格内向、很少与人交流的学生就会被忽略。他们经

---

① 诺丁斯. 始于家庭：关怀与社会政策［M］. 侯晶晶，译. 北京：教育科学出版社，2006：16.

常活在自己的小世界里，处于自我封闭的倾向之中。在这种被动、封闭的性格因素影响之下，边缘生在校园内外的交往圈相对狭窄，缺少与不同性格、不同专长的学生沟通交流的机会，如果教师不能给予适当关照，这些学生就容易成为平平淡淡、不高不低、无人关注的边缘生。

### 五、如何消解边缘生问题

基于边缘生产生的原因分析和现有的教育机制，其应对策略主要是在学校和家庭两个方面，即学校应有的公正和责任意识并主动作为，另外就是相关学生家庭的及时察觉和努力，社会的帮扶也不可或缺。

首先，希望学校的教师能够持有强烈的公正意识、责任感甚至是良心驱动，深刻理解由于"平等是一个充满争议的概念，并非所有学生都能受到同样的对待"，所谓"待遇平等"其实对部分学生非常不公正①。给予边缘生更多的关注，坚持"以学生为本"的教育理念，在教育过程中尊重每个学生及其个性，按照学生的身心发展规律进行教育，以促进其全面、主动、有个性的可持续发展②。边缘生是一类特殊且复杂的群体，需要给予他们更多的支持和帮助。作为教师，"一定要充分尊重学生尤其是边缘生的意愿和情绪，倾听他们的意见和想法，承认他们与其他同学之间的差异，允许他们发表自己的看法和见解，这样他们才能真正感受到师生之间的平等，才能感受到自尊的存在"③。在课堂教学中，教师可以尝试创建学习共同体，多采用合作学习、对话教学的方式，给边缘生更多的话语权，激发其内在动机。在此种条件下，"被边缘化的学生能因为自己成为共同体的一员而感觉到其学习的主人翁地位，能在帮助或协助他人学习的过程中体验到成就感和亲密感，从而消除其被边缘化的担忧"④。

另外，学校中教师对待学生应有公正和博爱的良心，有尊重每一个学生的道德义务，反对任何意义上的排斥与歧视，按照杨的区分，排斥分为外部排斥和内部排斥。前者是指"各种本来应当被包括进来的群体和个人被有意无意地排除在讨论与决策制定的论坛之外"，后者是指"即使人们有机会参与决策制定

---

① GORARD S，等. 教育公平：基于学生视角的国际比较研究 [M]. 窦卫霖，等，译. 上海：华东师范大学出版社，2018：63
② 邵光华，仲建维，徐建平，等. 优质公平视域下的小班化教育研究 [M]. 杭州：浙江大学出版社，2013：200.
③ 威廉·威伦. 有效教学决策 [M]. 北京：教育科学出版社，2009：43.
④ 李森，杜尚荣. 论课堂教学中的"边缘人"及其转化策略 [J]. 教育研究，2014（7）：115-122.

的程序与讨论会，他们也缺乏有效的机会去影响其他人的思想"①。现实中，一些学生出于多种原因，往往遭受了外部排斥和内部排斥的双重挤压，受排斥的社会弱势阶层子女往往受到多种歧视性对待，"在学校日常生活中经受着集体边缘化、文化宰制的尴尬，相应的是不能把教育纳入自身掌控范围的无力感与无权化"②，从而迫不得已被边缘化。学校教育应倡导差异性团结的理念，"反对那些排斥与隔离由某些人组成的群体或范畴的行动结构"③，给予各类学生同等的权利和机会，额外照顾和帮扶有特殊困难的学生，防止或减少边缘生的存在。大量边缘生成功消解的根基在于教师在教育教学中能够公正地把"真爱"照耀到每个学生身上，特别关心存在各种困难的学生，消除各种形式的偏爱甚至歧视，尽可能减少人为因素导致的边缘生。

其次，家长作为孩子的法定监护者，应及时察觉子女在校的反常表现，给予子女更多的关怀，避免其成为学校教育中的边缘生。家是孩子的第一个学校，家庭状况对孩子的成长发挥着无比重要的作用，孩子性格的养成也与家庭有着密不可分的关系。家长应尽量为孩子的学习和发展创造良好的环境，多陪伴孩子，以便避免孩子养成自卑、孤僻的性格，多关注孩子的在校表现情况，与教师及时进行沟通，通过家校合作，共同促进边缘生的转变或避免边缘生的产生。当然，边缘生的产生往往是相关家庭陷入困境，无力承担相应教育职责的结果，一些家庭遭受经济困窘，情感危机、突发变故等，致使孩子心灵遭受创伤，容易自我封闭而成为边缘生。或者是父母外出打工，与孩子分离，使得孩子被迫成为留守学生或随迁学生，基于家庭生活的不完整，情感缺失而容易成为边缘生。这要求政府部门和社会公益机构给予帮扶，综合协调解决，此方面已有很多研究，此处不再赘述。

总而言之，边缘生的产生是多种因素共同作用的结果，促进边缘生向广受关注、积极融入班集体的所谓"中心学生"的转变并不容易，甚至劳而无功，但学校、家庭和社会相关组织应该注意到学校教育中业已存在的边缘生问题，积极采取多种良策予以应对，从而尽可能在教育均衡发展诉求下把教育之"爱"公正地给予每个学生，尤其是属于弱势群体的所谓各种问题学生，实现每个学

---

① 艾丽斯·M. 杨. 包容与民主 [M]. 彭斌，刘明，译. 南京：江苏人民出版社，2013：66，68.

② 罗云，等. 进城务工人员随迁子女教育公平问题的分配正义与关系正义之考察 [J]. 北京大学教育评论，2015（2）：146-167.

③ 艾丽斯·M. 杨. 包容与民主 [M]. 彭斌，刘明，译. 南京：江苏人民出版社，2013：272-273.

生的和谐健全成长。

# 第七节　本章结论与讨论

基于该项研究的核心任务，笔者重点研究了在配置正义与关系正义双重正义理论指导下，如何实现民族地区的教育均衡发展，并从多个维度进行了分析讨论。为了厘清本研究的基本思路和核心主张，有必要对本章内容做一个简明扼要的总结。

首先是关于理念层面的创新思考，即教育均衡发展的正义理论资源回顾与问题分析。研究认为，为了实现教育均衡发展，近年来政府的思路主要是依靠分配正义（配置正义）的逻辑，特别是罗尔斯的教育分配正义原则，即权利平等和弱势补偿的思路，对本地区所有学校给予同等的对待，按照同样的标准拨付办学经费和教学资源，公平配置师资等。同时，对于农村或弱势学校，给予了大量补偿，使其达到学校标准化的要求，对在边远、乡村工作的教师给予了特殊照顾。但我们依然看到这种分配正义模式的不足，即每个学校的物质条件有很大改进，满足正常教育教学工作的开展研究不是问题，但很多薄弱学校的教育教学质量依旧堪忧，弱势的学校依然薄弱，乡村学校的优秀教师仍然难以留住，城市择校的冲动依然强烈。面对此种境况，需要转变均衡发展的思路，引入关系正义的理论观念，进一步在初步物质均衡的基础上，努力实现人人享有高质量教育、每个学校皆得其所、处于良性发展中的实质教育均衡。艾丽斯·M. 杨分析了基于物质资源的分配正义的局限，提出了超越分配正义的关系正义主张，分析了现实社会关系中的两种非正义状况——压迫与支配，诉诸自我发展与自决两种正义理念，并构建了一种包容性的沟通型民主的理念。关系正义论从关系的角度去定位正义，特别强调差异政治和容纳民主，能够看到一些在分配的视野中没有考虑到或者忽视了的问题，照顾到社会不同群体的多样化诉求和需要，并分析了分配正义的框架内被忽略的压迫和支配问题，包括"剥削、边缘化、无权、文化帝国主义和暴力"五种形式的不正义。

总之，教育均衡发展是实现教育正义的基本途径，其实现过程不仅需要凭借原有的分配正义理念，在坚持权利和机会平等基础上，对最不利者持续增加资源倾斜和帮扶，而且需要借鉴关系正义的基本主张，减少和消除各种意义上的对最不利者的歧视、羞辱、边缘化、贬低、排斥等新"压迫"现象，使每个学校和每个学生都能实现基于自身实际和需要的最佳发展，走向教育的实质均衡发展。实现民族地区的教育均衡发展，不仅需要进一步凭借罗尔斯配置正义理念，更应借鉴关系正义的理念，实现适合民族地区实际状况和特殊需求的教育存在方式。从教育均衡发展的实践来说，试图找到普遍适用的正义原则来涵盖之，是为柏拉图的正义理想做注脚，终难实现，因而用双重正义的视角来解析和引领教育均衡是有比较优势的良策。应该考量教育均衡政策设计过程的正义性，抵制各种形式的排斥，双重正义倡导的理念能够帮助我们渐进地改变教育中明显的不均衡，逐渐接近理想的实质均衡。基于当下现实，分配正义与关系正义都对教育均衡发展的实现起着不可替代的作用，双重正义理论引领中的教育才可能走向理想的高水平实质均衡发展。正义概念及其实现的复杂性提示我们教育实质均衡理想的实现必须吸纳这个社会的多种声音，教育均衡发展作为时代强音，需要充分照顾各种群体的合理诉求，以教育正义的实现为指归，努力实现实质均衡。艾丽斯·M.杨主张以扩展的交往概念来表达更具开放性的政治交流背景，能够容纳包括公民不服从在内的异质多元的政治形式和交往概念，容纳差异群体和个体的经验及表达方式，从而成为教育优质均衡发展的理论依凭。

其次，在教育均衡发展实现方式上，需要基于阿马蒂亚·森的比较正义视角，教育均衡发展应该充分考量现实复杂性，扬弃罗尔斯平等加补偿的普适正义实现路径，坚持比较正义的进路。比较正义进路的教育优质均衡发展着眼于现实具体的教育不均衡，在宽泛理性基础上，以提升教育主体的可行能力为基础、强调保障教育主体的实质自由。

再次，在关系正义的理念下对如何实现民族地区教育均衡发展做了深入思考，提出了一些可能的努力方向和应有作为，然后对民族地区的薄弱学校如何改进做了详细分析，在可行能力视角下进行探讨，以便使民族地区薄弱学校都成为优质学校这个问题上有新的突破，从而实现学校之间层面的教育均衡。研究认为，薄弱学校的改进是实现教育均衡发展的基本要求，改进不佳的现状在于当前过度强调外界的扶持和帮助，偏重于物质资源和经费的补偿性投入，而忽视薄弱学校的可能的内生发展能力。薄弱学校的改进，根本在于扬弃罗尔斯基于"基本善"的分配正义观，借鉴阿马蒂亚·森的比较正义理念，综合提升薄弱学校基于实质自由的"可行能力"，促进学校的优质化发展。

最后，是关于民族地区两个微观层面的教育均衡实现问题，第一个是遍布云南民族乡村地区的小微学校如何走出发展困境问题，教育均衡发展视域下民族地区小微学校发展问题日益突出，其存在教师队伍不稳定、学生学习基础薄弱、规模效应缺失、办学条件不佳、教育质量低等问题。应该充分认识小微学校建设对民族文化传承、地方经济建设、国家文化安全的重要性，给予小微学校全方位支持和政策优待，渐进地实现民族地区教育均衡发展。第二个是城镇化背景下县镇学校学生不断集中，导致大班额问题，在大班教学中，多数学生由于"不好不坏、表现平平"而成为边缘学生，面对他们遭受的教育不公正，对如何使其免遭边缘化境地，给出了一些对策思考，即边缘生是由学校、家庭、个体等多方面因素共同促成的，其应对策略也需要从多方面共同努力，以求在微观层面——作为个体的学生发展层面实现均衡发展。

# 附　录

## 云南民族地区教育均衡发展研究调查问卷及量化代码

（您好！本问卷共28题，非常希望您能帮助我们认真填写。问卷不记名，仅供研究需要，成果提交相关部门或发表时会隐去相关个人及学校信息，请您放心，谢谢您的帮助！）

1. 您的学校所在地：＿＿＿＿＿＿　校名：＿＿＿＿＿＿＿

2. 您的岗位：　　　A. 特岗　　　　　B. 在编

　　　　　　　　　C. 支教　　　　　D. 临时代课

3. 您的性别：　　　A. 男　　　　　　B. 女

4. 您的民族是＿＿＿，年龄＿＿＿，任教时间＿＿＿年

5. 您的文化程度：　A. 中专/中学　　B. 大专

　　　　　　　　　C. 本科　　　　　D. 硕士及以上

6. 您的职称：　　　A. 初级　　　　　B. 中级

　　　　　　　　　C. 高级　　　　　D. 特级

　　　　　　　　　E. 未定级

7. 您的家乡是：　　A. 云南省外　　　B. 属云南省但非学校所在县

　　　　　　　　　C. 属学校所在县

8. 你认为学校难吸引优秀教师的主要原因是：

　　　　　　　　　A. 工资待遇低（A1）

　　　　　　　　　B. 地处贫困山区，生活不方便（A2）

　　　　　　　　　C. 学校教育质量不高（A3）

　　　　　　　　　D. 住房不能解决（A4）

　　　　　　　　　E. 找对象困难或夫妻两地分居（A5）

F. 其他_____（A6）

9. 您认为提高学校师资水平需要：

　　A. 提高工资，保证较好福利（A11）

　　B. 加强教师培训，改进教师的素质和观念（A12）

　　C. 增加学校编制，引进更多教师（A13）

　　D. 减轻教师压力，给老师更多自主权（A14）

10. 以下哪些使你感觉有成就感：

　　A. 受学生爱戴与尊重（A16）

　　B. 工作得心应手（A17）

　　C. 学生有出息（A18）

　　D. 获得奖励与提拔（A19）

　　E. 收入较满意（A20）

　　F. 其他（A21）

11. 下面哪句话最能描述您做教师的感受：

　　A. 有强烈责任感，执着追求

　　B. 暂时还可以，对工作比较认真

　　C. 有机会就考虑选择其他职业

　　D. 很厌倦，不想当老师

12. 符合您的职业发展期望的是？（A24）

　　A. 教育行政领导

　　B. 受人爱戴的高级教师

　　C. 转考公务员或事业单位

　　D. 调到市区或县城学校工作

　　E. 换其他工作

13. 对教好学生，您的看法是（A25）：

　　A. 只要努力，一定能教好学生

　　B. 我努力了，学生教不好也没办法

　　C. 无所谓，主要靠学生自己

　　D. 学生的学习老师很不满意，但也没办法

14. 您认为所在学校教学质量不够高的主要原因是：

　　A. 教师素质和教学能力不高（A26）

　　B. 学校管理水平不够（A27）

　　C. 学校所在环境闭塞，学习氛围差（A28）

D. 学校经费缺乏，教学设备欠缺（A29）

E. 其他_____（A30）

15. 您认为学生是否愿意来校上学？

    A. 都很愿意　　　B. 大部分愿意

    C. 一般　　　　　D. 少数愿意

    E. 都不愿意

16. 您每月的收入大约是_____元。您认为是否满意？

    A. 非常满意　　　B. 比较满意

    C. 感觉一般　　　D. 不太满意

    E. 完全不满意

17. 您的住房是（A34）：

    A. 自买商品房　　B. 学校福利房

    C. 在外租房　　　D. 学校宿舍

18. 以下哪个原因最可能促使您离开学校？

    A. 收入待遇较低（A36）

    B. 学校所在地闭塞落后（A37）

    C. 职业发展没有前途（A38）

    D. 住房不能解决（A39）

    E. 家庭生活需要（A40）

    F. 其他_____（A41）

19. 您认为学校对教师的管理：

    A. 管理水平很高，很人性化

    B. 还可以，感觉一般

    C. 管理严苛，不人性

20. 以下哪一个是您最关心的问题？

    A. 参加学习培训、提高教育教学能力（A48）

    B. 解决教师住房，解除后顾之忧（A49）

    C. 工作调动（A50）

    D. 提高教师工资待遇（A51）

    E. 其他_____（A52）

21. 您认为下面的哪一种描述更能反映您校当前的总体情况：

    A. 平平稳稳、得过且过

    B. 师生员工相当努力，但办学成效不理想

    C. 全校团结进取、教学质量越来越高

    D. 学校缺乏凝聚力，一盘散沙

22. 您经常使用多媒体、网络资源等现代化教学手段进行课堂教学吗？（A59）

    A. 全部使用    B. 经常使用

    C. 有时使用    D. 偶尔使用

    E. 不使用

23. 您认为在学校教育中实施双语教育与民族文化教育重要吗？

    A. 非常重要    B. 重要

    C. 一般    D. 不是很重要

    E. 没必要

24. 贵校是否设少数民族文化特色教育（少数民族相关的语言、音乐、诗歌、体育、手工、技能、习俗等）？

    A. 有很多    B. 有一些

    C. 说不清    D. 很少

    E. 完全没有

25. 您工作的压力主要来自：

    A. 提高学生考试成绩（A61）

    B. 工作量大，压力重（A62）

    C. 绩效考核（A63）

    D. 适应新课程教学（A64）

    E. 管理问题学生（A65）

    F. 家访（A67）

    G. 缺乏教学经验（A68）

    H. 其他_____（A69）

26. 您当前在工作中遇到的最大困难或问题是什么？

27. 与县城优质学校相比，您所在学校当前面临的最大问题或困难是什么？

28. 为使您的工作更加满意或教学质量更高，您的思考和建议是：

再次致谢！

# 主要参考文献

（一）著作

[1] 姚永强. 新时期下我国义务教育均衡发展方式的转变 [M]. 北京：中国社会科学出版社，2016.

[2] 王定华. 全面推进义务教育均衡发展 [M]. 北京：人民教育出版社，2012.

[3] 2010—2012 义务教育均衡发展（省域统筹）（县域实施）（高端视点）[M]. 北京：教育科学出版社，2012.

[4] 傅禄建，汤林春. 义务教育均衡发展程度测评 [M]. 上海：华东师范大学出版社，2013.

[5] 苏德，等. 民族教育政策：质性研究与案例分析 [M]. 北京：教育科学出版社，2014.

[6] 罗明东，潘玉君，施红星，等. 云南省义务教育区域均衡发展监测、评价与预警 [M]. 北京：北京大学出版社，2014.

[7] 迈克尔，阿普尔. 教育与权力 [M]. 上海：华东师范大学出版社，2008.

[8] 阿马蒂亚·森. 以自由看待发展 [M]. 任赜，于真，译. 北京：中国人民大学出版社，2002.

[9] 李慧勤. 云南边境民族贫困地区基础教育发展研究 [M]. 昆明：云南人民出版社，2014.

[10] 马丽娟，伍琼华. 基础教育阶段：云南民族教育的发展变迁 [M]. 北京：中国社会科学出版社，2012.

[11] 约翰·罗尔斯. 正义论 [M] 何怀宏，等，译. 北京：中国社会科学出版社，1988.

[12] 邵光华，仲建维，郑东辉，等. 基础教育优质均衡发展研究 [M]. 杭

州：浙江大学出版社，2011.

[13] 约翰·罗尔斯. 正义论（修订版）[M]. 何怀宏，等，译. 北京：中国社会科学出版社，2009.

[14] 罗尔斯. 作为公平的正义——正义新论 [M]. 姚大志，译. 上海：三联书店，2003.

[15] 袁久红. 正义与历史实践 [M]. 南京：东南大学出版社，2002.

[16] 文长春. 正义：政治哲学的视界 [M]. 哈尔滨：黑龙江大学出版社，2010.

[17] 凯文·奥尔森. 伤害+侮辱——争论中的再分配、承认和代表权 [M]. 高静宇，译. 上海：上海人民出版社，2009.

[18] 马晓燕. 多元时代的正义寻求——I. M. 杨的政治哲学研究 [M]. 北京：光明日报出版社，2012.

[19] 艾丽斯·M. 杨. 包容与民主 [M]. 彭斌，刘明，译. 南京：江苏人民出版社，2013.

[20] 姜涌. 哲学与政治：当代中国政治哲学研究 [M]. 济南：山东大学出版社，2007.

[21] 阿马蒂亚·森. 正义的理念 [M]. 王磊，李航，译. 北京：中国人民大学出版社，2012.

[22] 杨军. 西北少数民族基础教育均衡发展研究 [M]. 北京：民族出版社，2006.

[23] 贺美. "一元三维"正义论——南希·弗雷泽的正义理论研究 [M]. 北京：人民出版社，2015.

[24] 孙炎. 云南省少数民族地区农村教育公平发展研究 [M]. 昆明：云南大学出版社，2014.

[25] 金东海. 少数民族教育政策研究 [C]. 兰州：甘肃教育出版社，2002.

[26] 滕星. 教育人类学通论 [M]. 北京：商务印书馆，2017.

[27] 原一川. 中国—加拿大民族与文化多元性比较研究 [C]. 上海：上海交通大学出版社，2012.

[28] 张诗亚，等. 民族地区教育优先发展研究 [M]. 北京：经济科学出版社，2014.

[29] 张洪高，辛丽春. 教育的正义性 [M]. 济南：山东人民出版社，2016.

［30］冯建军. 教育公正——政治哲学的视角［M］. 福州：福建教育出版社，2008.

［31］诺齐克. 无政府、国家与乌托邦［M］. 何怀宏，等，译. 北京：中国社会科学出版社，1991.

［32］德沃金. 认真对待权利［M］. 信春鹰，吴五章，译. 北京：中国大百科全书出版社，1998.

［33］万俊人. 正义二十讲［M］. 天津：天津人民出版社，2008.

［34］高兆明. 政治正义：中国问题意识［M］. 北京：人民出版社，2014.

［35］陈时见. 多元共生与多样化发展——西南民族学校教育发展研究［M］. 北京：商务印书馆，2012.

［36］姜峰，万明钢. 发达国家促进民族教育均衡发展政策研究［M］. 北京：民族出版社，2011.

［37］王振存. 城乡教育公平论——基于文化视阈的研究［M］. 北京：人民教育出版社，2016.

［38］云南省教育事业统计摘要（2015—2016）／（2016—2017）／（2017—2018）（内部资料）.

［39］艾丽斯·M. 杨. 正义与差异政治［M］. 北京：中国政法大学出版社，2017.

［40］应奇. 当代政治哲学名著导读［M］. 南京：江苏人民出版社，2010.

［41］苏娜. 区域义务教育均衡发展保障机制研究［M］. 广州：广东高等教育出版社，2015.

［42］陈振华，等. 优质教育资源发展论［M］. 杭州：浙江大学出版社，2015.

［43］MEYER K S. 教育、公正与人之善：教育系统中的教育公平与教育平等［M］. 张群，等，译. 上海：华东师范大学出版社，2018.

［44］GORARD S，等. 教育公平：基于学生视角的国际比较研究［M］. 窦卫霖，等，译. 上海：华东师范大学出版社，2018.

［45］程天君，等. 新教育公平引论［M］. 南京：南京师范大学出版社，2019.

［46］吴遵民，等. 基础教育公平论：中国基础教育公平与均衡发展的政策研究［M］. 上海：上海教育出版社，2014.

［47］吴康宁. 教育改革的"中国问题"［M］. 南京：南京师范大学出版

社，2015.

[48] 钟海青. 文化多样性与教育研究 [M]. 北京：中央民族大学出版社，2016.

[49] 王兆璟. 民族双语教育的理论与实践研究 [M]. 北京：民族出版社，2017.

[50] 胡少明. 教育均衡论 [M]. 北京：人民出版社，2016.

[51] 张善鑫. 西北少数民族地区课程政策实施研究——基于教育公平的视角 [M]. 北京：中国社会科学出版社，2017.

[52] 李桂荣. 县域义务教育均衡发展监测机制研究 [M]. 北京：科学出版社，2017.

[53] 朱德全. 中国义务教育均衡发展论 [M]. 北京：人民出版社，2019.

[54] 林云. 多民族地区义务教育均衡发展研究——以云南省为例 [M]. 北京：中国社会科学出版社，2019.

[55] 罗青，钱春富. 边疆民族地区县域内义务教育均衡发展研究：兼论跨境民族教育与文化互动 [M]. 昆明：云南大学出版社，2018.

[56] 袁振国，等. 共和国教育公平之路 [M]. 上海：华东师范大学出版社，2019.

[57] SEN A. Development as Freedom [M]. New York：Anchor Books，1999.

[58] PERREAULT G., ZELLNER L. Social justice, competition and quality：21st century leadership challenges [M]. Ypsilanti, MI：NCPEA.

[59] MARGALIT. The Decent Society [M]. Cambridge：Harvard University Press，1996.

[60] YOUNG I M. Justice and the politics of difference [M]. Princeton University Press，1990.

**（二）期刊与硕博论文**

[1] 朱德全，李鹏宋，宋乃庆. 中国义务教育均衡发展报告——基于《教育规划纲要》第三方评估的证据 [J]. 华东师范大学学报（教育科学版），2017 (1).

[2] 郭清扬. 义务教育均衡发展与农村薄弱学校建设 [J]. 华中师范大学学报（人文社会科学版），2013 (1).

［3］杨志刚. 薄弱学校改造的实质及多样化策略［J］. 教育科学研究，2016（1）.

［4］徐丹丹. 从无知之幕到分配正义——罗尔斯正义论的"哲学—历史"逻辑演进［J］. 南京社会科学，2012（8）.

［5］刘同舫. 罗尔斯教育公正理论情结及方法论原则批判［J］. 教育研究，2012（1）.

［6］王正惠. 教师交流政策目标悬置分析——基于国家试验区的调查研究［J］. 教育发展研究，2015（18）.

［7］冯建军. 后均衡化时代的教育正义：从关注"分配"到关注"承认"［J］. 教育研究，2016（5）.

［8］汪毅霖. 阿马蒂亚·森的正义观——对罗尔斯的批判及其公共政策含义［J］. 学术月刊，2011（6）.

［9］姚永强，范先佐. 内生发展：薄弱学校改造路径选择［J］. 中国教育学刊，2013（4）.

［10］胡友志. 多维正义观视角下的教育政策正义性反思——兼及教育正义的三重维度和两种进路［J］. 基础教育，2015（1）.

［11］王鉴，苏杭. 略论乡村教师队伍建设中的"标本兼治"政策［J］. 教师教育研究，2017（1）.

［12］鲍传友. 农村薄弱学校的信心缺失与信任重建［J］. 中国教育学刊，2017（3）.

［13］张洪雷，张宗明. 批判、多元与开放性思维———费耶阿本德创新思想研究［J］. 学术论坛，2011（3）.

［14］何立华，成艾华. 民族地区的教育发展与教育平等——基于最近三次人口普查资料的实证研究［J］. 民族研究，2015（4）.

［15］冯建军. 义务教育均衡发展必须实现重心转移［J］. 教育发展研究，2013（12）.

［16］李孝川. 云南边境地区民族教育的发展困境与出路——非传统安全的视角［D］. 上海：华东师范大学，2014.

［17］吴煌. 教育正义：走向多元综合的范式［J］. 湖南师范大学教育科学学报，2017（2）.

［18］陈荟，孙振东. 民族地区基础教育均衡发展中的几个问题［J］. 教育学报，2015（4）.

［19］倪胜利．民族地区基础教育均衡发展与多元文化教师培养［J］．民族教育研究，2014（3）．

［20］王慧霞．民族文化在学校教育境遇的研究［J］．天津市教科院学报，2015（4）．

［21］姚继军，张新平．新中国教育均衡发展的测度［J］．华东师范大学学报（教育科学版），2010（2）．

［22］赵环秀．教育均衡发展：政府的政治责任——以弱势群体子女的受教育权利及其实现为切入点［J］．中国农业教育，2010（3）．

［23］庞文，刘洋．我国特殊教育均衡发展指标体系的构建与测评［J］．教育科学，2013（8）．

［24］李春燕．关于实现城乡义务教育均衡发展的研究［J］．现代农村科技，2010（16）．

［25］师玉生．县域义务教育均衡发展的现状与对策研究——以张掖市甘州区为例［D］．兰州：西北师范大学，2011．

［26］刘新成，苏尚锋．义务教育均衡发展的三重意蕴及其超越性［J］．教育研究，2010（5）．

［27］王建荣，夏志强．我国义务教育均衡发展的内涵及其指标体系构建［J］．理论与改革，2010（4）．

［28］王彦明．精神均衡：基础教育均衡发展的应然追求［J］．教育导刊，2010（11）．

［29］左瑞勇．城乡统筹背景下重庆基础教育均衡发展的思考［J］．中国教育学刊，2008（5）．

［30］杨启亮．底线均衡：义务教育优质均衡发展的解释［J］．教育理论与实践，2010（1）．

［31］肖军虎．县域义务教育均衡发展研究——基于对山西省隰县、浮山县、侯马市和古交市4个县（市）的调研［D］．武汉：华中师范大学，2012．

［32］褚宏启，高莉．义务教育均衡发展评估指标与标准的制订［J］．教育发展研究，2010（6）．

［33］赵鑫．促进我国义务教育均衡发展的财政政策研究［D］．北京：财政部财政科学研究所，2011．

［34］陈军．教育均衡发展之路径［J］．人民教育，2010（Z1）．

［35］蒋冠宇．义务教育均衡发展指标体系研究［D］．杭州：杭州师范大

学，2012.

[36] 刘欣欣. 城乡义务教育均衡发展指数研究——以北京市为例 [D]. 北京：首都师范大学，2012.

[37] 任春荣. 县域义务教育均衡发展评估指标的选择方法 [J]. 中国教育学刊，2011 (9).

[38] 王建荣，夏志强. 我国义务教育均衡发展的内涵及其指标体系构建 [J]. 理论与改革，2010 (4).

[39] 陈世伟，徐自强. 县域义务教育均衡发展指标体系构建研究 [J]. 内蒙古农业大学学报（社会科学版），2010 (4).

[40] 李继星. 关于义务教育均衡发展指标体系的初步思考 [J]. 人民教育，2010 (11).

[41] 徐露，杨岚清. 县域义务教育均衡发展指标体系的构建 [J]. 科教导刊，2012 (1).

[42] 朱家存，阮成武，刘宝根. 区域义务教育均衡发展监测指标体系研究——基于安徽省义务教育政策实践 [J]. 教育研究，2010 (11).

[43] 吕星宇. 论义务教育均衡发展评价的复杂性 [J]. 教育科学研究，2013 (8).

[44] 沈有禄，谯欣怡. 基础教育均衡发展：我们真的需要一个均衡发展指数吗？[J]. 教育科学，2009 (6).

[45] 钟耿. 县际义务教育均衡发展评价研究——基于湖北省恩施地区的实证分析 [D]. 重庆：西南大学，2011.

[46] 董世华，范先佐. 我国县域义务教育均衡发展监测指标体系的构建——基于教育学理论的视角 [J]. 教育发展研究，2011 (9).

[47] 鞠闯. 县域义务教育均衡发展研究——以辽宁省凌源市为例 [D]. 昆明：云南财经大学，2014.

[48] 邱佳佳. 县域义务教育均衡发展公众评估指标体系的构建 [D]. 海口：海南师范大学，2014.

[49] 庞晶，毕鹏波，鲁瑞娟. 义务教育均衡发展评价指标体系的评述与构建 [J]. 当代教育科学，2011 (16).

[50] 薛二勇. 区域内义务教育均衡发展指标体系的构建——当前我国深入推进义务教育均衡发展的政策评估指标 [J]. 北京师范大学学报（社会科学版），2013 (4).

[51] 翟博, 孙百才. 中国基础教育均衡发展实证研究报告 [J]. 教育研究, 2012 (5).

[52] 续艳艳. 山西省城乡义务教育均衡发展评价指标研究 [D]. 太原: 山西财经大学, 2013.

[53] 杨令平. 西北地区县域义务教育均衡发展进程中的政府行为研究 [D]. 西安: 陕西师范大学, 2012.

[54] 关松林. 基础教育均衡发展: 理念与策略 [J]. 中国教育学刊, 2010 (16).

[55] 罗小洁. 义务教育均衡发展中政府责任落实研究——以玉林市为个案 [D]. 桂林: 广西师范大学, 2014.

[56] 聂鹏. 我国城乡教育均衡发展的现状、归因与机制构建 [J]. 黑龙江高教研究, 2011 (9).

[57] 单洪轩, 周丽珍. 城乡基础教育均衡发展的制度设计 [J]. 鸡西大学学报, 2012 (7).

[58] 翟静丽. 城市义务教育均衡发展中政府行为失当的思考 [J]. 现代教育管理, 2011 (7).

[59] 叶忠. 教育均衡发展中的政府财政角色冲突与协调 [J]. 教育研究与实验, 2014 (6).

[60] 赵永辉. 各级政府在义务教育均衡发展中的责任及履责成效 [J]. 教育学术月刊, 2015 (7).

[61] 司晓宏, 杨令平. 义务教育均衡发展进程中"政府悖论"现象透视 [J]. 陕西师范大学学报 (哲学社会科学版), 2015 (4).

[62] 刘素梅. 城乡义务教育均衡发展中的政府责任研究 [J]. 中国青年政治学院学报, 2014 (6).

[63] 范先佐. 义务教育均衡发展与农村教育难点问题的破解 [J]. 华中师范大学 (人文社会科学版), 2013 (23).

[64] 王娟涓, 徐辉. 国外城乡义务教育均衡发展的经验及启示 [J]. 外国中小学教育, 2011 (1).

[65] 成丽格. 义务教育均衡发展与薄弱学校建设——基于义务教育均衡发展备忘录的思考 [D]. 武汉: 华中师范大学, 2012.

[66] 王晓晨. 中国基础教育均衡发展问题研究 [D]. 长春: 吉林大学, 2015.

［67］李化树.整体推进西部城乡基础教育均衡发展的制度设计——以川北南充市为例［J］.四川文理学院学报，2013（3）.

［68］姜鑫，罗佳.基于泰尔指数的城乡义务教育均等化评价［J］.技术经济与管理研究，2012（12）.

［69］董奇.均衡发展的关键在制度保障［J］.求是，2010（9）.

［70］陈荟.教育均衡发展是民族教育现代化的有效途径［J］.教育发展研究，2017（17）.

［71］陈丰.基于财政视角的城乡义务教育均衡发展研究［D］.青岛：中国海洋大学，2014.

［72］姚永强.我国义务教育均衡发展方式转变研究［D］.武汉：华中师范大学，2014.

［73］刘雍潜，杨现民.大数据时代区域教育均衡发展新思路［J］.电化教育研究，2014（5）.

［74］郭喜永.义务教育均衡发展实证研究——基于吉林省义务教育发展现状的统计分析［J］.现代教育科学（普教研究），2012（2）.

［75］张玉臣，罗志国.中国基础教育均衡发展实证分析［J］.中国校外教育，2013（32）.

［76］郭荣学，杨昌江.构建县域内义务教育均衡发展新模式［J］.湖南科技学院学报，2011（9）.

［77］王定华.我国义务教育均衡发展之进展［J］.课程·教材·教法，2015（11）.

［78］司晓宏.义务教育均衡发展研究热点的统计分析与展望［J］.教育学报，2015（6）.

［79］罗云，钟景迅，曾荣光.进城务工人员随迁子女教育公平问题的分配正义与关系正义之考察［J］.北京大学教育评论，2015（2）.

［80］吴康宁.及早谋划省域义务教育基本均衡发展的国家战略［J］.教育研究与实验，2015（2）.

［81］杨东平.教育公平是一个独立的发展目标——辨析教育的公平与效率［J］.教育研究，2004（7）.

［82］翟博，孙百才.中国基础教育均衡发展实证研究报告［J］.教育研究，2012（5）.

［83］褚宏启，杨海燕.教育公平的原则及其政策含义［J］.教育研究，

2008（1）.

[84] 吕寿伟. 从均衡到优质均衡：义务教育均衡发展目标的转换 [J]. 教育导刊，2011（12）.

[85] 翟博. 树立科学的教育均衡发展观 [J]. 教育研究，2008（1）.

[86] 翟博，孙百才. 中国基础教育均衡发展实证研究报告 [J]. 教育研究，2012（5）.

[87] 何善亮. 选择与时代同步的优质教育："择校"问题的积极应对 [J]. 教育科学，2006（4）.

[88] 张茂聪，刘信阳. 县域义务教育优质均衡发展：基于内发发展理论的构想 [J]. 教育研究，2015（12）.

[89] 袁梅，苏德，罗正鹏. 论民族地区义务教育均衡发展的制约因素及其应对 [J]. 广西民族大学学报，2017（1）.

[90] 严从根. 近五年来教育公平和教育均衡发展研究新进展 [J]. 江苏教育研究，2009（10）.

[91] 丁月牙. 少数民族教育平等问题及政府的教育政策选择 [J]. 民族教育研究，2005（2）.

[92] 王少峰. 义务教育公平研究文献综述 [J]. 经济社会体制比较，2014（3）.

[93] 彭义敏. 云南边境民族地区义务教育均衡发展研究 [D]. 昆明：云南财经大学，2014.

[94] 彭义敏，高桂梅，张河川. 云南边境少数民族地区县域义务教育均衡发展研究——以耿马傣族佤族自治县为例 [J]. 楚雄师范学院学报，2014（4）.

[95] 胡洪彬. 我国教育公平研究的回顾与展望——基于2002—2012年CNKI期刊数据的分析 [J]. 教育研究，2014（1）.

[96] 袁同凯，郭淑蓉. 回顾、评述与反思：教育公平问题研究综述 [J]. 民族教育研究，2013（6）.

[97] 李宜江，朱家存. 均衡发展义务教育的理论内涵及实践意蕴 [J]. 教育研究，2013（6）.

[98] 龙安邦，范蔚. 我国教育公平研究的现状及特点 [J]. 现代教育管理，2013（1）.

[99] 张旺. 城乡教育一体化：教育公平的时代诉求 [J]. 教育研究，2012（8）.

[100] 丁万录，肖建平，窦艳玲. 西北民族地区农村学校生源流失问题探析——以宁夏西吉县的调查点为例 [J]. 民族教育研究，2013（4）.

[101] 于发友. 县域义务教育均衡发展研究 [D]. 济南：山东师范大学，2005.

[102] 张琴琴. 县域义务教育均衡发展的现状与对策研究 [D]. 西安：陕西师范大学，2013.

[103] 龚婷，罗之勇. 广西少数民族乡村女教师发展的瓶颈与路径选择 [J]. 民族教育研究，2013（2）.

[104] 翟博. 教育均衡发展指数构建及其运用——中国基础教育均衡发展实证分析 [J]. 国家教育行政学院学报，2007（11）.

[105] 满忠坤. 民生改善视域下民族地区义务教育质量优化研究 [D]. 重庆：西南大学，2015.

[106] 吕寿伟. 分配，还是承认——一种复合的教育正义观 [J]. 教育学报，2014（2）.

[107] 刘同舫. 罗尔斯教育公正理论情结及方法论原则批判 [J]. 教育研究，2012（1）.

[108] 王桂艳. 多元正义理论的当代阐述——戴维·米勒多元正义理论述评 [J]. 国外社会科学，2014（3）.

[109] 彭斌. 包容与民主 [J]. 读书，2014（10）.

[110] 罗云，等. 进城务工人员随迁子女教育公平问题的分配正义与关系正义之考察 [J]. 北京大学教育评论，2015（2）.

[111] 高伟. 从追求绝对正义到反对非正义——教育正义论的范式转换 [J]. 教育研究，2016（8）.

[112] 孙霄兵，谷昆鹏. 论教育正义的研究范式 [J]. 国家教育行政学院学报，2015（2）.

[113] 陈武林，苏娜，谭美瑶. 均衡发展视域下"学区制"实施的制度隐忧与突围 [J]. 中国教育学刊，2016（7）.

[114] 王绍忠. 乡村义务教育均衡发展的困境与对策研究——以山东省诸城市为例 [D]. 济南：山东师范大学，2016.

[115] 钟景迅. 从区域均衡到群体均衡：义务教育优质均衡发展的新思维 [J]. 教育发展研究，2017（8）.

[116] ALVES F, ELACQUA G, KOSLINKI M, ea al. Winners and losers of

school choice: Evidence From Rio de Janeiro, Brazil and Santiago, Chile [J]. International Journal of Educational Development, 2015 (41).

[117] MU G M, ZHENG X, JIA N, et al. Revisiting educational equity and quality in China through Confucianism, policy, research and practice [J]. Australian Educational Research, 2013 (3).

[118] ANDERSON G L. Promoting Educational Equity in a Period of Growing Social Inequity [J]. Education & Urban Society, 2011 (3).

# 课题公开发表的阶段性成果

［1］杨建朝，杨树琴.民族地区义务教育师资失衡及其均衡策略——以CH县为例［J］.红河学院学报，2017（2）.

［2］杨建朝，李春霞.义务教育均衡发展研究述评（2010—2015）［J］.信阳师范学院学报，2017（2）.（人大复印资料中小学教育2017第6期全文转载）

［3］杨建朝，邓爱妮.民族地区县域义务教育均衡发展路径思考——基于云南省某县两所小学的比较分析［J］.教育导刊，2017（8）.

［4］杨建朝.教育均衡发展的双重正义视域：重释与新析［J］.教育研究与实验，2017（5）.

［5］杨建朝.教育优质均衡发展的比较正义进路［J］.教育学报，2017（5）.（人大复印资料中小学教育2018第2期全文转载）

［6］杨建朝，蔡婉怡.教育均衡视域下大班额"边缘生"：内涵、成因与应对［J］.信阳师范学院学报，2017（6）.

［7］杨建朝.薄弱学校何以可能变革成功：从帮扶补偿到可行能力［J］.教育科学研究，2019（4）.

［8］杨建朝，蔡婉怡.内外兼修：乡村教师支持政策的反思与改进［J］.信阳师范学院学报（哲学社会科学版），2019（1）.

［9］杨建朝.多民族聚居地区教育均衡发展：内涵新释与思路重构——以云南省多民族地区为例［J］.教育导刊，2020（1）.

［10］吕进锋，曹能秀，熊伟.云南省金平苗族瑶族傣族自治县少数民族文化教育空间发展水平测度研究［J］.民族教育研究，2019（4）.

［11］吕进锋，曹能秀.1996—2016年西双版纳教育研究文献的内容分析——基于CNKI文献的分析［J］.红河学院学报，2019（1）.

［12］吕寿伟.论教育正义的"善制"与"善治"［J］.湖南师范大学教育科学学报，2017（4）.

［13］赵永乐，何莹. 哈尼族聚居区的哈尼族与汉族居民相互文化适应研究——基于云南省金平县马鞍底乡的调查［J］. 云南民族大学学报（哲学社会科学版），2016（5）.

［14］何莹，赵永乐. 民族地区义务教育阶段教师对学生学业失败的归因研究［J］. 红河学院学报，2019（4）.

［15］谢冬平. 公平视域下全国命题与分省命题的博弈［J］. 现代大学教育，2018（1）.

［16］谢冬平. 内涵、关系与走向：双一流建设的国际化与民族化［J］. 黑龙江高教研究，2018（11）.

说明：为确保课题最终成果（本书稿）逻辑结构的完整，课题主持人的部分阶段性成果经适当修改已体现在最终成果中，感谢为本课题研究提供发表园地的相关刊物！特此说明。

# 后　记

本书作为国家社科基金 2015 年度西部项目（15XMZ066）的最终研究成果，尽管多次修改完善，却仍存在很多不足、缺陷和遗憾。至此书出版之际，艰难的研究历程差不多可以画上句号了。闭目回思，作为集体努力的结晶，要感谢感激感恩的人实在太多！没有可亲可敬的各位帮助，就不会有本课题的顺利完成。

首先是我的学生邓爱妮、李春霞、李亚、李珍、那春花、孙莉芹、唐秀花、杨树琴、矣秋梅、蔡婉怡、张光琴等，她们作为"听话"的好学生，帮助我查询文献资料、整理调研数据和资料，并且按照我的要求，大多以此课题作为研究方向，开展自己的毕业论文工作，论文写作质量相对较高，体现了她们的积极认真和辛苦努力，其论文部分内容和观点也在本书相关章节中有所体现。在此深表感谢！

感谢自己的博士导师冯建军！本课题能够立项，完全是跟随导师研习教育公正问题的阶段学习成果，也跟他前期对课题申请书的辛勤指导密不可分。2015 年 11 月，他不远万里从南京来到偏远的红河，和云南师范大学王凌教授等一起，给自己学生的课题做开题论证指导工作，且研究过程中时常督促关心我。正是由于冯老师的帮助，才使得课题研究能够克服各种困难，坚持下去。

不得不提的是，由于本人工作单位的变更，导致研究过程中出现诸多研究难题，自己感到困难重重，孤立难撑，甚至有一度放弃的念头。在此就特别需要感谢同事和好友赵永乐，他作为课题组主要成员，尽自己最大努力，在数据统计、理论分析、课题管理等方面做出了卓有成效的贡献，没有他的支持帮助，课题就有不得不放弃的风险。另外，课题组其他成员何莹、吕进锋、陈昱岢、吕寿伟、谢冬平等也积极参与课题研究，在调查访谈、理论梳理、框架构思、成果撰写等方面做出了各自的贡献，在此向他们表达诚挚的感谢！

此外，还要感谢我原来的工作单位的同事——红河学院科技处王红晓，教师教育学院王全、樊洁、祝军，人文学院张平海等领导、专家给予的宝贵支持和帮助！感谢现在的工作单位信阳师范学院教育科学学院朱桂琴、郭勇、李辉等领导给予的良好工作条件和各种关心支持！感谢出版机构的编辑！由于他们的帮助支持和一丝不苟的工作精神，使得本书能够顺利出版！感谢所有本书写作中引用的参考文献的作者！感谢课题调研中提供数据或接受访谈或填写问卷的各位管理者、辛勤耕耘的云南民族地区的教师们！真诚感谢我此段生命历程中所有给予我关心、支持、帮助的人！由于你们，我的研究得以克服种种困难，最终实现了预期的目标，研究水平和能力有了提升，愿你们每个人永远幸福安康，人生美满！

在课题研究和书稿完成过程中，爱人常晓伟不仅要正常上班，还承担了绝大部分的家务劳动以及儿子杨智博的抚养和功课辅导等，任劳任怨，我对此深感愧疚，觉得亏欠太多。但愿余生可以弥补。希望我仨能够平安健康，幸福一生。

最后，尽管获得了那么多人的关心帮助，但由于自己的学术能力有限，书中各种欠缺和不足以及错漏在所难免，恳请各位读者给予指正，本人联系方式为：yjch06@163.com。

杨建朝

2020 年 5 月于信阳